Wirkungen umweltpolitischer Maßnahmen

Informationen über die Bände 1–13
sendet Ihnen auf Anfrage gerne der Verlag.

Band 14: Andreas Pfnür
Informationsinstrumente und -systeme im betrieblichen Umweltschutz
1996. ISBN 3-7908-0894-6

Band 15: Christian Kölle
Ökonomische Analyse internationaler Umweltkooperationen
1996. ISBN 3-7908-0901-2

Band 16: Rainer Souren
Theorie betrieblicher Reduktion
1996. ISBN 3-7908-0933-0

Band 17: Fritz Söllner
Thermodynamik und Umweltökonomie
1996. ISBN 3-7908-0940-3

Band 18: Thomas Nestler
Umweltschutzinvestitionen im Verarbeitenden Gewerbe
1997. ISBN 3-7908-0962-4

Band 19: Anja Oenning
Theorie betrieblicher Kuppelproduktion
1997. ISBN 3-7908-1012-6

Band 20: Graciela Wiegand
Die Schadstoffkontrolle von Lebensmitteln aus ökonomischer Sicht
1997. ISBN 3-7908-1024-X

Band 21: Karin Holm-Müller
Ökonomische Anreize in der deutschen Abfallwirtschaftspolitik
1997. ISBN 3-7908-1028-2

Band 22: Ronald Wendner
CO_2-Reduktionspolitik und Pensionssicherung
1997. ISBN 3-7908-1032-0

Band 23: Jochen Cantner
Die Kostenrechnung als Instrument der staatlichen Preisregulierung in der Abfallwirtschaft
1997. ISBN 3-7908-1033-9

Band 24: Gerd R. Nicodemus
Reale Optionswerte in der Umweltökonomie
1998. ISBN 3-7908-1089-4

Band 25: Bernd Klauer
Nachhaltigkeit und Naturbewertung
1998. ISBN 3-7908-1114-9

Band 26: Bernd Meyer et al.
Modellierung der Nachhaltigkeitslücke
1998. ISBN 3-7908-1122-X

Band 27: Prognos AG (Hrsg.)
Nachhaltige Entwicklung im Energiesektor?
1998. ISBN 3-7908-1138-6

Band 28: Bernd Meyer et al.
Marktkonforme Umweltpolitik
1999. ISBN 3-7908-1184-X

Band 29: Armin Rudolph
Altproduktentsorgung aus betriebswirtschaftlicher Sicht
1999. ISBN 3-7908-1200-5

Band 30: Volker Radke
Nachhaltige Entwicklung
1999. ISBN 3-7908-1223-4

Band 31: Jörg Helbig, Jürgen Volkert
Freiwillige Standards im Umweltschutz
1999. ISBN 3-7908-1236-6

Band 32: Jochen Diekmann et al.
Energie-Effizienz-Indikatoren
1999. ISBN 3-7908-1243-9

Band 33: Forum für Energiemodelle und Energiewirtschaftliche Systemanalysen in Deutschland (Hrsg.)
Energiemodelle zum Klimaschutz in Deutschland
1999. ISBN 3-7908-1244-7

Band 34: Forum für Energiemodelle und Energiewirtschaftliche Systemanalysen in Deutschland (Hrsg.)
Energiemodelle zum Kernenergieausstieg in Deutschland
2002. ISBN 3-7908-1453-9

Ausführliche Informationen finden Sie auf unserer Homepage unter
http://www.springer.de/cgi-bin/search_book.pl?series=1997

Joachim Frohn · Pu Chen · Bernhard Hillebrand
Wolfgang Lemke · Christian Lutz · Bernd Meyer
Markus Pullen

Wirkungen umweltpolitischer Maßnahmen

Abschätzungen mit zwei ökonometrischen Modellen

Mit 25 Abbildungen und 17 Tabellen

Physica-Verlag
Ein Unternehmen des Springer-Verlags

Reihenherausgeber: Werner A. Müller, Martina Bihn

Autoren:
Professor Dr. Joachim Frohn
Dr. Pu Chen
Dipl.-Volksw. Wolfgang Lemke
Markus Pullen
Universität Bielefeld
Fakultät für Wirtschaftswissenschaften
Universitätsstraße 25
33615 Bielefeld
jfrohn@wiwi.uni-bielefeld.de
pchen@wiwi.uni-bielefeld.de
wlemke@wiwi.uni-bielefeld.de
markus.pullen@web.de

Dipl.-Volksw. Bernhard Hillebrand
Rheinisch-Westfälisches Institut
für Wirtschaftsforschung (RWI)
Hohenzollernstraße 1–3
45128 Essen
hillebrd@rwi-essen.de

Dr. Christian Lutz
GWS-mbH
Weißenburger Straße 4
49076 Osnabrück
lutz@gws-os.de

Professor Dr. Bernd Meyer
Fachbereich Wirtschaftswissenschaften
Universität Osnabrück
Rolandstraße 8
49069 Osnabrück
meyer@oec.uni-osnabrueck.de
GWS-mbH
Weißenburger Straße 4
49076 Osnabrück
meyer@gws-os.de

Das dieser Veröffentlichung zu Grunde liegende Vorhaben wurde mit Mitteln des Bundesministeriums für Umwelt, Naturschutz und Reaktorsicherheit unter der UFOPLAN-Nr. 299 14 155 gefördert und im Auftrag des Umweltbundesamtes erstellt. Die Verantworung für den Inhalt der Veröffentlichung liegt bei den Autoren.

ISBN 3-7908-0102-X Physica-Verlag Heidelberg

Bibliografische Information Der Deutschen Bibliothek
Die Deutsche Bibliothek verzeichnet diese Publikation in der Deutschen Nationalbibliografie; detaillierte bibliografische Daten sind im Internet über <http://dnb.ddb.de> abrufbar.

Physica-Verlag Heidelberg
ein Unternehmen der BertelsmannSpringer Science+Business Media GmbH

Umschlaggestaltung: Erich Kirchner, Heidelberg

SPIN 10942222 88/3130-5 4 3 2 1 0 – Gedruckt auf säurefreiem Papier

Inhaltsverzeichnis

1 Zielsetzung und Vorgehensweise

Zur Beurteilung von umweltpolitischen Maßnahmen sind der Zielerreichungsgrad und die mit dem Einsatz der Maßnahmen verbundenen „Kosten“ entscheidend. Gelingt es, für das umweltpolitische Ziel geeignete messbare Indikatoren festzulegen, so bereitet die Feststellung, inwieweit die gesteckten Ziele erreicht sind, keine Schwierigkeiten. Ganz anders sieht es dagegen mit der Erfassung der Kosten einer umweltpolitischen Maßnahme aus: Hier dürfen nicht nur die zur Ergreifung der Maßnahme verwendeten Finanzmittel berücksichtigt werden, sondern es geht um die Erfassung aller durch die Maßnahme ausgelösten Effekte im gesamtgesellschaftlichen System bestehend aus Ökonomie, Umwelt und Technik.

Für diese Aufgabe haben sich strukturelle, den Umwelt- und Technikbereich einschließende makroökonometrische Modelle als Analyseinstrument besonders bewährt. Bei diesen Modellen handelt es sich um Systeme von mathematischen Gleichungen zur Abbildung der Beziehungen zwischen den interessierenden Größen des gesamtgesellschaftlichen Systems. Die Gleichungen werden auf der Basis geeigneter Theorien und empirischen Beobachtungsmaterials spezifiziert.

Bei den Variablen des Modells ist zwischen endogenen Variablen, deren Werte über das System bestimmt werden (z.B. Bruttoinlandsprodukt, Investitionen, Beschäftigung), und exogenen Variablen, deren Werte für das Modell vorgegeben sind (z.B. Bevölkerungsentwicklung, Welthandelsvolumen, Steuersätze), zu unterscheiden. Exogene Variablen, die von politischen Entscheidungsträgern beeinflusst werden können, heißen Politikvariablen.

In sog. Simulationsexperimenten werden diese Politikvariablen auf unterschiedliche Weise festgelegt und die bewirkten Veränderungen bei den endogenen Variablen ermittelt. Auf diese Weise lassen sich die Wirkungen konkreter umweltpolitischer Maßnahmen (z.B. alternative Ausgestaltung der ökologischen Steuerreform) auf die endogenen Variablen des Modells abschätzen. Da die in dieser Studie verwendeten Modelle im Produktionsbereich disaggregiert sind, lassen sich die Wirkungen solcher Maßnahmen nicht nur auf der makroökonomischen Ebene, also z.B. beim Bruttoinlandsprodukt, sondern auch aufgegliedert nach Wirtschaftssektoren feststellen.

Der wissenschaftliche Beirat für Umweltökonomische Gesamtrechnungen hat sich ausführlich mit dem Einsatz solcher Modelle zur Durchführung umweltpolitisch orientierter Simulationsexperimente für die Bundesrepublik Deutschland befasst und dabei auch die für solche Analysen geeigneten Modelle einer genaueren Prüfung unterzogen.[1]

Auf der Grundlage dieser Arbeiten ist vom Umweltbundesamt das Forschungsvorhaben „Abschätzung der Auswirkungen umweltpolitischer Maßnahmen zur Erreichung von Umweltzielen mit Hilfe ökonometrischer Modelle" konzipiert worden. Dabei sollten die umweltpolitischen Zielsetzungen dem „Umweltbarometer Deutschland" entnommen werden.[2] Anhand von Modellrechnungen sollte aufgezeigt werden, welche ökonomischen und ökologischen Wirkungen beim Einsatz verschiedener Instrumente zur Erreichung dieser Umweltziele resultieren. Die Ergebnisse dieses Forschungsprojekts werden in der vorliegenden Veröffentlichung dokumentiert.

Entsprechend den Empfehlungen des Wissenschaftlichen Beirats Umweltökonomische Gesamtrechnungen wurde festgelegt, dass nicht der Versuch gemacht werden sollte, *ein* strukturelles makroökonometrisches Modell für diese Analyse zu spezifizieren, sondern mehrere für diese Aufgabe besonders geeignete Modelle nebeneinander in die Analyse einzubeziehen, um so

- Synergieeffekte bei der Modellspezifikation auszunutzen,
- durch unterschiedliche Simulationsergebnisse auf neuralgische Punkte aufmerksam zu werden,
- einen größeren Grad an Zuverlässigkeit für die erarbeiteten Ergebnisse zu erlangen und
- fundiertere Interpretationen der Modellergebnisse geben zu können.

In der Studie Frohn, et al. (1998) haben sich

- das PANTA-RHEI-Modell der Gesellschaft für Wirtschaftliche Strukturforschung (GWS), Osnabrück und
- der Modellverbund des Rheinisch-Westfälischen Instituts für Wirtschaftsforschung (RWI), Essen

für die gestellten Aufgaben als besonders geeignet erwiesen. Diese beiden Modelle wurden daher in das Forschungsprojekt einbezogen.

---

[1] S. Frohn et al. (1998).

[2] http://www.umweltbundesamt.de/dux/umweltbarometer.htm

In der vorgelegten Dokumentation sind neben einer Beschreibung der Vorgehensweise im Projekt die wichtigsten Charakteristika der Modelle (Spezifikation, Anpassungsqualität, Ergänzungen zur Erfassung der ausgewählten Umweltbereiche) sowie die durchgeführten Simulationen dokumentiert.

An dieser Stelle seien noch einige Erläuterungen zur Zusammenarbeit zwischen den Modellkonstrukteuren im Projekt gegeben: Unter der Leitung des Instituts für Statistik und Ökonometrie an der Universität Bielefeld, an dem vor einiger Zeit ebenfalls ein strukturelles makroökonometrisches Modell zur Erfassung der Wirkungen umweltpolitischer Maßnahmen spezifiziert worden war,[3] trafen sich die Modellkonstrukteure in regelmäßigen (etwa zweimonatigen) Abständen, um in Zusammenarbeit mit Experten und Vertretern von Umweltbundesamt, Umweltministerium, Statistischem Bundesamt und Forschungsinstituten die zu bearbeitenden Zielsetzungen sowie notwendige Modellanpassungen festzulegen, die Simulationsexperimente zu fixieren und die Ergebnisse zu diskutieren.

Es sei angemerkt, dass eine solche intensive, über mehr als zwei Jahre andauernde Zusammenarbeit zur Ergänzung der Spezifikation von zwei aus unterschiedlichen Arbeitszusammenhängen stammenden Modellen und zum intensiven Vergleich der jeweiligen Modellergebnisse zu vorgegebenen Simulationsszenarien hier – zumindest für den deutschsprachigen Raum – zum ersten Mal realisiert worden ist.

Eine solche Bereitschaft der Modellkonstrukteure zu uneingeschränkter gegenseitiger Information über alle Modelldetails, zu gemeinsamer Arbeit an ergänzender Spezifikation und zum vorbehaltlosen Vergleich von Simulationsergebnissen mit gemeinsamer Suche nach Ursachen für Unterschiedlichkeiten stellt eine Ausnahme dar.

Trotz aller Bemühungen um Vereinheitlichung waren allerdings Unterschiede in der Darstellungsweise und z.B. auch in der Implementation der Simulationsszenarien nicht zu vermeiden. Sie sind der jeweils zugrundeliegenden „Modellphilosophie" (vgl. die Ausführungen in Kap. 2) sowie der unterschiedlichen Ausrichtung der beiden Modelle geschuldet, beeinträchtigen allerdings nicht die grundsätzliche Vergleichbarkeit der Ergebnisse. Daher ist auf eine vollständige Vereinheitlichung verzichtet worden; an geeigneter Stelle wird aber jeweils auf eine eingeschränkte Vergleichbarkeit hingewiesen.

Die Arbeiten während des Projektverlaufs lassen sich in folgende Stufen unterteilen:

---

[3] S. Frohn et al. (1988).

1. Darstellung und Dokumentation der Modelle auf dem aktuellen Stand
2. Festlegung der in die Modelle und die Simulationen einzubeziehenden Umweltbereiche auf der Grundlage des Umweltbarometers Deutschlands
3. Notwendige Modellanpassungen (zunächst für Boden und Wasser)
4. Durchführung der ersten Simulationen für den Umweltbereich Boden
5. Interpretation und Diskussion der ersten Simulationsergebnisse
6. Vorlage eines Zwischenberichts und Begutachtung durch ein Expertengremium im wissenschaftlichen Beirat für Umweltökonomische Gesamtrechnungen
7. Notwendige Modellanpassungen für die Umweltbereiche Luft und Klima sowie für Simulationen zur ökologischen Steuerreform
8. Durchführung der Simulationen mit den durch Einbeziehung der Umweltbereiche Boden, Wasser, Luft und Klima ergänzten Modellen sowie Interpretation der Ergebnisse
9. Vorstellung ausgewählter Simulationen zur ökologischen Steuerreform im Bundesministerium für Umwelt
10. Erstellung dieser Dokumentation

Da die Umweltbereiche Boden und Wasser von den Modellbauern als besonders schwierig zu modellieren angesehen wurden, wurde mit diesen beiden Bereichen begonnen. Später wurden die Bereiche Klima und Luft in die Analyse einbezogen.

Die für die angegebenen Bereiche im Umweltbarometer enthaltenen Informationen wurden wie folgt in den Modellen berücksichtigt:

a) *Umweltbereich Boden*: Zielvorgabe des Umweltbarometers: Reduktion der Zunahme der Siedlungs- und Verkehrsfläche auf 30 ha pro Tag bis zum Jahr 2020. Der Indikator „tägliche Reduktion der Zunahme der Siedlungs- und Verkehrsfläche“ konnte in den Modellen direkt berücksichtigt werden. Es wurde festgelegt, dass neben der Siedlungs- und Verkehrsfläche als weiterer Indikator auch die Entwicklung der Versiegelung erfasst werden sollte.

b) *Umweltbereich Wasser:* Zielvorgabe des Umweltbarometers: Erreichung der chemischen Güteklasse II bei allen Fließgewässern

(100 % der Messstellen) bis zum Jahr 2010, d.h. ein Wert von unter 25 µg/l für AOX und 3 mg/l für Gesamtstickstoff. Dieser Indikator konnte in den Modellen nicht direkt berücksichtigt werden. Es wurde daher festgelegt, dass Schadstoffemissionen als Indikator für die Gewässergüte herangezogen werden sollen, wobei die angestrebte Höhe der Emissionen durch Experten festgelegt werden muss.

c) *Umweltbereich Luft:* Zielvorgabe des Umweltbarometers: Reduzierung der Emissionen von Schwefeldioxid, Stickoxiden, Ammoniak und flüchtigen organischen Verbindungen (VOC) um 70 % bis zum Jahr 2010 auf der Basis von 1990. Diese Indikatoren konnten wieder unmittelbar in die Modelle einbezogen werden.

d) *Umweltbereich Klima:* Zielvorgabe des Umweltbarometers: Reduzierung der CO_2-Emissionen um 25 % bis zum Jahr 2005 auf der Basis von 1990. Dieser Indikator konnte ebenfalls direkt in den Modellen berücksichtigt werden.

Im hier dokumentierten Projekt wurden Simulationen zum Umweltbereich Boden (Berücksichtigung alternativer Maßnahmen zur Verringerung des Flächenverbrauchs, z.B. durch Auferlegung einer Flächenerwerb- bzw. einer Flächenversiegelungssteuer) und zu den Umweltbereichen Luft und Klima (unterschiedliche Ausgestaltungen der ökologischen Steuerreform, Auferlegung einer CO_2-Steuer) durchgeführt. Außerdem wurde auch eine kombinierte Simulation, in der nebeneinander Maßnahmen sowohl in den Bereichen Luft und Klima als auch zum Flächenverbrauch berücksichtigt wurden. Insbesondere bei den Modellanpassungen und Simulationen zum Flächenverbrauch wurde in vielfacher Hinsicht Neuland betreten.

Leider konnten Simulationen zum Umweltbereich Wasser nicht durchgeführt werden: Im Gegensatz zu den zu Beginn des Projektes angestellten Erwartungen lag auch bis zum Ende der Arbeiten kein ausreichendes Datenmaterial für eine empirische Fundierung der Spezifikation dieses Umweltbereichs und damit für Simulationen vor. Allerdings finden sich in Abschnitt 2.1 erste Spezifikationsüberlegungen zur Einbeziehung dieses Umweltbereichs in das PANTA-RHEI-Modell.

Zur Einschätzung der Simulationsergebnisse ist noch folgender Hinweis erforderlich: In die Modellspezifikation wurden nur solche gesetzlichen Regelungen einbezogen, die bis zum 31.12.2000 rechtlich wirksam geworden waren. Ganz entsprechend gilt, dass alle Berechnungen auf DM-Grundlage vorgenommen worden sind und auch nachträglich nicht in Euro umgerechnet wurden, da die zugrunde liegenden Modellspezifikationen sich ausnahmslos auf „DM-Zeiträume“ beziehen.

Die vorgelegte Dokumentation ist wie folgt aufgebaut: Nach dieser Einleitung folgt in Kapitel 2 die Darstellung der Modelle und in Kapitel 3 die Festlegung der Simulationsszenarien. In Kapitel 4 sind die Ergebnisse der ausgewählten Simulationen für das PANTA-RHEI- und das RWI-Modell dokumentiert. In Kapitel 5 werden sowohl die Modelle als auch die Simulationsergebnisse verglichen. Schlussfolgerungen und Hinweise auf zukünftige Arbeiten finden sich in Kapitel 6.

Die einzelnen Kapitel wurden von folgenden Autoren verfasst: Kapitel 1, 3, 5 und 6: Frohn, Chen, Lemke, Pullen; Kapitel 2, Abschnitt 2.1: Meyer, Lutz; Kapitel 2, Abschnitt 2.2: Hillebrand; Kapitel 4, Abschnitt 4.1: Meyer, Lutz; Kapitel 4, Abschnitt 4.2: Hillebrand.

Die Autoren danken insbesondere Frau Dr. Schwermer (Umweltbundesamt – UBA) für die kontinuierliche konstruktive Begleitung des gesamten Forschungsvorhabens. Außerdem danken wir den Herren Dr. Burger und Dr. Mierheim sowie Frau Penn-Bressel (UBA), den Herren Franz und Walter sowie Frau Ratte (Bundesministerium für Umwelt), Frau Heinze und den Herren Schäfer und Dr. Schoer (Umweltökonomische Gesamtrechnungen, Statistisches Bundesamt), Herrn Dr. Ranné (RWI), Herrn Möllers (Universität Bielefeld), Herrn Prof. Dr. Ewringmann (Finanzwissenschaftliches Forschungsinstitut an der Universität zu Köln) und Herrn Dr. Walz (Fraunhofer-Institut für Systemtechnik und Innovationsforschung – FhG/ISI) für ihre konstruktiven Hinweise und Anregungen.

2 Darstellung der Modelle

2.1 PANTA RHEI

2.1.1 Modellbeschreibung

2.1.1.1 Überblick

PANTA RHEI ist eine zur Analyse umweltökonomischer Fragestellungen erweiterte Version des disaggregierten ökonometrischen Simulations- und Prognosemodells INFORGE (INterindustry FORecasting GErmany) (Meyer u. Ewerhart (1997), Meyer u. Ewerhart (2001)). Das Modell unterteilt den Unternehmenssektor der Volkswirtschaft in 58 Produktionsbereiche. Im Vergleich zum ökonomischen Kernmodell INFORGE enthält PANTA RHEI zusätzlich ein tief gegliedertes Energie- und Luftschadstoffmodell, welches den Energieeinsatz und die Emissionen der wesentlichen Luftschadstoffe für die 58 Produktionsbereiche sowie die Privaten Haushalte nach 29 Energieträgern unterscheidet. Außerdem lässt sich der Ressourceneinsatz nach 58 Produktionsbereichen darstellen. Neu hinzugekommen sind im Rahmen dieses Projekts ein Flächen- und ein Abwassermodul.

Die Ergebnisse dieser Studie wurden mit dem Modell PANTA RHEI IV berechnet. Gegenüber der Version III, die in Meyer et al. (1999) ausführlich dargestellt ist, ist die Version in den Bereichen Investitionsverflechtung und Kapitalstöcke verbessert worden. Außerdem wurde die Datenbasis auch auf sektoraler Ebene (Input-Output-Daten, Emissionsdaten) bis 1996 erweitert. Der Schätzzeitraum reicht damit von 1978 bis 1996. PANTA RHEI II (Meyer et al. (1998), Lutz (1998)) bildet Westdeutschland ab, während das hier diskutierte System ein Modell für Deutschland insgesamt ist. Eine erste Version des Westdeutschlandmodells, PANTA RHEI I (Meyer u. Ewerhart (1998)), weist schließlich im Energiebereich eine einfachere Struktur auf. PANTA RHEI ist Bestandteil des internationalen Modellverbundes INFORUM, in dem die einzelnen Ländermodelle auf der Ebene der Gütergruppen über die Export- und Importströme sowie die zugehörigen Außenhandelspreise miteinander verflochten sind.

Die besondere Leistungsfähigkeit des Modells PANTA RHEI beruht auf der INFORUM-Philosophie (Almon (1991)). Sie ist durch die Konstruktionsprinzipien *Bottom-up* und *vollständige Integration* gekennzeichnet. Das Konstruktionsprinzip *Bottom-up* besagt, dass jeder Sektor der Volkswirtschaft sehr detailliert modelliert ist – PANTA RHEI enthält etwa 250 Variablen für jeden der 58 Sektoren – und die gesamtwirtschaftlichen Variablen durch explizite Aggregation im Modellzusammenhang gebildet werden. Das Konstruktionsprinzip *vollständige Integration* beinhaltet eine komplexe und simultane Modellierung, die die interindustrielle Verflechtung ebenso beschreibt wie die Entstehung und die Verteilung der Einkommen, den Energieverbrauch und die Schadstoffemissionen, die Umverteilungstätigkeit des Staates sowie die Einkommensverwendung der Privaten Haushalte für die verschiedenen Güter und Dienstleistungen.

Der disaggregierte Aufbau des Modells PANTA RHEI schlägt sich in einer gewaltigen und dennoch konsistenten Informationsverarbeitung nieder: Die rund 45000 Modellgleichungen sind in das vollständig endogenisierte Kontensystem der Volkswirtschaftlichen Gesamtrechnungen eingebettet. Damit ist insbesondere auch die Umverteilung der Einkommen durch den Staat endogen abgebildet.

Das Modell weist einen sehr hohen Endogenisierungsgrad auf. Exogen vorgegeben sind im Wesentlichen einige wenige Steuersätze, das Arbeitsangebot und die Weltmarktvariablen des internationalen INFORUM-Systems. Da PANTA RHEI selbst Bestandteil dieses Systems ist, sind allerdings auch die Weltmarktvariablen in einem *linked run* aller 13 Modelle des INFORUM-Systems endogen bestimmt. Die weitgehende Endogenisierung hat den Vorteil, dass bei Simulationsrechnungen die Effekte vollständig abgebildet sind.

2.1.1.2 Ökonomischer Teil

Der ökonomische Modellteil ist ausführlich in Meyer et al. (1999) beschrieben und soll hier nur kurz dargestellt werden. Es handelt sich um ein ökonometrisches Input-Output-Modell, das als evolutorisches Modell angesprochen werden kann (Meyer (2000)). In den Verhaltensgleichungen werden Entscheidungsroutinen modelliert, die nicht explizit aus Optimierungsverhalten der Agenten abgeleitet sind, sondern beschränkte Rationalität zum Hintergrund haben. Die Preise werden aus oligopolistischem

Preissetzungsverhalten erklärt. Die Zeit ist im Modell historisch und unumkehrbar. Die Kapitalstockfortschreibung generiert Pfadabhängkeit.

Einen Einblick in die Struktur des Modells gibt das in Abbildung 1 dargestellte Flussdiagramm. Das INFORUM-Welthandelsmodell liefert den Vektor der Weltimportnachfrage und den Vektor der Weltmarktpreise nach Gütergruppen sowie den US-Zinssatz. Über den Vektor der Weltmarktpreise erhält das Modell vom INFORUM-System auch eine Prognose der Weltenergiepreise.

Die Endnachfrage umfasst in der Gliederung der 58 Gütergruppen den Privaten Verbrauch, den Staatsverbrauch, die Ausrüstungsinvestitionen, die Bauinvestitionen, die Exporte und die Fertigproduktimporte. Im Konsum der Privaten Haushalte ist die Nachfrage nach 29 Energieträgern enthalten. Die wichtigsten Determinanten der Endnachfrage sind die Auslandsvariablen (zur Erklärung der Exporte), das Verfügbare Einkommen der Privaten und der Öffentlichen Haushalte (Privater Verbrauch, Staatsverbrauch), die Zinsen und Gewinne (Investitionen) sowie die relativen Preise für alle Komponenten der Endnachfrage. Der Konsum der Privaten Haushalte nimmt über den Energieverbrauch Einfluss auf die Luftschadstoffemissionen. Die Endnachfrage insgesamt bestimmt mit der Vorleistungsnachfrage die Produktion.

Die Vorleistungsnachfrage ist im Modell einschließlich der Energieumwandlung und des Energieverbrauchs der Unternehmen abgebildet. Von den 58 Produktionsbereichen der Input-Output-Rechnung sind fünf (Elektrizitätswirtschaft, Gasversorgung, Kohlebergbau, Erdöl-/Erdgasgewinnung, Mineralölverarbeitung) Energie-Produktionsbereiche. Ihre Lieferungen an die 58 Produktionsbereiche und an die Privaten Haushalte werden im Modell PANTA RHEI noch weiter in jeweils 29 Energieträger untergliedert. Für alle Gütergruppen werden die Lieferungen aus inländischer Produktion und die Einfuhren unterschieden. Die Inputkoeffizienten sind dabei grundsätzlich variabel und hängen von relativen Preisen und Zeittrends ab.

Die wichtigsten Determinanten der Beschäftigung sind die Produktion und der Reallohn des jeweiligen Sektors. Die Löhne werden wiederum durch die Produktivitäts- und die Preisentwicklung bestimmt. Die Gewinne und die Stückkosten ergeben sich definitorisch. Die Stückkosten sind dann die entscheidende Determinante der Preise.

Neben der tief gegliederten Ebene der Input-Output-Rechnung enthält das Modell zur Berechnung der gesamtwirtschaftlichen Variablen das Kontensystem der Volkswirtschaftlichen Gesamtrechnungen der Bundesrepublik Deutschland mit seinen institutionellen Transaktoren Öffentliche Haushalte, Private Haushalte, Unternehmen, Ausland und den funktionellen Transaktoren Produktion, Einkommensentstehung, Einkommensverwendung, Einkommensverteilung, Einkommensumverteilung, Vermögensänderung und Finanzierung. Dieses System enthält die gesamte Einkommensumverteilung einschließlich Sozialversicherung und Besteuerung zwischen Staat, Privaten Haushalten und Unternehmen und ermöglicht so die Berechnung der Verfügbaren Einkommen, die wiederum wichtige Determinanten der Endnachfrage sind. Außerdem werden die Finanzierungssalden der institutionellen Transaktoren bestimmt, die u.a. die Zinsen erklären. Damit ist insbesondere auch die staatliche Budgetrestriktion im Modell enthalten.

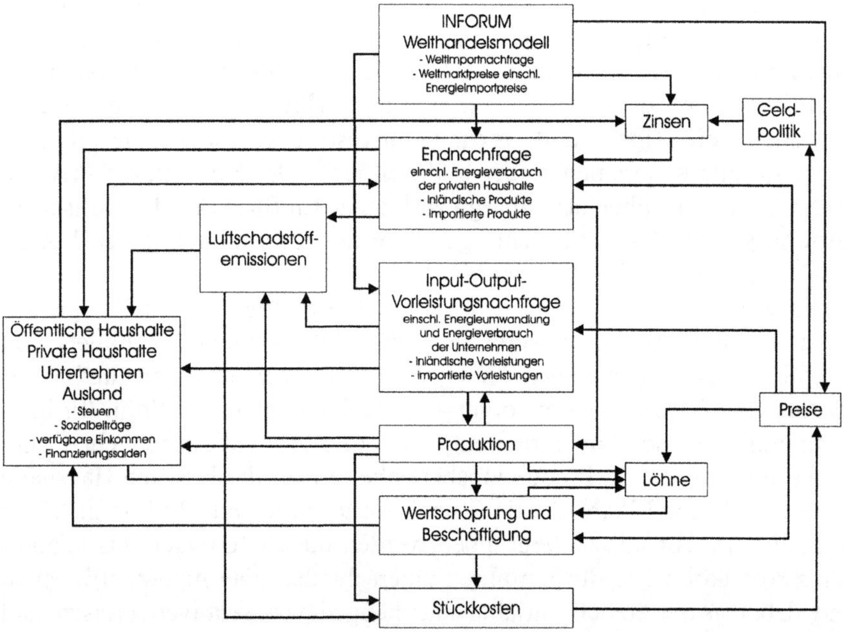

Abb. 1: Die Struktur des umweltökonometrischen Modells PANTA RHEI

Endogen eingebunden in dieses System ist somit die gesamte Fiskalpolitik. Die Geldpolitik – soweit sie Einfluss auf das Zinsniveau nimmt – ist gleichfalls endogen. Hervorzuheben ist, dass das gesamte System simultan gelöst wird. Dabei sind allein die Variablen des INFORUM-Welthandelsmodells aus dem Simultanblock herausgenommen.

Die Struktur des Modells PANTA RHEI ist hochgradig interdependent. Neben den üblichen Kreislaufinterdependenzen sind die Mengen-Preisinterdependenzen und die Lohn-Preisinterdependenz abgebildet. Dabei ist zu beachten, dass Preise und Mengen konsistent miteinander verknüpft sind. Im Energiebereich sind zusätzlich zu den Angaben in konstanten Preisen auch physische Verbrauchsmengen eingebunden. Das Modell zeichnet sich außerdem durch weitgehende Nichtlinearitäten aus, die durch multiplikative Verknüpfungen von Variablen in Definitionsgleichungen und Schätzgleichungen sowie durch doppelt-logarithmische Schätzansätze entstehen. Für die Abbildung des Strukturwandels sind diese Eigenschaften unverzichtbar.

Zur Einordnung des theoretischen Ansatzes des Modells seien noch die folgenden Punkte hervorgehoben: Dem Input-Output-Ansatz wird gemeinhin eine nachfrageorientierte Modellierung zugesprochen. Dies trifft auf PANTA RHEI allerdings nicht zu. Es ist zwar richtig, dass die Nachfrage in unserem Modell die Produktion bestimmt, aber alle Güter- und Faktornachfragevariablen hängen unter anderem von relativen Preisen ab, wobei die Preise wiederum durch die Stückkosten der Unternehmen in Form einer monopolistischen Preissetzungshypothese bestimmt sind. Der Unterschied zu den allgemeinen Gleichgewichtsmodellen, in denen ein Konkurrenzmarkt modelliert wird, liegt in der unterstellten Marktform, nicht in der Betonung der einen oder der anderen Marktseite. Man kann es auch so formulieren: Die Unternehmen wählen aufgrund ihrer Kostensituation und der Preise konkurrierender Importe ihren Absatzpreis. Die Nachfrager reagieren darauf mit ihrer Entscheidung, die dann die Höhe der Produktion bestimmt. Angebots- und Nachfrageelemente sind also im gleichen Maße vorhanden.

Ökonomisch-technische Innovationen werden durch den Kostendruck ausgelöst und können somit grundsätzlich dargestellt werden. Erfasst wird dies durch die Schätzung der Preis- und Trendabhängigkeit der Inputkoeffizienten. Dabei ist der technologische Koeffizient von der Relation des Inputpreises zum Outputpreis der Branche abhängig. Der verwendete Input-Output-Ansatz ist somit technikorientiert und bietet eine angemessene Verknüpfung von Ökonomie-Ökologie und Technik. Bei der Erfassung des technologischen Wandels bleiben sicherlich noch Wünsche offen. Hier wird daran gearbeitet, für ausgewählte, für die Umweltfragestellungen wichtige Sektoren eine verbesserte Modellierung zu erreichen: Durch die Nutzung technologischer Datenbanken soll der Pool des technischen Wissens für die absehbare Zukunft beschrieben werden. Die Unternehmen wählen bei ihrer Investitionsentscheidung aus diesem Pool bekannter Technologien die vorteilhafte aus.

Es werden linear-limitationale Technologien unterstellt, die sich im Zeitablauf durch kostendruckinduzierten technischen Fortschritt verändern können. Das System von preis- und trendabhängigen Faktornachfragefunktionen beschreibt für jeden Zeitpunkt mit dem zugehörigen Vektor der Vorleistungs- und Arbeitsinputkoeffizienten die Technologie. Die Veränderung der Inputkoeffizienten gibt den technologischen Wandel wieder, der durch den Kostendruck der relativen Preise bestimmt wird.

Die Dynamik des Modells wird durch die Kapitalstockfortschreibung, die verzögerte Lohnanpassung an Produktivitäts- und Preisentwicklung, die verzögerte Anpassung des Staatsverbrauchs an die Entwicklung des verfügbaren Einkommens des Staates und weitere Lags in Nachfragefunktionen hervorgerufen.

2.1.1.3 Umweltteil

Allgemeines

Das Modell PANTA RHEI setzt sich aus dem ökonomischen Modellteil INFORGE und Erweiterungen im Umweltbereich zusammen. Im Energie- und Luftschadstoffbereich wurde das Modell schon für zahlreiche Simulationsrechnungen eingesetzt. Auch Simulationsrechnungen zum Ressourceneinsatz wurden bereits durchgeführt. Daneben sind auch der Flächenverbrauch und die ansatzweise die Wasserverschmutzung durch Industrie, Haushalte und Landwirtschaft in PANTA RHEI integriert. Zu den genannten Bereichen lassen sich verschiedene Variablen und Indikatoren im Modellzusammenhang bestimmen. PANTA RHEI bietet somit eine Fülle von Anwendungsmöglichkeiten bei der Modellierung von Politikinstrumenten, die an ökonomischen Tatbeständen und Zusammenhängen anknüpfen. Wichtig ist dabei, dass möglichst tief untergliederte Daten verfügbar sind, die die Verbindung von ökonomischen Aktivitäten und dem Umweltaspekt gewährleisten.

Die Kopplung des Modells mit naturwissenschaftlichen und (vermeidungs-) technischen Zusammenhängen hat sich als schwierig, aber grundsätzlich möglich erwiesen. Beispielsweise haben umfangreiche Forschungsarbeiten im Bereich der Stickoxidemissionen und ihrer Vermeidung gezeigt, dass eine Einbindung vermeidungstechnischer Informationen durch die Nutzung von externem Expertenwissen (Meyer et al. (1999)) und die Modellierung von Entscheidungsroutinen (Lutz (1998), Lutz (2000)) möglich ist. Ökologisch-technische Zusammenhänge und Neuerungen können demnach grundsätzlich berücksichtigt werden, setzen aber umfangreiche Vorarbeiten oder – noch besser – die Zusammenarbeit mit Experten voraus.

Da das Modell PANTA RHEI simultan gelöst wird, werden die Wirkungen politischer Maßnahmen oder technischer Änderungen auf alle erfassten Umweltmedien gleichzeitig abgebildet. Somit werden auch die Effekte von Maßnahmen in einem Umweltmedium auf andere Umweltmedien erfasst. Beispielsweise wirken sich Maßnahmen zur Reduktion von Luftschadstoffen auch auf den Flächenverbrauch aus.

Umweltmedium Boden

Die folgende Modellbeschreibung stellt das Boden-/Flächenmodul des Modells PANTA RHEI umfassend dar. Es bietet die Möglichkeit, das Ziel des Umweltbarometers einer Verringerung des Flächenverbrauchs auf 30 ha/Tag mit dem ökonomischen Modellteil konsistent zu verbinden. Dadurch kann die Flächenzunahme auf ökonomische Aktivitäten zurückgeführt werden, eine wesentliche Voraussetzung für die Abbildung von Maßnahmen zur Erreichung des Umweltziels.

Die Siedlungsflächen sind nach vier zusammengefassten Industriesektoren (Landwirtschaft, Produzierendes Gewerbe, marktbestimmte Dienstleistungen und nichtmarktbestimmte Dienstleistungen) sowie den privaten Haushalten und den Nutzungsarten Gebäudeflächen, Betriebsflächen und Erholungsflächen ausgewiesen. In der genannten Untergliederung liegen auch Daten über die versiegelten Flächen vor.

Die Veröffentlichung tiefer untergliederter Daten nach den 59 Sektoren der Input-Outputgliederung ist Ende 2002 erfolgt und konnte im Projekt nicht mehr berücksichtigt werden. Bei den Verkehrsflächen orientiert sich die Untergliederung an den unterschiedlichen Verkehrsträgern. Neben Straße und Bahn spielt dabei in Zukunft insbesondere der Luftverkehr eine zunehmende Rolle. Auch im Verkehrsbereich sind die versiegelten Flächen mit ausgewiesen.

Mit dem Flächenmodul lässt sich in PANTA RHEI eine Vielzahl von Instrumenten abbilden. Grundsätzlich können alle exogenen sowie die im Modellzusammenhang ökonometrisch geschätzten Variablen beeinflusst werden. (Ökonomische) Instrumente wie Steuern und Zertifikatslösungen, die an diesen Modellvariablen ansetzen, lassen sich folglich einfach abbilden. Daneben können auch zusätzliche Größen in das Modell eingebaut werden. Identitätsgleichungen sind dagegen nicht beeinflussbar. Für den Bereich der Siedlungsflächen bedeutet dies, dass Steuern, die am Flächenerwerb oder an der Flächennutzung (auch versiegelter Flächen) ansetzen, ohne Schwierigkeiten abbildbar sind.

Im Verkehrsbereich ist dies bei der gewählten Modellierung nach Verkehrsträgern auf den ersten Blick schwieriger, weil die Steuerbelastung auf Produktionsbereiche umgeschlüsselt werden muss. Da der ökonomische Modellteil mit der Input-Output-Verflechtung aber gerade diese Informationen der Umschlüsselung liefert und die Preise des ökonomischen Modellteils die Nachfrage nach Verkehrsleistungen bestimmen, sind gerade im Verkehrsbereich Flächennutzungssteuern gut modellierbar. Letztlich handelt es sich dabei um die gegenwärtig diskutierten Maut-Systeme für Pkw und Lkw (road pricing), die auch für andere Verkehrsträger denkbar und abbildbar sind. Eine Flächenerwerbsteuer im Verkehrsbereich, die der Staat an sich selbst zahlen müsste, lässt sich dagegen nicht abbilden.

Auch Planungsentscheidungen lassen sich in PANTA RHEI grundsätzlich abbilden (vgl. Meyer et al. (1999), S. 111ff. für die Modellierung von Investitionsentscheidungen). Dazu sind aber weitere Modellarbeiten und die Einbeziehung von Expertenwissen notwendig. Eine solche Integration ist mit Sicherheit deutlich aufwendiger als der Einbau der oben angesprochen Steuern oder Preisinstrumente.

Das folgende Gleichungssystem beschreibt die Abbildung der Flächennutzung im Modell PANTA RHEI und am Ende auch Rückkopplungen in den ökonomischen Modellteil:

Modellierung der Flächennutzung[4]

(1) F(t) = F(1997)

F:	Gesamtfläche, exogen

Die Siedlungsfläche

(2) S(t) = SU(t) + SH(t)

SU:	Siedlungsfläche der Unternehmen
SH:	Siedlungsfläche der privaten Haushalte

(3) DS(t) = S(t) - S(t-1)

DS:	Veränderung der Siedlungsfläche

(4) DN(t) = DNLFG(t) + DNPGG(t) + DNMDG(t) + DNNDG(t) + DNHG(t)

DN:	Baufertigstellungen (Nutz- und Wohnfläche) in 1000 qm
DNLFG:	Baufertigstellungen (Nutz- und Wohnfläche) in 1000 qm (Produktionsbereiche 1 und 2)
DNPGG:	Baufertigstellungen (Nutz- und Wohnfläche) in 1000 qm (PB 3 bis 42)
DNMDG:	Baufertigstellungen (Nutz- und Wohnfläche) in 1000 qm (PB 43–50, 52–55)
DNNDG:	Baufertigstellungen (Nutz- und Wohnfläche) in 1000 qm (PB 56 bis 58)
DNHG:	Baufertigstellungen der Haushalte in 1000 qm

[4] Im Folgenden werden ausschließlich Flächenänderungen pro Jahr und Quadratkilometer ausgewiesen. Änderungen pro Tag und Hektar werden für alle Größen durch Multiplikation mit dem Faktor 100/365 in PANTA RHEI ermittelt, zur besseren Lesbarkeit hier aber nicht mit aufgeführt.

(5) $DQMPS(t) = DN(t)/DS(t)$

DQMPS: Durchschnittliche Geschosshöhe aller Baufertigstellungen

Die Siedlungsfläche der Unternehmen

(6) $SU(t) = \sum s_j(t)$

s_j: Fläche des Sektors j (zur Zeit für 4 zusammengefasste Sektoren)

(7) $DSU(t) = SU(t) - SU(t-1)$

DSU: Veränderung der Siedlungsfläche der Unternehmen

(8) $s_j(t) = sg_j(t) + sb_j(t) + se_j(t)$

sg_j: Gebäudefläche des Sektors j (für 4 zusammengefasste Sektoren)
sb_j: Betriebsfläche des Sektors j
se_j: Erholungsfläche des Sektors j

(9) $ds_j(t) = s_j(t) - s_j(t-1)$

ds_j: Veränderung der Siedlungsfläche des Sektors j

Die Gebäudefläche der Unternehmen

(10) $sg_j(t) = dsg_j(t) + sg_j(t-1)$

dsg_j: Veränderung der Gebäudefläche des Sektors j

(11) $dsg_j(t) = dqsg_j(t) * dng_j(t)$

$dqsg_j$: Veränderung der Gebäudefläche pro Baufertigstellungen in 1000 qm
dng_j: Baufertigstellungen (Nutz- und Wohnfläche) in 1000 qm

(12) $dqsg_j(t) = a_0*(PBU(t)/pg_{41}(t))^{-a1}$

PBU: Kaufwerte für sonstiges Bauland
pg_{41}: Preisindex des Bruttoproduktionswerts im Bauhauptgewerbe
a_0: Kalibrierungsfaktor
a_1: Kalibrierungsfaktor

(13) $dng_j(t) = dng_j(baur_j(t))$

$baur_j$: Bauinvestitionen nach investierenden Wirtschaftsbereichen j

z.Z. für folgende zusammengefasste Sektoren:

Für LF, Land- und Forstwirtschaft, Fischerei (Produktionsbereiche 1 und 2):

(14) $DNLFG(t) = DNLFG(BAURLF(t), t, D95FF)$

DNLFG: Baufertigstellungen (Nutz- und Wohnfläche) in 1000 qm (PB 1 und 2)
BAURLF: Bauinvestitionen nach investierenden Wirtschaftsbereichen (PB 1 und 2)
D95FF: Dummyvariable (bis 1994 = 0, ab 1995 = 1)

Für PG, Produzierendes Gewerbe (PB 3 bis 42):

(15) DNPGG(t) = DNPGG(BAURPG(t))

DNPGG: Baufertigstellungen (Nutz- und Wohnfläche) in 1000 qm (PB 3 bis 42)
BAURPG: Bauinvestitionen nach investierenden Wirtschaftsbereichen (PB 3 bis 42)

Für MD, Marktbestimmte Dienstleistungen ohne Wohnungsvermietung (PB 43 bis 50, 52 bis 55):

(16) DNMDG(t) = DNMDG(BAURMD(t), pg_{41}(t)/PBIP(t), D91(t), D92(t))

DNMDG: Baufertigstellungen (Nutz- und Wohnfläche) in 1000 qm (PB 43–50, 52–55)
BAURMD: Bauinvestitionen nach investierenden Wirtschaftsbereichen (PB 43–50, 52–55)
pg_{41}: Preisindex des Bruttoproduktionswerts im Bauhauptgewerbe
PBIP: Preisindex des BIP (1991 = 100)
D91: Dummyvariable (1991 = 1, sonst = 0)
D92: Dummyvariable (1992 = 1, sonst = 0)

Für ND, Nichtmarktbestimmte Dienstleistungen (PB 56 bis 58):

(17) DNNDG(t) = DNNDG(BAURND(t), D91(t), D92(t))

DNNDG: Baufertigstellungen (Nutz- und Wohnfläche) in 1000 qm (PB 56 bis 58)
BAURND: Bauinvestitionen nach investierenden Wirtschaftsbereichen (PB 56 bis 58)
D91: Dummyvariable (1991 = 1, sonst = 0)
D92: Dummyvariable (1992 = 1, sonst = 0)

(18) PBU(t) = PBU(PBIP(t-1), D91FF(t-1))

PBIP: Preisindex des Bruttoinlandsprodukts (1991 = 100)
D91FF: Dummyvariable (bis 1990 = 0, ab 1991 = 1)

Die Betriebsfläche der Unternehmen

(19) $sb_j(t) = qsb_j(t) * sg_j(t)$

sb_j: Betriebsfläche der Unternehmen im Sektor j
qsb_j: Relation zwischen Betriebsfläche und Gebäudefläche im Sektor j

(20) $qsb_j(t) = qsb_j(1997)$

exogen

(21) $dsb_j(t) = sb_j(t) - sb_j(t-1)$

dsb_j:	Veränderung der Betriebsfläche des Sektors j

Die Erholungsfläche der Unternehmen

(22) $se_j(t) = qse_j(t) * sg_j(t)$

se_j:	Erholungsfläche der Unternehmen im Sektor j
qse_j:	Relation zwischen Erholungsfläche und Gebäudefläche im Sektor j

(23) $qse_j(t) = qse_j(1997)$

exogen

(24) $dse_j(t) = se_j(t) - se_j(t-1)$

dse_j:	Veränderung der Erholungsfläche

Die Siedlungsfläche der Haushalte

(25) $SH(t) = SHG(t) + SHB(t) + SHE(t)$

SHG:	Gebäudefläche der Haushalte
SHB:	Betriebsfläche der Haushalte
SHE:	Erholungsfläche der Haushalte und Friedhofsfläche

(26) $DSH(t) = SH(t) - SH(t-1)$

DSH:	Veränderung der Siedlungsfläche der Haushalte

Die Gebäudefläche der Haushalte

(27) $SHG(t) = DSHG(t) + SHG(t-1)$

DSHG:	Veränderung der Gebäudefläche der Haushalte

(28) $DSHG(t) = DQSHG(t) * DNHG(t)$

DQSHG:	Veränderung der Gebäudefläche pro Baufertigstellungen in 1000 qm
DNHG:	Baufertigstellungen der Haushalte in 1000 qm

(29) $DQSHG(t) = a_0*(PBH(t)/pg_{41}(t))^{-a1}$

PBH:	Kaufwerte für baureifes Land
pg_{41}:	Preisindex im Bauhauptgewerbe
a_0:	Kalibrierungsfaktor
a_1:	Kalibrierungsfaktor (unterstellte Preiselastizität)

(30) DNHG(t) = DNHG($baur_{51}$(t), t, D91(t), D92(t))

$baur_{51}$:	Bauinvestitionen des Wirtschaftsbereichs Wohnungsvermietung
D91:	Dummyvariable (1991 = 1, sonst = 0)
D92:	Dummyvariable (1992 = 1, sonst = 0)

(31) PBH(t) = PBH(PLH(t-1),(YVH(t)-YVH(t-1)/YVH(t-1),D85(t),D91FF(t-1))

YVH:	Verfügbares Einkommen der privaten Haushalte in Preisen von 1991
PLH:	Preisindex der Lebenshaltung (1991 = 100)
D85:	Dummyvariable (1985 = 1, sonst = 0)
D91FF:	Dummyvariable (bis 1990 = 0, ab 1991 = 1)

Die Betriebsfläche der Haushalte

(32) SHB(t) = QSHB(t) * SHG(t)

SHB:	Betriebsfläche der Haushalte
QSHB:	Relation zwischen Betriebsfläche und Gebäudefläche bei den Haushalten

(33) QSHB(t) = QSHB(1997)

exogen

(34) DSHB(t) = SHB(t) - SHB(t-1)

DSHB:	Veränderung der Betriebsfläche der Haushalte

Die Erholungsfläche der Haushalte und Friedhofsfläche

(35) SHE(t) = QSHE(t) * SHG(t)

SHE:	Erholungsflächen der Haushalte und Friedhofsfläche
QSHE:	Relation zwischen Erholungsfläche und Gebäudefläche bei den Haushalten

(36) QSHE(t) = QSHE(1997)

exogen

(37) DSHE(t) = SHE(t) - SHE(t-1)

DSHE:	Veränderung der Erholungsfläche der Haushalte

Die Verkehrsfläche

(38) V(t) = VB(t) + VK(t) + VS(t) + VF(t)

V:	Verkehrsfläche insgesamt
VB:	Verkehrsfläche, Bahn
VK:	Verkehrsfläche, Schifffahrt (Kanäle)

VS: Verkehrsfläche, Straße
VF: Verkehrsfläche, Flugverkehr

(39) DV(t) = V(t) - V(t-1)

DV: Veränderung der gesamten Verkehrsfläche

Die Verkehrsfläche der Bahn

(40) VB(t) = QNB(t) * NB(t)

QNB: Flächenquotient Bahn (Fläche in qkm pro km Netzlänge)
NB: Netzlänge Bahn in km

(41) QNB(t) = QNB(1997)

exogen

(42) NB(t) = NB(t-1) + DNB(t)

DNB: Veränderung der Netzlänge der Bahn in km

(43) DNB(t) = DNB(VDB(t-5), D90(t-1), D90(t-7))

VDB: Verkehrsdichte, Streckennetz pro Waggonkilometer, Bahn
D90: Dummyvariable (1990 = 1, sonst = 0)

(44) VDB(t) = BZ(t)/NB(t)

BZ: Zahl der Züge an einem Stichtag

(45) BZ(t) = BZG(t) + BZR(t)

BZG: Zahl der Güterzüge an einem Stichtag
BZR: Zahl der Reisezüge an einem Stichtag

(46) BZG(t) = BZG(TKMB(t), t)

TKMB: Gefahrene Tonnenkilometer, Bahn

(47) BZR(t) = BZR(PKMB(t), D91(t), D92(t), D93(t))

PKMB: Gefahrene Personenkilometer, Bahn
D91: Dummyvariable (1991 = 1, sonst = 0)
D92: Dummyvariable (1992 = 1, sonst = 0)
D93: Dummyvariable (1993 = 1, sonst = 0)

(48) TKMB(t) = TKMB(vgr_{45}(t))

vgr_{45}: Vorleistungslieferungen der Eisenbahnen an alle Produktionsbereiche in Preisen von 1991

(49) PKMB(t) = PKMB($cpvr_{21}$(t), VDB(t))

$cpvr_{21}$: Konsumnachfrage nach fremden Verkehrsleistungen in Preisen von 1991
VDB: Verkehrsdichte, Streckennetz pro Waggonkilometer, Bahn

Die Verkehrsfläche der Schifffahrt (Kanäle)

(50) VK(t) = QNK(t) * NK(t)

QNK:	Flächenquotient Schifffahrt
NK:	Netzlänge Kanäle in km

(51) QNK(t) = QNK(1997)

exogen

(52) NK(t) = NK(t-1) + DNK(t)

DNK:	Veränderung der Netzlänge Kanäle in km

(53) DNK(t) = DNK(VDK(t-3), D91(t))

VDK:	Verkehrsdichte, Wasserstraßennetz pro Tonnenkilometer
D91:	Dummyvariable (1991 = 1, sonst = 0)

(54) VDK(t) = TKMK(t)/NK(t)

TKMK:	Tonnenkilometer, Kanäle

(55) TKMK(t) = TKMK(vgr_{46}(t), imr_{46}(t))

vgr_{46}:	Vorleistungslieferungen der Schifffahrt an alle Produktionsbereiche in Preisen von 1991
imr_{46}:	Einfuhr an Dienstleistungen der Schifffahrt in Preisen von 1991

Die Verkehrsfläche der Straßen

(56) VS(t) = VSU(t) + VSI(t)

VSU:	Straßenfläche des überörtlichen Verkehrs (überörtlich)
VSI:	Straßenfläche innerorts (ohne Ortsdurchfahrten des überörtlichen Verkehrs)

Die Fläche der Straßen des überörtlichen Verkehrs

(57) VSU(t) = QNSU(t) * NSU(t)

QNSU:	Flächenquotient Straße, außerorts
NSU:	Netzlänge der überörtlichen Straßen in km

(58) DVSU(t) = VSU(t) - VSU(t-1)

DVS:	Veränderung der Verkehrsfläche des überörtlichen Verkehrs

(59) QNSU(t) = QNSU(1997)

exogen

(60) NSU(t) = NSU(t-1) + DNSU(t)

DNSU: Veränderung der Netzlänge der Straßen des überörtlichen Verkehrs in km

(61) NSA(t) = QNSA(t) * NSU(t)

NSA: Netzlänge, Autobahnen
QNSA: Anteil Autobahnen am überörtlichen Straßennetz

(62) QNSA(t) = QNSA(1997)

exogen

(63) NSB(t) = QNSB(t) * NSU(t)

NSB: Netzlänge, Bundesstraßen
QNSB: Anteil Bundesstraße am überörtlichen Straßennetz

(64) QNSB(t) = QNSB(1997)

exogen

(65) NSL(t) = QNSL(t) * NSU(t)

NSL: Netzlänge, Landstraßen
QNSL: Anteil Landstraßen am überörtlichen Straßennetz

(66) QNSL(t) = QNSL(1997)

exogen

(67) NSK(t) = QNSK(t) * NSU(t)

NSK: Netzlänge, Kreisstraßen
QNSK: Anteil Kreisstraßen am überörtlichen Straßennetz

(68) QNSK(t) = QNSK(exogen)

exogen

(69) NSGU(t) = QNSG(t) * NSU(t)

NSGU: Netzlänge, Gemeindestraßen außerorts
QNSG: Anteil Gemeindestraßen am überörtlichen Straßennetz

(70) QNSG(t) = QNSG(1997)

exogen

(71) DNSU(t) = DNSU(VDS(t-6), VDB(t-3), D91(t))

VDS: Verkehrsdichte, überörtliches Straßennetz pro gefahrene Fahrzeugkilometer
VDB: Verkehrsdichte, Streckennetz pro Waggonkilometer, Bahn
D91: Dummyvariable (1991 = 1, sonst = 0)

(72) VDS(t) = KMSF(t)/NSU(t)

KMSF: Gefahrene Fahrzeugkilometer, Straße

(73) KMSF(t) = KMSP(t) + KMSL(t)

KMSP: Gefahrene Fahrzeugkilometer (Pkw), Straße
KMSL: Gefahrene Fahrzeugkilometer (Lkw), Straße

(74) KMSL(t) = KMSL(TKMS(t), t, D91FF(t))

TKMS: Gefahrene Tonnenkilometer, Straße
D91FF: Dummyvariable (bis 1990 = 0, ab 1991 = 1)

(75) TKMS(t) = TKMS(vdr_{48}(t), imr_{48}(t), D91FF(t))

vdr_{48}: Inländische Vorleistungslieferungen der Fluggesellschaften/Speditionen an alle PB in Pr.v. 1991
imr_{48}: Importe an Dienstleistungen der Fluggesellschaften/Speditionen in Preisen von 1991
D91FF: Dummyvariable (bis 1990 = 0, ab 1991 = 1)

(76) KMSP(t) = KMSP(PKMS(t), PKMS(t)/PKMSO(t), D91FF(t))

PKMS: Gefahrene Personenkilometer, Straße
PKMSO: Gefahrene Personenkilometer, Straße, öffentlicher Personenverkehr
D91FF: Dummyvariable (bis 1990 = 0, ab 1991 = 1)

(77) PKMS(t) = PKMSO(t) + PKMSP(t)

PKMSP: Gefahrene Personenkilometer, Straße, Individualverkehr

(78) PKMSO(t) = PKMSO($cpvr_{21}$(t), t)

$cpvr_{21}$: Konsumnachfrage für den Verwendungszweck Fremde Verkehrsleistungen

(79) PKMSP(t) = PKMSP($cpvr_{19}$(t), VDS(t), t)

$cpvr_{19}$: Konsumnachfrage für den Verwendungszweck Kraftstoffe
VDS: Verkehrsdichte, überörtliches Straßennetz pro gefahrene Fahrzeugkilometer

Die Fläche der Straßen des Innerortsverkehrs

(80) VSI(t) = QNSI(t) * NSGI(t)

QNSI: Flächenquotient Straße, innerorts
NSGI: Netzlänge der Straßen innerorts in km

(81) QNSI(t) = QNSI(1997)

exogen

(82) NSGI(t) = NSGI(t-1) + DNSGI(t)

DNSGI: Veränderung des Straßenverkehrsnetzes innerorts

(83) DNSGI(t) = DNSGI(DS(t))

DS: Veränderung der Siedlungsfläche

Die Verkehrsfläche des Flugverkehrs

(84) VF(t) = VDF(t) * GKMF(t)

VDF:	Verkehrsdichte, Flughafenfläche pro Starts und Landungen
GKMF:	Starts und Landungen im Flugverkehr

(85) VDF(t) = VDF(1997)

exogen

(86) GKMF(t) = GKMF(TKMF(t), PKMF(t), t)

TKMF:	Tonnenkilometer, Flugverkehr
PKMF:	Personenkilometer, Flugverkehr

(87) TKMF(t) = TKMF(vdr_{48}(t), imr_{48}(t), D91FF)

vdr_{48}:	Vorleistungslieferungen (inländische Prod.) der Fluggesellschaften/Speditionen an alle Produktionsbereiche in Preisen von 1991
imr_{48}:	Importe an Dienstleistungen der Fluggesellschaften/ Speditionen in Preisen von 1991

(88) PKMF(t) = PKMF(cpr_{48}, pg_{48}(t)/PLH(t), D91FF(t))

cpr_{48}:	Privater Verbrauch im Inland an DL der Fluggesellschaften/Speditionen in Pr. v. 1991
pg_{48}:	Preisindex der Bruttoproduktion des Sektors sonstiger Verkehr
PLH:	Preisindex der Lebenshaltung (1991 = 100)
D91FF:	Dummyvariable (bis 1990 = 0, ab 1991 = 1)

Die Abraumfläche

(89) A(t) = A(1997)

A:	Abraumfläche, exogen

Die Wald-/Moor- und Wasserfläche

(90) W(t) = W(1997)

W:	Wald-, Moor- und Wasserfläche, exogen

Die restliche Fläche

(91) R(t) = R(1997)

R:	Restliche Fläche, exogen

Die landwirtschaftliche Fläche

(92) $L(t) = F(t) - S(t) - V(t) - A(t) - W(t) - R(t)$

L:	Landwirtschaftliche Fläche
F:	Gesamtfläche

Die Siedlungs- und Verkehrsfläche

(93) $SuV(t) = S(t) + V(t)$

SuV:	Siedlungs- und Verkehrsfläche

(94) $DSuV(t) = DSuV(t) - DSuV(t-1)$

DSuV:	Veränderung der Siedlungs- und Verkehrsfläche

Die versiegelte Fläche

Aus den oben ermittelten Flächen werden in der dort dargestellten Disaggregationstiefe mit Hilfe von Versiegelungsfaktoren die zugehörigen versiegelten Flächen ermittelt. Folgende Versiegelungsfaktoren nach Dosch (1996) sind unterstellt worden:

- Gebäudefläche der Unternehmen: 0,55
- Betriebsfläche der Unternehmen und Haushalte: 0,4
- Erholungsfläche der Unternehmen und Haushalte: 0,28
- Gebäudefläche der Haushalte: 0,55
- Verkehrsfläche der Bahn: 0,9
- Verkehrsfläche der Schifffahrt: 0,9
- Verkehrsfläche der Straße: 0,6
- Verkehrsfläche des Flugverkehrs: 0,5

Für die Versiegelungsfaktoren liegen derzeit keine einheitlich anerkannten Werte vor, so dass es sich hier um plausible Schätzgrößen handelt.

Berücksichtigung von Flächenvariablen im ökonomischen Modellteil

Die Variablen des Flächenmoduls gehen auch an einzelnen Stellen als erklärende Variablen in den ökonomischen Modellteil ein. Zum einen wird die Verkehrsdichte von Straße (VDS) und Bahn (VDB) in mehreren Nachfragefunktionen berücksichtigt:

- Bei der Konsumnachfrage nach fremden Verkehrsleistungen (cpvr21)
- bei der Arbeitsnachfrage bei Speditionen/Fluggesellschaften (avb48)
- und bei der Arbeitsnachfragefunktion der Eisenbahnen (avb45).

Zum zweiten wird die Geschosshöhe (DQMPS) in Schätzungen einzelner Inputkoeffizienten (Steine und Erden) des Hoch- und Tiefbaus einbezogen. Dadurch besteht bereits in der Basissimulation eine Rückkopplung zwischen Flächenmodul und ökonomischem Modellteil. In den verschiedenen Simulationsrechnungen zur Reduktion des Flächenverbrauchs kommen weitere simulationsspezifische Verbindungen dazu.

Statistische Quellen (zusätzlich in PANTA RHEI aufgenommener Variablen)[5]

F	Statistisches Jahrbuch 1999, Tabelle 8.19
S	Statistisches Jahrbuch 1999, Tabelle 8.19
V	Statistisches Jahrbuch 1999, Tabelle 8.19
SuV	Statistisches Jahrbuch 1999, Tabelle 8.19
A	Statistisches Jahrbuch 1999, Tabelle 8.19
W	Statistisches Jahrbuch 1999, Tabelle 8.19
R	Statistisches Jahrbuch 1999, Tabelle 8.19
L	Statistisches Jahrbuch 1999, Tabelle 8.19
SU	UGR 1999, Tabelle 14
DSU	berechnet
SLFG	UGR 1999, Tabelle 14
SPGG	UGR 1999, Tabelle 14
SMDG	UGR 1999, Tabelle 14
SNDG	UGR 1999, Tabelle 14
SLFB	UGR 1999, Tabelle 14
DSLFB	berechnet
SPGB	UGR 1999, Tabelle 14
DSPGB	berechnet

[5] Alle übrigen Variablen stammen aus dem ökonomischen Modellteil von PANTA RHEI. Bei einigen Zahlen des Statistischen Bundesamtes ist zur Erstellung von Zeitreihen auch auf die jeweils zugehörigen Fachserien zurückgegriffen worden. Die versiegelten Flächen ergeben sich durch Multiplikation der Flächen mit den jeweiligen Versiegelungsfaktoren. Zu allen hier angegebenen Flächenänderungen in qkm/Jahr werden Änderungen in ha/Tag durch Multiplikation mit dem Faktor 100/365 berechnet.

SMDB	UGR 1999, Tabelle 14
DSMDB	berechnet
SNDB	UGR 1999, Tabelle 14
DSNDB	berechnet
SLFE	UGR 1999, Tabelle 14
DSLFE	berechnet
SPGE	UGR 1999, Tabelle 14
DSPGE	berechnet
SMDE	UGR 1999, Tabelle 14
DSMDE	berechnet
SNDE	UGR 1999, Tabelle 14
DSNDE	berechnet
DNLFG	Statistisches Jahrbuch 1999, Tabelle 10.4
DNPGG	Statistisches Jahrbuch 1999, Tabelle 10.4
DNMDG	Statistisches Jahrbuch 1999, Tabelle 10.4
DNNDG	Statistisches Jahrbuch 1999, Tabelle 10.4
PBU	Statistisches Jahrbuch 1999, Tabelle 23.10
PBH	Statistisches Jahrbuch 1999, Tabelle 23.10
DSLFG	berechnet
DSPGG	berechnet
DSMDG	berechnet
DSNDG	berechnet
DQSLFG	berechnet
DQSPGG	berechnet
DQSMDG	berechnet
DQSNDG	berechnet
SH	UGR 1999, Tabelle 14
DSH	berechnet
SHG	UGR 1999, Tabelle 14
DNHG	Statistisches Jahrbuch 1999, Tabelle 10.4
DSHG	berechnet
DQSHG	berechnet
SHB	UGR 1999, Tabelle 14
DSHB	berechnet
SHE	UGR 1999, Tabelle 14
DSHE	berechnet
DN	berechnet
DQMPS	berechnet
VB	Statistisches Jahrbuch 1999, Tabelle 8.19
VK	Statistisches Jahrbuch 1999, Tabelle 8.19

VS	Statistisches Jahrbuch 1999, Tabelle 8.19
VSU	berechnet
VSI	berechnet
VF	Statistisches Jahrbuch 1999, Tabelle 8.19
QNB	berechnet
NB	Verkehr in Zahlen 1999, S. 52f und S.64f
DNB	berechnet
VDB	berechnet
BZ	Verkehr in Zahlen 1999, S. 54f und S.64f
BZR	Verkehr in Zahlen 1999, S. 54f und S.64f
BZG	Verkehr in Zahlen 1999, S. 54f und S.64f
TKMB	Verkehr in Zahlen 1999, S. 54f und S.64f
PKMB	Verkehr in Zahlen 1999, S. 210f
QNK	berechnet
NK	Verkehr in Zahlen 1999, S. 118
DNK	berechnet
VDK	berechnet
TKMK	Verkehr in Zahlen 1999, S. 228f
QNS	berechnet
NS	Verkehr in Zahlen 1999, S. 109
NSU	Verkehr in Zahlen 1999, S. 109
DNS	berechnet
NSA	Verkehr in Zahlen 1999, S. 109
QNSA	berechnet
NSB	Verkehr in Zahlen 1999, S. 109
QNSB	berechnet
NSL	Verkehr in Zahlen 1999, S. 109
QNSL	berechnet
NSK	Verkehr in Zahlen 1999, S. 109
QNSK	berechnet
NSGU	Verkehr in Zahlen 1999, S. 109
QNSGU	berechnet
NSGI	Verkehr in Zahlen 1999, S. 109
QNSGI	berechnet
DNSGI	berechnet
VDS	berechnet
KMSF	Verkehr in Zahlen 1999, S. 154f
KMSL	Verkehr in Zahlen 1999, S. 154f
KMSP	Verkehr in Zahlen 1999, S. 154f
TKMS	Verkehr in Zahlen 1999, S. 228f
PKMS	Verkehr in Zahlen 1999, S. 210f

PKMSO	Verkehr in Zahlen 1999, S. 210f
PKMSP	Verkehr in Zahlen 1999, S. 210f
VDF	berechnet
GKMF	Verkehr in Zahlen 1999, S. 96f
TKMF	Verkehr in Zahlen 1999, S. 228f
DS	berechnet
DV	berechnet
DSuV	berechnet

Umweltmedien Luft und Klima

Die Abbildung des Energiebereichs hat sich gegenüber der Modellversion III nicht grundlegend geändert (Meyer et al. (1999), S. 39ff.). Abgebildet werden die 8 Luftschadstoffe Kohlendioxid, Schwefeldioxid, Stickoxide, Methan, VOC, Kohlenmonoxid, Lachgas und Staub. Hauptunterschied bei der Modellierung ist neben dem deutlich längeren Schätzzeitraum die Berücksichtigung der sektoralen Kapitalstöcke neben relativen Preisen bei der Schätzung der Energieinputkoeffizienten. Dahinter steht die Vorstellung, dass der Energieverbrauch bestehender Maschinen und Fahrzeuge nicht verändert werden kann. Erst Investitionen und damit neue Verbrennungsanlagen und Motoren können den spezifischen Energieeinsatz eines Energieträgers in einem Sektor senken. Steigende Energiepreise beschleunigen diesen Prozess längerfristig und führen kurzfristig zum stärkeren Einsatz weniger energieintensiver Anlagen. Es wird angenommen, dass der Anteil der erneuerbaren Energieträger an der Stromerzeugung durch das Stromeinspeise-Gesetz auf 8 % in 2010 und durch sich anschließende Maßnahmen auf 16 % im Jahr 2020 ansteigt. Die Kosten dieser weiteren Maßnahmen ab 2010 sind im Modell aber nicht quantifiziert und gehen nicht in Form höherer Preise oder Investitionen in das Modell ein.

(95) $EKR_{lj}(t) = EKR_{lj}(kr_j(t)/xg_j(t), pvge_l(t)/pg_j(t), t, D91FF)$

EKR_{lj} :	Energieinputkoeffizient in Preisen von 1991, Energieträger l im Produktionsbereich j
kr_j :	Kapitalstock im Sektor j in Preisen von 1991
xg_j :	Bruttoproduktionswert im Sektor j in Preisen von 1991
$pvge_{jl}$:	Vorleistungspreisindex Energieträger l (1991 = 100)
pg_j :	Preisindex der Bruttoproduktion im Sektor j (1991 = 100)

Für die Elektrizitätswirtschaft und die Eisen- und Stahlindustrie wird ein zweistufiger Ansatz gewählt. Auf der ersten Stufe wird der Inputkoeffizient für den gesamten Energieeinsatz geschätzt. Beim Strom haben der Strompreis und ein technischer Zeittrend Einfluss auf diese Größe. In der

Stahlindustrie erweist sich nur der Relativpreis – Energieträgerpreise durch Preis der Bruttoproduktion – als signifikant. In der zweiten Stufe werden dann die Anteile der einzelnen Energieträger preisabhängig geschätzt. Der Einsatz der Kernenergie und auch der erneuerbaren Energieträger zur Stromerzeugung wird in Zukunft politisch bestimmt und ist deshalb exogen vorgegeben.

Durch Umformung mit konstanten Faktoren lassen sich aus den Energieinputkoeffizienten und den Bruttoproduktionswerten die emissionsrelevanten Energieeinsätze ermitteln, die zusammen mit den Emissionsfaktoren, die bei CO_2 bis auf weiteres konstant sein werden, die energiebedingten Emissionen bestimmen:

(96) $EE_{lj}(t) = EKR_{lj}(t) * xg_j * KF_{lj}$

EE_{lj} :	Emissionsrelevanter Energieverbrauch in Joule, Energieträger l im Produktionsbereich j
EKR_{lj} :	Energieinputkoeffizient in Preisen von 1991, Energieträger l im Produktionsbereich j
xg_j :	Bruttoproduktionswert im Sektor j in Preisen von 1991
KF_{lj}:	Konstanter Umrechnungsfaktor, Energieträger l im Produktionsbereich j

Die Vorleistungspreise der Energieträger lassen sich sehr gut durch die Entwicklung auf den Weltenergiemärkten, den Importpreisen der Gütergruppen Kohle, Gas und Erdöl in DM, und den jeweils energieträgerspezifischen (steuer-) politischen Maßnahmen im Inland erklären:

(97) $pvge_l(t) = pvge(fpi_{l(j)}(t), ...)$

$pvge_{jl}$:	Vorleistungspreisindex Energieträger l (1991 = 100)
$fpi_{j(l)}$:	INFORUM-Einfuhrpreisindex, Gütergruppe j, zu der ET *l* gehört

Die Energieinputkoeffizienten bestimmen die Entwicklung der zugehörigen technischen Inputkoeffizienten auf der Ebene der Energieproduktionsbereiche, und die Vorleistungspreise dieser Bereiche werden von den Energieträgerpreisen bestimmt. Die Energieträger sind also konsistent in den ökonomischen Modellteil integriert.

Im Konsumbereich erfolgt die Modellierung zweistufig. Bereits im ökonomischen Modellteil wird der Konsum nach verschiedenen Verwendungszwecken, darunter Strom, flüssige Brennstoffe, feste Brennstoffe und Treibstoffe, bestimmt. Zur Umrechnung auf die Energieträger werden im zweiten Schritt die Anteile von Benzin und Diesel am Treibstoffkonsum und die Anteile von leichtem Heizöl und Gas am Verbrauch an flüssigen Brennstoffen in Abhängigkeit von den Relativpreisen und Trends bestimmt. Die Energieträgerpreise sind wiederum von den Energieimportpreisen und politischen Entscheidungen abhängig.

Energiebedingte Luftschadstoffemissionen hängen von den emissionsrelevanten Energieeinsätzen und Emissionsfaktoren ab, die angeben, welche Emissionen pro eingesetzter Energieeinheit entstehen.

(98) $E_{lkj}(t) = F_{lkj}(t) * EE_{lj}(t)$

E_{lkj} :	Emissionen in Tonnen, Schadstoff k, Energieträger l im Produktionsbereich j
F_{lkj} :	Emissionsfaktor in Tonnen/Joule, Schadstoff k, Energieträger l im Produktionsbereich j
EE_{lj} :	Emissionsrelevanter Energieverbrauch in Joule, Energieträger l im Produktionsbereich j

Die Emissionsfaktoren können grundsätzlich durch technische Maßnahmen end-of-the-pipe, durch Veränderungen der Verbrennungsprozesse oder Änderungen der Brennstoffe verändert werden. Für CO_2 liegen auf absehbare Zeit aber keine ökonomisch effizienten Emissionsminderungsmaßnahmen vor. Allein der fixe Kohlenstoffgehalt der Energieträger bestimmt die Emissionen.

Bei den anderen Luftschadstoffemissionen sind einsetzbare Minderungsmaßnahmen vorhanden. Allerdings ist eine Abbildung dieser technischen Optionen nicht einfach. Für die Modellrechnungen in dieser Studie wird weitgehend auf eine Untersuchung von Lutz (1998) zurückgegriffen. Da vor allem die Änderungen der Emissionen durch bestimmte Maßnahmen betrachtet werden, sind die Aussagen über die Veränderung der Schwefel- und Stickoxidemissionen davon kaum beeinflusst. Um auch die Möglichkeiten und Grenzen der Abbildung technischer Veränderungen darzustellen, werden im Folgenden beispielhaft für die Stickoxide verschiedene, bereits in früheren Modellversionen eingesetzte Varianten diskutiert.

Die Stickoxidemissionsfaktoren lassen sich z.B. durch verbesserte Verbrennungstechniken, eine veränderte Verbrennungstemperatur und den Einsatz von Filtertechniken reduzieren. Eine vergleichsweise einfache Möglichkeit der Abbildung ist die ökonometrische Schätzung der Emissionsfaktoren mit Zeittrends, um auf diese Weise technische Verbesserungen der Vergangenheit fortzuschreiben. Anschließend ist eine Plausibilitätsprüfung mit Expertenwissen erforderlich, um energietechnisch unsinnige Schätzfunktionen auszuschließen (vgl. zu einem solchen Vorgehen für sieben Luftschadstoffe Meyer et al. (1998), S. 88ff.).

Aufwendiger ist die Berücksichtigung alternativer Vermeidungstechnologien, wobei über Investitionshypothesen die verstärkte Nutzung von Vermeidungstechnologien bei steigenden Preisen der Luftschadstoffemission abgebildet werden kann (Meyer et al. (1998), S. 111ff.).

Schließlich sind auch sehr umfangreiche Einzeluntersuchungen der Energieverbräuche möglich. Lutz (1998), S. 113ff. beschreibt eine Trendprognose der zu erwartenden Entwicklung der NO_x-Emissionsfaktoren bei Fortsetzung der gegenwärtigen Luftreinhaltepolitik. Dabei wird davon ausgegangen, dass sich die Emissionsfaktoren wie in der Vergangenheit in erster Linie aufgrund verschärfter Auflagen verändern werden, wobei wegen hoher Nutzungsdauern vieler Verbrennungsanlagen mit langen Übergangszeiträumen zu rechnen ist. Dies erleichtert eine verlässliche Prognose.

Insbesondere die NO_x-Emissionsfaktoren beim Einsatz von Benzin und Diesel sind danach stark rückläufig. Vor allem der zunehmende Einsatz von Katalysatoren und bessere Lkw-Motoren, die durch die Richtlinien Euro-2 bis Euro-4 festgeschrieben sind, tragen dazu bei. In der Elektrizitätswirtschaft sind leistungsfähige Filtertechniken bereits in den 80er Jahren in der Großfeuerungsanlagenverordnung verankert worden, so dass die Emissionsfaktoren kaum weiter sinken dürften. Anders ist die Situation in der Industrie, bei Kleinverbrauchern und den Privaten Haushalten, wo Auflagen die Emissionen pro Energieeinheit auch in Zukunft weiter verringern werden (vgl. Lutz (1998), S. 118). Der Anteil dieser Emittentengruppen an den Gesamtemissionen ist aber gering.

In allen diskutierten Fällen bleibt zu klären, wie mögliche Preisinstrumente oder andere Politikmaßnahmen zur Reduktion der Emissionen im Modellzusammenhang angemessen abgebildet werden können. Denn der Zusammenhang zwischen Preisänderungen und technischen Emissionsminderungsmaßnahmen ist nur unzureichend bekannt. Denkbar ist die Einbeziehung von Kosten- und Reaktionsschätzungen von Experten (z.B. Statistisches Bundesamt/Statistics Netherlands (1996)) oder eine Endogenisierung des technischen Anpassungsverhaltens (vgl. Lutz (1998), S. 120ff.). Wichtig sind dabei in jedem Fall Kostengrößen verschiedener einsetzbarer Minderungstechnologien.

Die Wirtschaftssubjekte bzw. die homogenen Gruppen, die als Produktionsbereich zusammengefasst werden, haben zwei grundsätzliche Möglichkeiten, auf eine Besteuerung oder Zertifizierung der Emissionen zu reagieren. Entweder sie ergreifen keine technischen Maßnahmen zur Verringerung der Emissionen und tragen die volle Steuerlast bzw. reagieren im Rahmen ihres ökonomischen Entscheidungskalküls auf die höheren Kosten des Energieverbrauchs. Diese Reaktion kann über höhere Energieträgerpreise in PANTA RHEI angemessen abgebildet werden (Meyer et al. (1999), S. 124ff.). Oder sie ergreifen technische Maßnahmen (Einbau von Filteranlagen etc.). Dabei vergleichen sie die niedrigere Steuerlast mit den Kosten der Emissionsminderungstechnik. Zur Abbildung dieser Entscheidung sind zusätzliche Informationen über vorhandene Minderungstechniken notwendig.

Umweltmedium Wasser

Im Wasserbereich greift das Umweltbarometer auf die Stickstoff- und AOX-Konzentration der Gewässer als exemplarische Indikatoren der Gewässerqualität zurück. Die Erfassung des Mediums Wasser ist dabei auch nach Ansicht der Autoren des Umweltbarometers ungleich schwieriger als in den Bereichen Boden oder Klima und Luft. Eine Vielzahl von Stoffen beeinflusst die Wasserqualität über teilweise sehr komplexe, manchmal über viele Jahre ablaufende Prozesse. Außerdem können im Zusammenhang mit Wasser ganz unterschiedliche Fragen aufgeworfen werden: z.B. ist die quantitative Nutzung von Frisch-/Quellwasser von der Ablagerung schwer löslicher Schadstoffe im Gewässer deutlich zu trennen. Da zum Teil das Wissen über die naturwissenschaftlichen Zusammenhänge noch nicht gesichert ist, kann die Anknüpfung an Modelle, die ökonomische Aktivitäten abbilden, nur begrenzt erfolgreich sein. Bei den folgenden Ausführungen ist zu berücksichtigen, dass es sich nur um grobe Orientierungsgrößen handelt und teilweise gerade erst ein möglicher Forschungsrahmen und Datenbedarf abgesteckt werden kann. Die Diskussion wird auf zwei Teilbereiche begrenzt: Zum einen werden für die Bereiche Stickstoffbelastung, Abwasser und Klärschlammverbleib zukünftige, vor dem Hintergrund der gegenwärtigen Datensituation grundsätzlich denkbare Modellierungsmöglichkeiten diskutiert. Zum anderen wird die sehr einfache und noch unangemessene Modellierung der AOX-Emissionen dargestellt.

Die Stickstoffbelastung der Gewässer als Indikator der Gewässergüte steht nur in indirektem Zusammenhang zur Stickstoffausbringung/-emission (UBA (1997), S. 236f). Lange zeitliche Verzögerungen über den Grundwasserpfad – und dabei stattfindende komplexe biologisch-chemische Prozesse, die wiederum stark von regionalen Gegebenheiten abhängen – sowie Importe und Exporte über Fließgewässer oder den Luftweg sind zu berücksichtigen. Da ökonomische Modelle aber in erster Linie Aktivitäten abbilden, können nur die damit verbundenen Stickstoffausbringungen/-emissionen dargestellt werden. Handlungsziel ist im Folgenden die Reduktion dieser Gesamtstickstoffausbringungsmenge.

Im Jahr 1995 stammen die Stickstoffeinträge in Fließgewässer zu rund 60 % aus diffusen Einträgen und zu rund 40 % aus punktförmigen Einträgen (UBA (1997), S. 236). Etwa 90 % der diffusen Einträge kommen dabei aus der Landwirtschaft, die bei der Tierproduktion Stickstoffüberschüsse erzeugt (Wirtschaftsdünger als Gülle etc., Ammoniakemissionen der Tiere in die Luft) und zusätzlich mineralischen Stickstoffdünger (Kunstdünger) einsetzt. Die punktförmigen Einträge stammen zum Großteil aus häuslichen Abwässern, aber auch aus industriellen Abwässern, wobei der Anteil der (in Kläranlagen) behandelten Abwässer die Höhe der Emissionen stark beeinflusst. Eine Umsetzung der gesetzlichen Regelungen (Denitrifikationsstufe bei Kläranlagen ab der Größenklasse 3) sowie ein höherer Anschlussgrad werden die Stickstoffeinträge aus kommunalen Kläranlagen um gut 40 % gegenüber 1995 reduzieren (Behrendt et al. (1999), S. 269ff.).

Zukünftige Maßnahmen zur Reduktion der Stickstoffausbringung müssen sich deshalb auf die Landwirtschaft konzentrieren. Hier werden derzeit ca. 1700 kt Mineraldünger eingesetzt, Wirtschaftsdünger fällt jährlich in einer Größenordnung von rund 1200 kt an und die Ammoniakemissionen machen rund 600 kt aus. Weitere Stickstoffquellen werden auch in Zukunft häusliche und in geringerem Umfang industrielle Abwässer sowie diffuse Einträge aus der Luft (hier vor allem durch verbrennungsbedingte Stickoxidemissionen des Verkehrs und der Kraftwerke) sein. Schließlich werden in Zukunft weiterhin Schadstoffe über den Wasser- und Luftweg nach Deutschland importiert.

Eine Modellierung der Ammoniakemissionen der Landwirtschaft könnte wie folgt aussehen:

(99) ENHL(t) = ENHSW(t) + ENHRI(t) + ENHKA(t) + ENHGE(t) + ENHSA(t) + ENHPF(t)

ENHL:	Ammoniakemissionen der Landwirtschaft
ENHSW:	Ammoniakemissionen der Schweine
ENHRI:	Ammoniakemissionen der Rinder
ENHKA:	Ammoniakemissionen der Kälber
ENHGE:	Ammoniakemissionen des Geflügels
ENHSA:	Ammoniakemissionen der Schafe
ENHPF:	Ammoniakemissionen der Pferde

(100) ENHSW(t) = QENHSW(1996) * ZSW(t)

QENHSW:	Ammoniakemissionen pro Schwein
ZSW:	Anzahl der Schweine

(101) ENHRI(t) = QENHRI(1996) * ZRI(t)

QENHRI:	Ammoniakemissionen pro Rind
ZRI:	Anzahl der Rinder

(102) ENHKA(t) = QENHKA(1996) * ZKA(t)

QENHKA:	Ammoniakemissionen pro Kalb
ZKA:	Anzahl an Kälbern

(103) $ENHGE(t) = QENHGE(1996) * ZGE(t)$

QENHGE:	Ammoniakemissionen pro Geflügel
ZGE:	Anzahl an Geflügel

(104) $ENHSA(t) = QENHSA(1996) * ZSA(t)$

QENHSA:	Ammoniakemissionen pro Schaf
ZSA:	Anzahl der Schafe

(105) $ENHPF(t) = QENHPF(1996) * ZPF(t)$

QENHPF:	Ammoniakemissionen pro Pferd
ZPF:	Anzahl der Pferde

(106) $ZSW(t) = ZSW(PSW(t-2), PRI(t-1))$

PSW:	Schweinepreis
PRI:	Rinderpreis

(107) $ZRI(t) = ZRI(PRI(t-2), D91FF(t))$

PRI:	Rinderpreis
D91FF:	Dummyvariable (bis 1990 = 0, ab 1991 = 1)

(108) $ZKA(t) = ZKA(PKA(t-2), PRI(t))$

PKA:	Kälberpreis
PRI:	Rinderpreis

(109) $ZGE(t) = ZGE(cpr_1(t), t)$

cpr_1:	Privater Verbrauch von Produkten der Landwirtschaft in Preisen von 1991

(110) $ZSA(t) = ZSA(PSA(t-1), cpr_1(t))$

PSA:	Schafpreis
cpr_1:	Privater Verbrauch von Produkten der Landwirtschaft in Preisen von 1991

(111) $ZPF(t) = ZPF(ZPF(t-1), kr_1(t), D91FF(t))$

kr_1:	Kapitalstock der Landwirtschaft in Preisen von 1991
D91FF:	Dummyvariable (bis 1990 = 0, ab 1991 = 1)

(112) $PSW(t) = PSW(cpr_1(t), pg_1(t))$

cpr_1:	Privater Verbrauch von Produkten der Landwirtschaft in Preisen von 1991
pg_1:	Preisindex der Bruttoproduktion der Landwirtschaft (1991 = 100)

(113) $PRI(t) = PRI(cpr_{38}(t-1), pg_1(t), t)$

cpr_{38}:	Privater Verbrauch von Produkten des Ernährungsgewerbes in Preisen von 1991
pg_1:	Preisindex der Bruttoproduktion der Landwirtschaft (1991 = 100)

(114) PKA(t) = PKA(PRI(t), t)

(115) PGE(t) = PGE(PGE(t-1), pg_1(t))

pg_1:	Preisindex der Bruttoproduktion der Landwirtschaft (1991 = 100)

(116) PSA(t) = PSA(pg_1(t), D90(t), D91(t))

pg_1:	Preisindex der Bruttoproduktion der Landwirtschaft (1991 = 100)
D91:	Dummyvariable (1991 = 1, sonst = 0)
D92:	Dummyvariable (1992 = 1, sonst = 0)

Mögliche Angebotsmengenbeschränkungen (Zahl der Rinder, der Schweine etc.) der EU-Agrarpolitik könnten über Vorgaben berücksichtigt werden. Für den Düngereinsatz sind folgende Modellierungen vorstellbar:

(117) ENML(t) = QENML * L(t)

ENML:	Mineralstickstoffdüngereinsatz in der Landwirtschaft in Tonnen
QENML:	Mineraldüngereinsatz je ha Landwirtschaftsfläche
L:	Landwirtschaftsfläche

(118) QENML(t) = QENML(t)

exogen

(119) PENML(t) = PENML(pmg_1(t), D94(t))

PENML:	Preisindex für Mineralstickstoffdünger (Kalkammonsalpeter) (1991 = 100)
pmg_1:	Preisindex der Importe der Landwirtschaft (1991 = 100)
D94:	Dummyvariable (1994 = 1, sonst = 0)

(120) ENWL(t) = ENWSW(t) + ENWRI(t) + ENWGE

ENWL:	Wirtschaftsstickstoffdüngereinsatz in der Landwirtschaft in Tonnen
ENWSW:	Wirtschaftsstickstoffdüngereinsatz in der Landwirtschaft in Tonnen, Schweine
ENWRI:	Wirtschaftsstickstoffdüngereinsatz in der Landwirtschaft in Tonnen, Rinder
ENWGE:	Wirtschaftsstickstoffdüngereinsatz in der Landwirtschaft in Tonnen, Geflügel

(121) ENWSW(t) = 1000 * QENWSW * ZSW(t)

QENWSW:	Stickstoffdüngeranfall je Schwein in kg
ZSW:	Zahl der Schweine

(122) ENWRI(t) = 1000 * QENWRI * (ZRI(t) + ZKA(t))

QENWRI:	Stickstoffdüngeranfall je Rind/Kalb in kg
ZRI:	Zahl der Rinder

ZKA: Zahl der Kälber

(123) ENWGE(t) = 1000 * QENWGE * ZGE(t)

QENWGE: Stickstoffdüngeranfall je Geflügel in kg
ZSW: Zahl an Geflügel

(124) QENWSW(t) = QENWSW(t)

exogen

(125) QENWRI(t) = QENWRI(t)

exogen

(126) QENWGE(t) = QENWGE(t)

exogen

Für die Stickstoffausbringung durch häusliche und industrielle Abwässer liegen im Moment keine tiefer gegliederten Daten vor. Eine Anknüpfung an ökonomische Größen ist beim derzeitigen Datenstand nicht zu leisten:

(127) ENWA(t) = ENWAU(t) + ENWAH(t)

ENWA: Stickstoffemissionen im Abwasser
ENWAU: Stickstoffemissionen im Abwasser, Unternehmen
ENWAH: Stickstoffemissionen im Abwasser, öffentliche Abwasserbeseitigung

Für AOX (Adsorbierbare organische Halogenverbindungen) liegen seit Mai 2001 für die Jahre 1991 und 1995 vorläufige Emissionsdaten nach 58 Produktionsbereichen und für die privaten Haushalte vor. Für eine erste Simulationsrechnung werden diese Emissionen mit den sektoralen Produktionswerten verknüpft. Allerdings zeigen sich für die bedeutenden Verschmutzerbereiche nach Tabelle 1 keine stabilen Zusammenhänge von Emissionen und Produktionstätigkeit. Die Emissionen pro Produktionseinheit gehen in einigen Sektoren in den Jahren zwischen 1991 und 1995 auf rund ein Viertel zurück, so dass auch für jede Fortschreibung dieser Trends die Basis fehlt.

Im Weiteren werden die Emissionen deshalb mit den Emissionsfaktoren des Jahres 1995 fortgeschrieben. Bessere Prognosen in der Zukunft setzen die Kenntnis der technischen Zusammenhänge der Entstehung der AOX-Emissionen voraus.

(128) $EAO(t) = \Sigma eao_j(t) + EAOC(t)$

EAO: AOX-Emissionen
eao_j: AOX-Emissionen Sektor j
EAOC: AOX-Emissionen der privaten Haushalte

(129) $eao_j(t) = feao_j(1995) * xg_j(t)$

$feao_j$: AOX-Emissionsfaktor im Sektor j
xg_j: Bruttoproduktionswert im Sektor j in Mrd. DM in Preisen von 1991

Tabelle 1: Ausgewählte AOX-Emissionsfaktoren

	Emissionsfaktoren in t AOX/Mrd. DM	
Produktionsbereich	im Jahr 1991	im Jahr 1995
Erzeugung und Verteilung von Elektrizität, Dampf, Warmwasser	16,54	4,57
Herstellung von chemischen Erzeugnissen, Spalt- und Brutstoffen	5,18	2,41

(130) EAOC(t) = FEAOC(1995) * CPR(t)

FEAOC: AOX-Emissionsfaktor der privaten Haushalte
CPR: Privater Konsum in Mrd. DM in Preisen von 1991

Daneben ist auch die Modellierung der Abwassermengen und des Klärschlammverbleibs aufgrund der Datensituation möglich[6]:

(131) EWAS(t) = EWASDB(t) + EWASDU(t) + EWASIB(t) + EWASIU(t)

EWAS: Abwasser in Mio. cbm
EWASDB: Abwasser in Mio. cbm, Direkteinleitung, behandelt
EWASDU: Abwasser in Mio. cbm, Direkteinleitung, unbehandelt
EWASIB: Abwasser in Mio. cbm, Indirekteinleitung, behandelt
EWASIU: Abwasser in Mio. cbm, Indirekteinleitung, unbehandelt

(132) $EWASDB(t) = \Sigma ewasdb_j(t)$

$ewasdb_j$: Abwasser im Sektor j, direkt, behandelt

(133) $EWASDU(t) = \Sigma ewasdu_j(t)$

$ewasdu_j$: Abwasser im Sektor j, direkt, unbehandelt

(134) $EWASIB(t) = \Sigma ewasib_j(t)$

$ewasib_j$: Abwasser im Sektor j, indirekt, behandelt

(135) $EWASIU(t) = \Sigma ewasiu_j(t)$

$ewasiu_j$: Abwasser im Sektor j, indirekt, unbehandelt

[6] für alle in Statistisches Bundesamt (1999), Tabelle 26.2.5 bzw. 26.2.6 angegebenen Sektoren j. Dabei werden die Abwassereinleitungen für die Sektoren des Produzierenden Gewerbes und die Wärmekraftwerke getrennt erfasst. Alle übrigen Einleitungen einschließlich der der privaten Haushalte werden als öffentliche Abwasserbeseitigung gemeinsam ausgewiesen.

(136) $PEWAS(t) = PEWAS(t)$

PEWAS:	Abwasserpreisindex (private Haushalte; 1991 = 100)

(137) $ewasdb_j(t) = a_0*(PEWAS(t)/pg_j(t))^{-a_1} * qewasdb_j(t)* xg_j(t)$

$qewasdb_j$:	Abwasser pro Einheit Bruttoproduktion des Sektors j, direkt, behandelt
pg_j:	Preisindex der Bruttoproduktion des Sektors j (1991 = 100)
xg_j:	Bruttoproduktion des Sektors j in Preisen von 1991
a0:	Kalibrierungsfaktor
a1:	Kalibrierungsfaktor (unterstellte Preiselastizität)

(138) $ewasib_j(t) = a_0*(PEWAS(t)/pg_j(t))^{-a_1} * qewasib_j(t) * xg_j(t)$

$qewasib_j$:	Abwasser pro Einheit Bruttoproduktion des Sektors j, indirekt, behandelt
xgt_j:	Bruttoproduktion des Sektors j in Preisen von 1991

(139) $ewasdu_j(t) = a_0*(PEWAS(t)/pg_j(t))^{-a_1} * qewasdu_j(t) * xg_j(t)$

$qewasdu_j$:	Abwasser pro Einheit Bruttoproduktion des Sektors j, direkt, unbehandelt
xg_j:	Bruttoproduktion des Sektors j in Preisen von 1991

(140) $ekwasdu_j(t) = qekwasdb_j(t) * xg_j(t)$

$ekwasdu_j$:	Abwasser des Sektors j, darunter Kühlwasser, direkt, unbehandelt
$qekwasdb_j$:	Kühlwasser pro Einheit Bruttoproduktion des Sektors j, direkt, unbehandelt
xg_j:	Bruttoproduktion des Sektors j in Preisen von 1991

(141) $erwasdu_j(t) = ewasdu_j(t) - ekwasdu_j(t)$

erwasduj:	Abwasser des Sektors j, Rest, direkt, unbehandelt

(142) $ewasiu_j(t) = a_0*(PEWAS(t)/pg_j(t))^{-a_1} * qewasiu_j(t) * xg_j(t)$

$qewasiu_j$:	Abwasser pro Einheit Bruttoproduktion des Sektors j, indirekt, unbehandelt
xg_j:	Bruttoproduktion des Sektors j in Preisen von 1991

(143) $ekwasiu_j(t) = qekwasiu_j(t) * xg_j(t)$

$ekwasiu_j$:	Abwasser des Sektors j, darunter Kühlwasser, indirekt, unbehandelt
$qekwasiu_j$:	Kühlwasser pro Einheit Bruttoproduktion des Sektors j, indirekt, unbehandelt
xg_j:	Bruttoproduktion des Sektors j in Preisen von 1991

(144) $erwasiu_j(t) = ewasiu_j(t) - ekwasiu_j(t)$

$erwasiu_j$:	Abwasser des Sektors j, Rest, indirekt, unbehandelt

(145) $ewas_j(t) = ewasdb_j(t) + ewasib_j(t) + ewasdu_j(t) + ewasib_j(t)$

$ewas_j$:	Abwasser des Sektors j

(146) $EWASHB(t) = ewasdb_2(t) + ewasib_2(t)$

EWASHB:	Öffentliche Abwässer, behandelt
$ewasdb_2$:	Abwasser der öffentlichen Abwasserbeseitigung, direkt, behandelt
$ewasib_2$:	Abwasser der öffentlichen Abwasserbeseitigung, indirekt, behandelt

(147) $EWASUB(t) = EWASDB(t) + EWASIB(t) - EWASHB(t)$

EWASUB:	Industrielle Abwässer, behandelt
EWASDB:	Abwasser, Direkteinleitung, behandelt
EWASIB:	Abwasser, Indirekteinleitung, behandelt
EWASHB:	Öffentliche Abwässer, behandelt

(148) $SLAM(t) = \sum slam_j(t)$

SLAM:	Klärschlamm in Tonnen
$slam_j$:	Klärschlamm in t., Sektor j

(149) $slam_j(t) = qslam_j(t) * xg_j(t)$

$qslam_j$:	Klärschlamm in Tonnen pro Einheit Bruttoproduktion des Sektors j
xg_j:	Bruttoproduktion des Sektors j in Preisen von 1991

(150) $SLAMV(t) = \sum slamv_j(t)$

SLAMV:	Klärschlamm in Tonnen, Verbrennung
$slamv_j$:	Klärschlamm in t., Sektor j, Verbrennung

(151) $slamv_j(t) = qslamv_j(t) * xg_j(t)$

$qslamv_j$:	Klärschlamm (Verbr.) in t pro Einheit Bruttoproduktion des Sektors j
xg_j:	Bruttoproduktion des Sektors j in Preisen von 1991

(152) $SLAML(t) = \sum slaml_j(t)$

SLAML:	Klärschlamm in Tonnen, Landwirtschaft
$slaml_j$:	Klärschlamm in t., Sektor j, Landwirtschaft

(153) $slaml_j(t) = qslaml_j(t) * xg_j(t)$

$qslaml_j$:	Klärschlamm (Landw.) in t pro Einheit Bruttoproduktion des Sektors j

xg_j: Bruttoproduktion des Sektors j in Preisen von 1991

(154) $SLAMD(t) = \sum slamd_j(t)$

SLAMD:	Klärschlamm in Tonnen, Deponie
$slamd_j$:	Klärschlamm in t., Sektor j, Deponie

(155) $slamd_j(t) = qslamd_j(t) * xg_j(t))$

$qslamd_j$:	Klärschlamm (Deponie) in t pro Einheit Bruttoproduktion des Sektors j
xg_j:	Bruttoproduktion des Sektors j in Preisen von 1991

2.1.1.4 Statistische Quellen[7]

ENHL	UBA 2000
ENHRI	UBA 2000
ENHKA	UBA 2000
ENHSW	UBA 2000
ENHGE	UBA 2000
ENHSA	UBA 2000
ENHPF	UBA 2000
QENHRI	berechnet
QENHKA	berechnet
QENHSW	berechnet
QENHGE	berechnet
QENHSA	berechnet
QENHPF	berechnet
ZRI	Statistisches Jahrbuch 1999, Tabelle 8.29
ZKA	Statistisches Jahrbuch 1999, Tabelle 8.29
ZSW	Statistisches Jahrbuch 1999, Tabelle 8.29
ZGE	Statistisches Jahrbuch 1999, Tabelle 8.29
ZSA	Statistisches Jahrbuch 1999, Tabelle 8.29
ZPF	Statistisches Jahrbuch 1999, Tabelle 8.29
PRI	Statistisches Jahrbuch 1999, Tabelle 23.2
PKA	Statistisches Jahrbuch 1999, Tabelle 23.2
PSW	Statistisches Jahrbuch 1999, Tabelle 23.2
PGE	Statistisches Jahrbuch 1999, Tabelle 23.2
PSA	Statistisches Jahrbuch 1999, Tabelle 23.2
ENML	Statistisches Jahrbuch 1999, Tabelle 8.27
QENML	berechnet
PENML	Statistisches Jahrbuch 1999, Tabelle 23.1
ENWL	UBA 2000
ENWSW	UBA 2000
ENWRI	UBA 2000
ENWGE	UBA 2000
QENWSW	berechnet
QENWRI	berechnet

[7] Bei einigen Zahlen des Statistischen Bundesamtes ist zur Erstellung von Zeitreihen auch auf die jeweils zugehörigen Fachserien zurückgegriffen worden.

QENWGE	berechnet
ENWA	UBA 1997, S. 236
ENWAU	UBA 1997, S. 236
ENWAH	UBA 1997, S. 236
EAO	Mitteilung des Statistischen Bundesamtes vom Mai 2001
EAOC	Mitteilung des Statistischen Bundesamtes vom Mai 2001
$eaox_j$	Mitteilung des Statistischen Bundesamtes vom Mai 2001
FEAOC	berechnet
$feaox_j$	berechnet
EWAS	Statistisches Jahrbuch 1999, Tabelle 26.2.5
EWASDB	Statistisches Jahrbuch 1999, Tabelle 26.2.5
EWASDU	Statistisches Jahrbuch 1999, Tabelle 26.2.5
EWASIB	Statistisches Jahrbuch 1999, Tabelle 26.2.5
EWASIU	Statistisches Jahrbuch 1999, Tabelle 26.2.5
$ewas_j$	Statistisches Jahrbuch 1999, Tabelle 26.2.5
$ewasdb_j$	Statistisches Jahrbuch 1999, Tabelle 26.2.5
$ewasdu_j$	Statistisches Jahrbuch 1999, Tabelle 26.2.5
$ewasib_j$	Statistisches Jahrbuch 1999, Tabelle 26.2.5
$ekwasib_j$	Statistisches Jahrbuch 1999, Tabelle 26.2.5
$erwasib_j$	Statistisches Jahrbuch 1999, Tabelle 26.2.5
$ewasiu_j$	Statistisches Jahrbuch 1999, Tabelle 26.2.5
$ekwasiu_j$	Statistisches Jahrbuch 1999, Tabelle 26.2.5
$erwasiu_j$	Statistisches Jahrbuch 1999, Tabelle 26.2.5
$qewasdb_j$	berechnet
$qewasdu_j$	berechnet
$qewasib_j$	berechnet
$qekwasib_j$	berechnet
$qewasiu_j$	berechnet
$qekwasiu_j$	berechnet
EWASHB	berechnet
EWASHU	berechnet
EWASUB	berechnet
EWASUU	berechnet
SLAM	Statistisches Jahrbuch 1999, Tabelle 26.2.6
SLAMV	Statistisches Jahrbuch 1999, Tabelle 26.2.6
SLAML	Statistisches Jahrbuch 1999, Tabelle 26.2.6
SLAMD	Statistisches Jahrbuch 1999, Tabelle 26.2.6
$slam_j$	Statistisches Jahrbuch 1999, Tabelle 26.2.6
$slamv_j$	Statistisches Jahrbuch 1999, Tabelle 26.2.6
$slaml_j$	Statistisches Jahrbuch 1999, Tabelle 26.2.6

$slamd_j$	Statistisches Jahrbuch 1999, Tabelle 26.2.6
$qslam_j$	berechnet
$qslamv_j$	berechnet
$qslaml_j$	berechnet
$qslamd_j$	berechnet

2.1.1.5 Verknüpfung der Modellteile

Das Modell PANTA RHEI setzt sich aus dem ökonomischen Modellteil INFORGE und Erweiterungen in den Umweltbereichen Luft, Ressourceneinsatz, Boden und Wasser zusammen. Das gesamte Modellsystem wird in einem simultanen Block gelöst. Die Schnittstellen zwischen den Modellteilen befinden sich stets auf der tief untergliederten Aktivitätsebene der Unternehmen und der Haushalte. Es werden zur Anknüpfung sowohl ökonomische Inputvariablen (z.B. Energieinputs bei Luftschadstoffemissionen) als auch Outputvariablen (z.B. Bauinvestitionen beim land use) verwendet.

Der verwendete Input-Output-Ansatz ist technikorientiert und bietet grundsätzlich eine angemessene Verknüpfung von Ökonomie-Ökologie und Technik. Bei der Erfassung des technologischen Wandels bleiben sicherlich noch Wünsche offen. Hier wird daran gearbeitet, für ausgewählte, für die Umweltfragestellungen wichtige Sektoren eine verbesserte Modellierung zu erreichen: Durch die Nutzung technologischer Datenbanken soll der Pool des technischen Wissens für die absehbare Zukunft beschrieben werden. Die Unternehmen wählen bei ihrer Investitionsentscheidung aus diesem Pool bekannter Technologien die vorteilhafte aus.

Die Kopplung des Modells mit naturwissenschaftlichen und (vermeidungs-) technischen Zusammenhängen hat sich in der Vergangenheit als schwierig, aber grundsätzlich möglich erwiesen. Beispielsweise haben umfangreiche Forschungsarbeiten im Bereich der Stickoxidemissionen und ihrer Vermeidung gezeigt, dass eine Einbindung vermeidungstechnischer Informationen durch die Nutzung von externem Expertenwissen (Meyer et al. (1999)) und die Modellierung von Entscheidungsroutinen (Lutz (1998)) möglich ist. Ökologisch-technische Zusammenhänge und Neuerungen können demnach grundsätzlich berücksichtigt werden, setzen aber umfangreiche Vorarbeiten oder – noch besser – die Zusammenarbeit mit Experten voraus.

2.1.2 Ökonometrisches Vorgehen und Datenbasis

2.1.2.1 Ökonometrisches Vorgehen

Die Parameter der Modellgleichungen wurden mit dem OLS-Verfahren über den Zeitraum 1978 bis 1996 ökonometrisch geschätzt. Der mit dem Übergang vom Gebietsstand Westdeutschland zu Deutschland im Schätzzeitraum liegende Strukturbruch wurde durch additive und multiplikative Dummyvariablen erfasst. Bei der Auswahl alternativer Schätzansätze wurden zunächst a-priori-Informationen über Vorzeichen und Größenordnungen der zu schätzenden Koeffizienten genutzt. Mit anderen Worten: Ökonomisch unsinnige Schätzergebnisse wurden verworfen. Die verbleibenden Schätzungen wurden auf Autokorrelation der Residuen anhand der Durbin-Watson-Statistik sowie auf Signifikanz der geschätzten Parameter mit dem t-Test geprüft. War auf dieser Basis eine Diskriminierung konkurrierender Ansätze nicht möglich, wurde das Bestimmtheitsmaß der Schätzung hinzugezogen. Angesichts der Größe des Modells erscheint die OLS-Methode als die angemessene, weil einfachste Schätzmethode. Für die Zukunft wird aber ein zweistufiges Schätzverfahren vorbereitet.

Die Variablen sind vielfältig nichtlinear miteinander verknüpft (relative Preise, Quoten etc.). Die meisten Funktionsformen sind nichtlinear, i.d.R. doppelt-logarithmisch.

Sensitivitätsanalysen sind mit der Modellversion III in großem Umfang durchgeführt worden. Dabei hat sich das Modell PANTA RHEI als sehr robust gezeigt. Die exogenen Vorgaben bestimmen danach zwar das Niveau der Entwicklung zentraler Modellvariablen. Die bei Simulationsrechnungen aber im Vordergrund stehenden Abweichungen von einer Basissimulation werden davon kaum berührt. Die qualitativen Aussagen sind damit gut abgesichert. Dieser Eindruck wird auch durch die historischen Simulationen bestätigt. Trotz weitgehender Endogenität der Modellvariablen werden die historischen Entwicklungen der Jahre 1992 bis 1996 gut getroffen. In Meyer et al. (1999), S. 81ff. finden sich auch gute Anpassungen für die Jahre 1980 bis 1990.

Mit der aktuellen Modellversion PANTA RHEI IV sind erstmals stochastische Simulationen durchgeführt worden, um die Stabilität der Modellzusammenhänge zu testen. Bei 500 Simulationsrechnungen wurden unter der üblichen Annahme der Normalverteilung der Schätzfehler mit einem Zufallszahlengenerator Störgrößen zu den Absolutgliedern der ökonometrisch geschätzten Gleichungen addiert. Anschließend wurden die modifizierten Modelle gelöst. Über die Ergebnisse wird an anderer Stelle berichtet.

Bei Simulationsrechnungen erlaubt das voll integrierte System PANTA RHEI ein einfaches Vorgehen. Da alle Teile simultan gelöst werden, müssen gegenüber der Basissimulation lediglich die gewünschten Änderungen bei exogenen oder endogenen Variablen vorgenommen werden. In der Regel muss das umweltpolitische Instrumentarium eingeführt und die Frage der Verwendung der zusätzlichen staatlichen Einnahmen geklärt werden. Nach Änderung dieser beiden Größen kann eine neue Simulationsrechnung erstellt werden. Die Abweichungen dieser Rechnung gegenüber der Basissimulation beschreiben dann die Wirkung des staatlichen Eingriffs auf sämtliche endogenen Variablen des Modells. Die auf C++ basierte Software des internationalen INFORUM-Verbundes ist die Voraussetzung für dieses einfache Vorgehen.

2.1.2.2 Datenbasis

Im Folgenden werden die konstituierenden Bestandteile der Modelldatenbasis kurz beschrieben, wobei sich die Darstellung auf die zentralen Bausteine Input-Output-Rechnung, Energieträgerrechnung, Arbeitsvolumenrechnung, INFORUM-Welthandelsdatenbasis und das Kontensystem der Volkswirtschaftlichen Gesamtrechnungen konzentriert. Die Daten der Flächen- und Abwassermodule sind zusammen mit der Modellierung in den jeweiligen Abschnitten oben bereits ausführlich dargestellt.

Die historische Datenbasis des Modells PANTA RHEI besteht aus gut 45000 Zeitreihen, die zum überwiegenden Teil aus den Volkswirtschaftlichen Gesamtrechnungen (VGR) und aus den Umweltökonomischen Gesamtrechnungen (UGR) des Statistischen Bundesamtes stammen. Weitere wichtige Datenquellen sind die Arbeitszeit- und Arbeitsvolumenrechnung des Instituts für Arbeitsmarkt- und Berufsforschung der Bundesanstalt für Arbeit (IAB) sowie die Welthandelsdatenbank des internationalen INFORUM-Modellsystems. Für den Verkehrsbereich ist daneben auf Verkehr in Zahlen (1999) zurückgegriffen worden

Jede einzelne Zeitreihe dieser Datenbasis enthält Jahreswerte ab 1978 durchgehend bis 1996. Insbesondere im Flächenbereich liegen auch Werte für 1997 vor. Für den gesamten Datensatz gilt in den Jahren 1978 bis 1990 der Gebietsstand *Westdeutschland* und in den Jahren ab 1991 der Gebietsstand *Deutschland*. Daher tritt bei vielen Zeitreihen von 1990 auf 1991 ein Sprung auf.

Die wohl zentrale Zeitreihe des Modells PANTA RHEI ist die Zeitreihe der Input-Output-Tabellen. Diese ist untergliedert in 58 Gütergruppen und 58 Produktionsbereiche, von denen fünf Produktionsbereiche in weitere 29 Energieträger unterteilt sind. Die Endnachfrage ist in die üblichen Komponenten Privater Verbrauch, Staatsverbrauch, Ausrüstungen, Bauten,

Vorratsveränderung und Ausfuhr aufgeteilt. Auch die Bruttowertschöpfung entspricht der Gliederung der Input-Output-Tabellen. Sie ist unterteilt in Nichtabziehbare Umsatzsteuer, Abschreibungen, Einkommen aus unselbstständiger Arbeit sowie Einkommen aus Unternehmertätigkeit und Vermögen (einschl. Produktionssteuern abzüglich Subventionen). Neben den Input-Output-Tabellen werden Importverflechtungsmatrizen und die importierte Endnachfrage in derselben Gliederungstiefe genutzt. Die aus diesen Tabellen resultierenden Zeitreihen liegen in jeweiligen Preisen und in Preisen von 1991 vor. Somit sind auch Zeitreihen von Preisindizes mit der Preisbasis von 1991 vorhanden.

Der Datensatz von Input-Output-Tabellen geht zurück auf Ergebnisse des Statistischen Bundesamtes. Meyer et al. (1999), S. 67ff. ist zu entnehmen, auf welche Datenquellen im Einzelnen zurückgegriffen wurde und wie bestehende Lücken im Ursprungsdatenmaterial geschlossen wurden.

Die im Modell PANTA RHEI verwendete Energieträgerrechnung des Statistischen Bundesamtes stellt als integraler Bestandteil der Input-Output-Rechnung in tiefer Disaggregation Angaben über das Aufkommen und die Verwendung von Energie im Inland als Zeitreihe bereit (Statistisches Bundesamt (1996)). In dieser Energieträgerrechnung sind fünf der obigen Produktionsbereiche in weitere 29 Energieträger unterteilt. Für jeden dieser 29 Energieträger sind die in sich und untereinander abgestimmten Aufkommens- und Verwendungsbilanzen in spezifische, natürliche Mengeneinheiten (Tonnen, Kubikmeter, Wattstunden), in Wärmeeinheiten (Joule) und in Energiekosten in jeweiligen Preisen als Input für alle Gütergruppen und Endnachfragekomponenten ausgewiesen. Daraus lassen sich die Energiekosten in Preisen von 1991 und die impliziten Preisindizes berechnen.

Um vom Energieverbrauch auf die Luftschadstoffemissionen zu schließen, wird das Konzept des emissionsrelevanten Energieverbrauchs verwendet. Die (energiebedingten) Emissionen stehen durch für CO_2 konstante Emissionsfaktoren auf der Ebene des einzelnen Verbrennungsprozesses in einer technischen Relation zum emissionsrelevanten Energieverbrauch. Daraus ergeben sich die hier betrachteten energiebedingten CO_2-Emissionen. Wirkungen auf weitere Luftschadstoffe wurden mit PANTA RHEI von Lutz (1998), Meyer et al. (1998) und Meyer et al. (1999) analysiert.

In der Modellversion PANTA RHEI III konnte im Energie- und Luftbereich auf einen einheitlichen, mit den Zahlen der Input-Output-Rechnung kompatiblen Datensatz der amtlichen Statistik zurückgegriffen werden. Das Statistische Bundesamt (1996) hat in der Energieträgerrechnung für die Jahre 1978 bis 1993 die Verwendung von Energie nach 29 Energieträgern für die 58 Produktionsbereiche der Input-Output-Rechnung und die privaten Haushalte in Geld- und in Energieeinheiten ausgewiesen. Die Zeitreihe von Input-Output-Tabellen, die in PANTA RHEI eingesetzt wird, war mit den Energieeinsätzen in monetären Größen voll verknüpft (vgl. dazu ausführlich Meyer et al. (1999), S.71ff.). Die Energiedaten in Energieeinheiten lieferten den Übergang zu den energiebedingten Luftschadstoffemissionen, die im Rahmen der Umweltökonomischen Gesamtrechnungen ausgewiesen werden (z.B. Statistisches Bundesamt (1998)). Dabei auftretende Probleme wie etwa der Übergang vom Bruttokonzept der Input-Output-Rechnung, in der Energieeinsätze teilweise mehrmals gebucht werden, zum Nettokonzept des emissionsrelevanten Energieverbrauchs wurden von der amtlichen Statistik berücksichtigt. Die Berechnung energiebedingter Emissionen aus monetären Größen war mit Informationen der amtlichen Statistik lückenlos möglich.

Bei der Aktualisierung des Modellteils bis 1996 für die Version IV ist die Datenlage deutlich schlechter. Wegen der Umstellung der amtlichen Statistik auf das Europäische System Volkswirtschaftlicher Gesamtrechnungen und der damit verbundenen Umstellung der Sektorgliederung von der bisherigen Klassifikation (WZ79) auf die neue WZ93 nach 59 Sektoren hat das Statistische Bundesamt seine Energieträgerrechnung nach 1993 nicht mehr aktualisiert. Die UGR-Abteilung konnte lediglich Emissionsdaten für 8 Luftschadstoffe für die Jahre 1991 bis 1995 in der benötigten Gliederung nach 58 Produktionsbereichen liefern. Neue Jahresdaten ab 1995 werden vom Statistischen Bundesamt in Zukunft nur noch in der neuen Klassifikation veröffentlicht.

Damit standen zu Beginn der Aktualisierung folgende Eckpfeiler:

1. Der komplette, abgestimmte Datensatz für die Jahre 1978 bis 1991,
2. die monetären Input-Output-Tabellen der Jahre 1993 und 1995 des Statistischen Bundesamtes sowie für die Jahre 1992, 1994 und 1996 von der GWS mit Unterstützung des Statistischen Bundesamtes erstellte monetäre Input-Output-Tabellen,
3. die Emissionsdaten der UGR, wobei mit den CO_2-Emissionen wegen der technisch festen Emissionskoeffizienten auch die emissionsrelevanten Energieverbräuche gegeben sind.

Zusätzlich werden Preisinformationen über die Energieträger benötigt. Für den privaten Verbrauch wird dazu auf den Preisindex der Lebenshaltung, gegliedert nach Verwendungszwecken zurückgegriffen. Für die Produktionsbereiche liefert der Index der Erzeugerpreise gewerblicher Produkte diese Information. Aufbauend auf diesen vier Ausgangspunkten werden folgende Schritte durchgeführt:

1. Aus dem emissionsrelevanten Energieverbrauch in Joule werden für die Jahre 1992 bis 1995 die zugehörigen Energieverbräuche in Joule berechnet. Hierbei hat das Statistische Bundesamt schon in der Vergangenheit weitestgehend konstante Verhältnisse unterstellt (vgl. Lutz (1998), S. 144). Über ebenfalls konstante Umrechnungsfaktoren des Jahres 1991 werden daraus die Energieeinsätze in spezifischen Einheiten bestimmt. Auch hierbei ist das Statistische Bundesamt in den Jahren 1978 bis 1991 von weitgehend konstanten Verhältnissen, den sogenannten Heizwerten, ausgegangen. Die Umrechnung in Geldeinheiten erfolgt dann mit den der Statistik entnommenen Energieträgerpreisindizes. Schließlich folgen über das Verhältnis von Energieeinsatz eines bestimmten Energieträgers in einem bestimmten Produktionsbereich und dem Produktionswert des Sektors die Energieinputkoeffizienten, die den Energiebedarf pro Einheit Bruttoproduktion beschreiben.
2. Zur Bestimmung von Energieeinsätzen, denen keine CO_2-Emissionen zugerechnet werden wie z.B. dem Stromeinsatz, setzt die Berechnung für die Jahre 1992 bis 1995 an den Inputkoeffizienten der monetären IO-Tabellen an. Mit der Annahme, dass das Verhältnis von Energieinputkoeffizient (nach 29 Energieträgern) zu technischem Inputkoeffizient (nach den fünf Energieproduktionsbereichen der IO-Tabelle) gegenüber 1991 unverändert bleibt, werden die Energieinputkoeffizienten aus den jeweiligen technischen Inputkoeffizienten berechnet. Aus den Energieinputkoeffizienten lassen sich dann mit den Annahmen von Schritt 1 und in umgekehrter Reihenfolge die Energieeinsätze in monetären und Energieeinheiten bestimmen.
3. Beim Konsum der privaten Haushalte war das Vorgehen einfach. Hier liegen bereits im ökonomischen Modellteil die Energieverbräuche nach Verwendungszwecken vor, wobei lediglich die Treibstoffverbräuche nach Benzin und Diesel aufgeteilt werden müssen. Die CO_2-Emissionen hat das Statistische Bundesamt zur Verfügung gestellt.

Der so ermittelte Energiedatensatz weist zwei Problembereiche auf. Die gewichteten Mittel der Vorleistungspreise der Energieträger entsprechen nicht genau den Vorleistungspreisen der Energieproduktionsbereiche der IO-Tabelle. Die Summe der Energieinputkoeffizienten entspricht nicht exakt dem jeweiligen zugehörigen technischen Inputkoeffizienten der IO-Tabelle. Damit stellt sich die Frage nach einer Abstimmung der berechneten Werte, auf die aus zwei Gründen verzichtet wurde: Erstens sind diese

Abweichungen nicht groß. Zum zweiten können die Vorleistungspreise der Energieproduktionsbereiche der IO-Tabelle nicht verändert werden, weil sonst der gesamte ökonomische Datensatz inklusive aller Schätzungen etc. angepasst werden müsste. Die Preise nach Energieträgern wiederum haben den Vorteil der offiziellen Statistik, was das Verständnis des Datensatzes erleichtert. Bei den Inputkoeffizienten liegen die technischen Koeffizienten ebenfalls von vorn herein fest. Eine Anpassung von Energieinputkoeffizienten hätte die Frage aufgeworfen, ob die Kompatibilität mit den Emissionsdaten auf der einen und den technischen Koeffizienten auf der anderen Seite mit einem vertretbaren Zeitaufwand erreichbar gewesen wäre. Auch angesichts knapper Zeitpläne wurde deshalb auf eine Abstimmung des Datensatzes verzichtet.

Um für das Jahr 1996 über einen vollständigen Datensatz auch im Energiebereich zu verfügen, werden die Energieinputkoeffizienten in diesem Jahr im Verhältnis zu den jeweiligen technischen Inputkoeffizienten gegenüber 1995 konstant gehalten. Verbleibende Unstimmigkeiten in den Daten zwischen der Ebene der Energieträger und der Ebene der Energieproduktionsbereiche werden über ökonometrische Schätzungen abgefangen.

Der große Vorteil dieses Vorgehens ist der vollständige Datensatz, der die Schätzung auch der Modellzusammenhänge im Energiebereich bis zum Jahr 1996 erlaubt. Insbesondere für den Energiebereich ist wichtig, dass sowohl die Energiepreissteigerungen der zweiten Ölpreiskrise als auch die deutlichen Preisrückgänge Mitte der 80er Jahre sowie die Anpassungen des ostdeutschen Energiesystems nach der Deutschen Einheit voll erfasst werden. Mit der neuen Gliederung WZ93 und der Umstellung der amtlichen Statistik auf europäische Standards, die erst für das Jahr 1995 die ersten Ergebnisse ausweist und allerhöchstens bis 1991 zurückgerechnet werden kann, sind die westdeutschen Daten bis 1990 für Zeitreihenanalysen am aktuellen Rand nicht mehr zu gebrauchen.

Einen weiteren wichtigen Bestandteil des Modells bildet die Arbeitsvolumenrechnung nach Produktionsbereichen. Dieser Datensatz basiert auf den Ergebnissen der Input-Output-Rechnung, die passend zu den funktionell gegliederten Input-Output-Tabellen Angaben über Erwerbstätige und Beschäftigte Arbeitnehmer nach 58 Produktionsbereichen bereitstellen (Statistisches Bundesamt (1997b), S. 67f.). Diese Angaben wurden mit den Ergebnissen der sektoralen Jahresarbeitszeitrechnung des Instituts für Arbeitsmarkt- und Berufsforschung (IAB) kombiniert. Unter Berücksichtigung des Einkommens aus unselbstständiger Arbeit und der Arbeitgeberbeiträge zur Sozialversicherung konnten mit den obigen Informationen Zeitreihen von Arbeitskosten und Bruttolohnsätzen pro Stunde in jeweiligen Preisen für alle Produktionsbereiche berechnet werden.

Zur Datenbasis von PANTA RHEI gehören weiterhin die disaggregierten Zeitreihen des internationalen INFORUM-System (Nyhus (1991)), welches aus 12 weiteren ökonometrischen Input-Output-Modellen für Belgien, Frankreich, Großbritannien, Italien, Japan, Kanada, Mexiko, die Niederlande, Österreich, Spanien, Südkorea und die USA besteht. Der Außenhandel dieser 12 Länder und der Deutschlands machen etwa 90 % des Welthandels aus. Ein Modell für den Rest der Welt schließt das System. Aus diesem System gehen neben den Devisenkursen dieser Länder die Importnachfrage, der Weltmarktpreisindex und der INFORUM-Einfuhrpreisindex für die deutschen Importe für jedes Land disaggregiert nach Gütergruppen als Zeitreihe in das Modell PANTA RHEI ein.

Schließlich wird in PANTA RHEI die Input-Output-Rechnung in das Kontensystem der Volkswirtschaftlichen Gesamtrechnungen integriert, welches den allgemeinen Rahmen der VGR darstellt (Statistisches Bundesamt (1997a)). Damit ist die Konsistenz des Gesamtmodells gewährleistet, denn jede Ausgabe eines Sektors hat automatisch die entsprechenden Einnahmen beim Empfängersektor zur Folge. Das Kontensystem dient der Erfassung der Umverteilung der Einkommen, insbesondere der Bestimmung der Verfügbaren Einkommen der Privaten und Öffentlichen Haushalte, die ihrerseits wichtige Determinanten der Endnachfrage darstellen. Politiksimulationsmodelle können auf die Abbildung dieser Zusammenhänge kaum verzichten, denn fast alle wirtschaftspolitischen Maßnahmen greifen in die Umverteilung ein. Wichtig ist natürlich auch die Ermittlung der Finanzierungssalden, die in die Zinsbestimmung eingehen und deren Gegenüberstellung das System abschließt.

Mit dem oben angeführten Datenmaterial ist der größte Teil der in PANTA RHEI genutzten Daten genannt. Allerdings sind noch zusätzliche Zeitreihen wie zum Beispiel geldpolitische Variablen integriert.

Im gesamten ökonomischen Modellteil und auch im Energie- und Luftschadstoffbereich ist die gegebene Datensituation gut und erlaubt eine angemessene Modellierung verschiedenster umweltpolitischer Instrumente. Ähnliches gilt für die Flächennutzung im Verkehrsbereich, wo die Verkehrsströme und die Längen der Verkehrsnetze umfassend in Zeitreihenform vorliegen. Zwar sind die eigentlichen Flächenverbräuche nur für einzelne Jahre verfügbar, doch erscheint die Annahme weitgehend konstanter Verhältnisse von Netzlängen und Flächenverbrauch als hinnehmbar. Zusätzlich könnte hier Expertenwissen etwa über die durchschnittliche Entwicklung der Straßenbreiten genutzt werden. Größer sind die Datenlücken bei der Siedlungsfläche der Unternehmen. Mit den Angaben des Statistischen Bundesamtes zu den Flächenverbräuchen der 59 Produktionsbereiche können in Zukunft die einzelnen Produktionsbereiche bei der Simulation von Politikmaßnahmen mit ihrem spezifischen Flächenbedarf belastet werden. Erst dann kann der volle Informationsvorteil tief disaggregierter Modelle genutzt werden.

Deutlich schwieriger ist die Datenlage im Wasserbereich. Bei der Modellierung der Stickstoffemissionen ist hilfreich, dass ein Großteil der Emissionen der Landwirtschaft und dem Energieeinsatz zurechenbar ist. Für die Landwirtschaft sind zahlreiche Zeitreihendaten über Tierhaltung und Nutzung von Stickstoffdüngern verfügbar, so dass eine angemessene Modellierung möglich ist. Beim Abwasser ist zwischen der Modellierung der Mengen und den enthaltenen Schadstoffen zu unterscheiden. Die Abwassermengen liegen für das Produzierende Gewerbe in allerdings etwas anderer Gliederung (WZ93) vor. Sie lassen sich mit den Produktionswerten der Produktionsbereiche verknüpfen. Simulationen sind damit bisher nur unter der Annahme möglich, dass die Abwassermengen mit den Produktionsmengen konstant verknüpft sind. Diese über längere Zeiträume unrealistische Annahme kann wohl nur durch aufwendige Analysen über mögliche Abwassereinsparungen in den einzelnen Sektoren ersetzt und verbessert werden. Offen ist allerdings, ob Informationen über die Abwassermengen auch nützlich für die Bestimmung der AOX- und Stickstoffemissionen sind. Nur wenn hier weitgehend konstante Verhältnisse bestehen, wäre dies möglich. Dies ist nach Tabelle 1 bei AOX nicht der Fall, aber auch bei Stickstoffen sehen Experten nur begrenzt solche konstanten Zusammenhänge.

Für den Bereich AOX bedeutet dies, dass im Kern ökonomische Modellsysteme wie PANTA RHEI die Emissionen, die kaum von sektoralen Entwicklungen, sondern weitestgehend von dem Stand der Vermeidungstechnik und den Einsatzmengen einzelner Ausgangsstoffe abhängen, nicht angemessen abbilden können. Bei Stickstoffemissionen ergibt sich ein etwas besseres Bild. Energiebedingte Emissionen und von der Landwirtschaft ausgelöste Emissionen werden erfasst und in die Zukunft in Einklang mit der Entwicklung der Gesamtwirtschaft und der Wirtschaftsstruktur fortgeschrieben. Bei den im Abwasser enthaltenen Stickstoffemissionen fehlen dagegen noch wichtige Daten. Informationen über vorhandene Vermeidungsmöglichkeiten (Typen von Kläranlagen) und deren unterschiedliche Kosten (Investitionen und laufende Ausgaben) sowie die Zuordnung der Stickstoffemissionen zu den Verursachern (nach Produktionsbereichen) könnten in PANTA RHEI integriert werden.

Die wesentlichen Vorgaben für die exogenen Variablen des Modells bis 2020 wurden wie folgt gewählt: Die Weltimportnachfrage (das Welthandelsvolumen) wächst mit jahresdurchschnittlich rund 3,5 % bis zum Jahr 2020. Der Dollarkurs sinkt von 2 DM im Jahr 2000 auf 1,70 DM im Jahr 2010 und bleibt danach auf diesem Niveau. Der US-Langfristzins steigt gegenüber heute etwas an und schwankt im Bereich von 6 bis 6,5 %. Das Erwerbspersonenpotenzial bleibt in etwa auf dem Niveau des Jahres 2000.

2.1.3 Besonderheiten des Modells

Folgende Punkte sind hier hervorzuheben:

- Disaggregationstiefe (58 Produktionsbereiche, 29 Energieträger, 26 Konsumverwendungszwecke),
- Variabilität der Inputkoeffizienten,
- internationale Vernetzung,
- vollständige Erfassung des Kontensystems der VGR,
- Erfassung der Kreislaufinterdependenzen und der Preis-Mengeninterdependenzen,
- hoher Grad der Endogenisierung,
- Lösung des Gesamtsystems in einem simultanen Block,
- besondere Eignung zur Abbildung ökonomischer Instrumente der Umwelt- und Wirtschaftspolitik,
- Einbau technischen Expertenwissens in einzelnen Produktionsbereichen möglich (Projekt mit FhG/ISI in Karlsruhe),
- Betrieb mit einer benutzerfreundlichen Oberfläche auf Windows-Basis möglich,
- Umstellung des Modells auf die Gliederung der WZ 93 im Jahr 2002,
- Einsatz zur Prognose der CO_2-Emissionen (Meyer 2002),
- Anwendungen: Prognose- und Simulationsrechnungen zu umweltpolitischen Fragestellungen für Ministerien, Ämter und Verbände. Gemeinsame Forschungsprojekte zu umweltpolitischen Fragestellungen mit Forschungsinstituten wie dem DIW, dem FhG/ISI, dem Wuppertal-Institut und Instituten der Helmholtzgesellschaft. Teilnahme an den Modellexperimenten des FORUM-Verbundes. INFORGE, die rein ökonomische Variante des Modells, wird vom Institut für Arbeitsmarkt- und Berufsforschung für langfristige Simulationsrechnungen des Arbeitsmarktes benutzt. Daneben wurde es zu verschiedenen Simulationsrechnungen wie z.B. im Telekom-

munikationssektor eingesetzt. Eine nach 200 Gütergruppen tiefer gegliederte Version verwendet die NORD LB zur Erstellung ihres Branchenrating.

2.2 Modellsystem des RWI

2.2.1 Modellbeschreibung

2.2.1.1 Überblick

Der Analyseschwerpunkt des im Rheinisch-Westfälischen Institut für Wirtschaftsforschung entwickelten Modellinstrumentariums liegt in der Abbildung der Wechselwirkungen, die zwischen energiewirtschaftlichen, sektoralen und gesamtwirtschaftlichen Entwicklungen bestehen. Es ist entstanden aus der Erfahrung zweier Energiepreissprünge Mitte und Ende der siebziger Jahre[8] mit ihren sektoralen Kosten- und Preisimpulsen einschließlich der makroökonomischen Verwerfungen, ist jedoch im Laufe der letzten Jahre um ökologische Wirkungszusammenhänge erweitert worden. Es wird sowohl für Projektionen der energie- und gesamtwirtschaftlichen Entwicklung als auch für Simulationen wirtschafts-, energie- und umweltpolitischer Maßnahmen eingesetzt.

Die einzelnen Elemente dieses Systems sind ein Struktur-, ein Energienachfrage- und Energieangebotsmodell sowie ein Emissionsmodell. Es versteht sich von selbst, dass aus Platz- und Zeitgründen eine vollständige Darstellung dieser einzelnen Modelle an dieser Stelle nicht möglich ist.[9] Die folgenden Ausführungen konzentrieren sich vielmehr auf jene konstruktiven Merkmale, die für das Zusammenwirken von Ökonomie und Ökologie von wesentlicher Bedeutung sind. Grundsätzlich dient das Modellsystem dazu, die Wechselwirkungen von Emissionen einerseits, hier insbesondere von traditionellen und klimarelevanten Schadstoffen, sowie Energieverbrauch und Wirtschaftsentwicklung andererseits zu erfassen.

---

8 Der formale Aufbau orientierte sich ursprünglich daher sehr stark an den in der ersten Hälfte der siebziger Jahre entwickelten Modellen vom Hudson-Jorgenson-Typ; Einzelheiten vgl. etwa E.A. Hudson u. D.W. Jorgensen (1975).

9 Einzelheiten enthalten Hillebrand et al. (1989), RWI (1988) und Hillebrand (1991).

Entsprechend dieser Aufgabenstellung können drei Teile identifiziert werden:

- Das Energiemodell, in dem in Anlehnung an das Schema der Energiebilanz die verschiedenen Stufen der Energieversorgung von der Primärenergie bis zum endgültigen Endverbrauch abgebildet und modellmäßig erfasst werden;
- das nach 60 Sektoren (vgl. Tabelle 2) differenzierte Strukturmodell, das in Anlehnung an das Verflechtungsschema einer Input-Output-Tabelle die reale Güternachfrage und die Preisbildung in sektoraler Gliederung abbildet;
- das Emissionsmodell, mit dem zum gegenwärtigen Zeitpunkt die mit dem Verbrauch und der Umwandlung von Energie verbundenen Schadstoffemissionen, der Flächenverbrauch sowie die Kosten einzelner Vermeidungstechniken berechnet werden können.

Das Energiemodell wird seit Mitte der achtziger Jahre für Prognosen und Simulationen im Energiebereich, die erste Version des sektoralen Strukturmodells seit Anfang der achtziger Jahre zur Erklärung des sektoralen Strukturwandels eingesetzt. Mit der zunehmenden Bedeutung von ökologischen Fragestellungen wurden diese Modelle seit Ende der achtziger Jahre um Umweltteile ergänzt, zunächst mit Schadstoffkoeffizienten für die wichtigsten Luftschadstoffe, vor einigen Jahren auch mit den Kosten wichtiger Vermeidungstechniken.

Grundsätzlich sind die Modelle als ökonometrische Modelle konzipiert, enthalten jedoch in Abhängigkeit von der Problemstellung und den zu analysierenden Phänomenen auch Optimierungsansätze. Der Gebietsstand für das sektorale Strukturmodell ist bis 1994 das Gebiet der alten Bundesländer, ab 1995 Deutschland insgesamt. Aufgrund der unterschiedlichen Versorgungsstrukturen und des Strukturbruchs in den neuen Bundesländern Anfang der neunziger Jahre können jedoch Energieangebot und -verbrauch sowie die damit verbundenen Emissionen getrennt nach alten und neuen Bundesländern behandelt werden. Der Stützbereich für die ökonometrischen Analysen hängt von der Verfügbarkeit der Daten ab, er reicht in einzelnen Teilen des Strukturmodells – insbesondere in der Vorleistungsverflechtung – nur bis zum Jahr 1991, im Energiemodell ist der größte Teil bis zum Jahr 1998 geschätzt. Alle Modelle werden für Prognosen bis zum Jahr 2030 genutzt.

Das Strukturmodell umfasst in seiner gegenwärtigen Form 3278 Gleichungen, der größte interdependente Block besteht aus 1708 Gleichungen, das Energiemodell enthält 1598 Gleichungen, wovon 310 Gleichungen auf das Energieangebot entfallen, darunter 42 Gleichungen, die den optimalen

Tabelle 2: Abgrenzung der Sektoren im Strukturmodell

Lfd. Nr.	Bezeichnung		Lfd. Nr.	Bezeichnung
1	Landwirtschaft		31	Holzwaren
2	Forstwirtschaft, Fischerei		32	Holzschliff, Papier
3	Elektrizität		33	Papierwaren
4	Gas-, Wärmeverteilung		34	Druckerei
5	Wasserversorgung		35	Leder, Lederwaren
6	Kohlenbergbau		36	Textilien
7	Übriger Bergbau		37	Bekleidung
8	Erdöl-, Erdgas		38	Nahrungsmittel
9	Chemie		39	Milchprodukte
10	Mineralölverarbeitung		40	Fleischwaren
11	Kunststoffe		41	Getränke
12	Gummiwaren		42	Tabakwaren
13	Steine, Erden		43	Wohnungsbau
14	Feinkeramik		44	Übriger Bau
15	Glas, Glaswaren		45	Großhandel
16	Eisen, Stahl		46	Einzelhandel
17	NE-Metalle		47	Eisenbahn
18	Giesserei		48	Schifffahrt
19	Zieherei		49	Nachrichtenübermittlung
20	Stahlbau, Schienenfzbau		50	Übriger Verkehr
21	Maschinenbau		51	Kreditinstitute
22	ADV-Waren		52	Versicherungen
23	Straßenfahrzeugbau		53	Vermietung
24	Wasserfahrzeugbau		54	Gaststätten
25	Luftfahrzeugbau		55	Wissenschaft, Verlage
26	Elektrotechnik		56	Gesundheit
27	Feinmechanik, Optik		57	Übrige Dienstleistungen
28	EBM-Waren		58	Gebietskörperschaften
29	MSSS-Waren		59	Sozialversicherung
30	Holzbearbeitung		60	Private Organisationen

Kraftwerkspark mit Hilfe elektrizitätswirtschaftlicher Kennziffern (Stromverbrauch, Grund-, Mittel- und Spitzenlast) und verschiedener Techniken (konventionelle Kondensation, Kraft-Wärme-Kopplung, Gas- und Dampfturbinen (GuD), regenerative Energiequellen) bestimmen. Das

Emissionsmodell umfasst gegenwärtig 767 Gleichungen zur Ermittlung der Emissionen von Kohlendioxid (CO_2), Schwefeldioxid (SO_2), Stickoxiden (NO_x), Kohlenmonoxid (CO), Staub, Distickstoffoxid (N_2O), flüchtige organische Verbindungen sowie Methan (CH_4). Darüber hinaus werden die Reststoffe bei der Verstromung von Stein- und Braunkohle (Asche, Gips), die radioaktiven Emissionen beim Betrieb der Kernkraftwerke sowie die ungenutzte Abwärme der Stromerzeugung insgesamt ermittelt. Das Modell zur Bestimmung der Flächennutzung umfasst gegenwärtig 283 Gleichungen, wobei der Flächenverbrauch nach den Kategorien der Flächennutzungsstatistik einerseits, nach der Gliederung des Energie- und Strukturmodells andererseits erklärt wird. Als Indikatoren für die Gewässerbelastungen enthält das Modell die AOX- und Stickstoffemissionen. Dieses Teilmodell umfasst gegenwärtig allerdings zum überwiegenden Teil nur Definitionsgleichungen, für die Schätzung von Verhaltensgleichungen oder technischen Relationen reicht das Datenmaterial nicht aus.

Im sektoralen Strukturmodell werden insbesondere alle Steuersätze, Sozialversicherungstarife, ferner die Welthandelsentwicklung und die Importpreise exogen vorgegeben. Zu den wichtigsten exogenen Variablen des Energiemodells gehören insbesondere der Rohölpreis und der Wechselkurs der D-Mark gegenüber dem Dollar. Zum anderen rechnen dazu die von staatlichen Institutionen festgelegten speziellen Verbrauchssteuersätze (Mehrwertsteuer, Mineralöl- und Erdgassteuer). Schließlich gehören zu diesem Block auch solche Kennziffern, die die technischen Merkmale spezieller Verbrauchs- oder Umwandlungsprozesse charakterisieren, sich jedoch einer modellendogenen Beeinflussung weitgehend entziehen wie etwa die Wärmedurchgangskoeffizienten der Wärmeschutzverordnung.[10]

Ziel des Energiemodells ist zum einen die realitätsnahe Erklärung des Energieverbrauchs und des Energieangebots, zum anderen die Ermittlung der Energiekosten als Teil der sektoralen Kostenstrukturen und der Energieausgaben als Teil der Gesamtausgaben der privaten Haushalte. Diese Zielsetzung kommt deutlich in der formalen Struktur des Modells, in der Wahl der Erklärungsansätze und insbesondere in der gewählten Gliederungstiefe zum Ausdruck. Denn die sektorale Gliederung entspricht mit geringfügigen Modifikationen im Bereich der energieintensiven Wirtschaftsbereiche der Systematik der Input-Output-Rechnung, die Unterscheidung nach vierzehn Energieträgern weitgehend der Systematik der Energiebilanz (vgl. Tabelle 3).

---

[10] Einzelheiten sind den weiter unten beschriebenen Modellteilen zu entnehmen.

Tabelle 3: Abgrenzung der Energieträger im Energiemodell

Lfd. Nr.	Variable	Bezeichnung in der Energiebilanz	Nr. EBZ
1	Steinkohle	Steinkohle, roh	1
2	Braunkohle	Braunkohle, roh, Hartbraunkohle	8, 12
3	Koks u.a.	Steinkohlenkoks,- briketts Braunkohlenbriketts,- koks,- staub, Brennholz, Brenntorf	2,3,9,10, 11,13, 14,15
4	Erdöl	Erdöl, roh	16
5	Motorenbenzin	Motorenbenzin	17
6	Rohbenzin	Rohbenzin	18
7	Diesel, Kerosin	Flugbenzin, Diesel, Kerosin	19,20,21
8	Heizöl, leicht	Heizöl, leicht	22
9	Heizöl, schwer	Heizöl, schwer	23
10	Übrige Mineralöle	Petrolkoks, übrige Mineralöle	24,25
11	Erdgas	Erdgas, Erdölgas	30,31
12	Übrige Gase	Raffinerie- und Flüssiggas, Gichtgas Kokereigas, Klär- und Grubengas	26,27,28, 29,32,33
13	Strom	Strom	34,35,36
14	Fernwärme	Fernwärme	37

Das Strukturmodell kann als ein vollständig integriertes System zur Erklärung der sektoralen und gesamtwirtschaftlichen Entwicklung charakterisiert werden. In Anlehnung an das Verflechtungsschema einer Input-Output-Tabelle lassen sich folgende Teilsysteme identifizieren:

- ein güterwirtschaftliches Input-Output-System, in dem die Endnachfrage und die intermediären Lieferungen abgebildet werden;
- ein Preismodell, in dem die sektoralen Stückkosten aus dem Zusammenwirken von verschiedenen Kostenkomponenten (Arbeit, Kapital, Vorleistungen) und staatlichen Belastungen oder Entlastungen (indirekte Steuern oder Subventionen) erklärt und die Preise der einzelnen Güter bzw. Gütergruppen nach Verwendungsbereichen differenziert bestimmt werden;
- eine Kapitalbestands- und Potenzialrechnung, in der sektorale Bruttoausrüstungs- und Bruttobauvermögen sowie Produktionskapazitäten und Auslastungsgrade erklärt werden;
- ein Arbeitsmarktmodell, in dem auf gesamtwirtschaftlicher Ebene das Arbeitsangebot festgelegt wird und auf sektoraler Ebene die Ar-

beitsvolumina, durchschnittlichen Arbeitszeiten, Zahl der Beschäftigten, Arbeitsproduktivitäten, Lohnsätze und Bruttoeinkommen aus unselbstständiger Arbeit erfasst werden;

- ein Umverteilungsmodell, mit dem im Wesentlichen das Steuer-, Sozialversicherungs- und Transfersystem abgebildet wird, um daraus die Einnahmen und Ausgaben des Staates sowie das verfügbare Einkommen der privaten Haushalte bestimmen zu können.

2.2.1.2 Ökonomischer Teil

Energiemodell

Der Weltmarktpreis für Rohöl und der Wechselkurs sind neben den speziellen Steuern wichtige Determinanten der Energiepreisentwicklung im Inland. Dies gilt nicht nur für alle Mineralölprodukte, sondern auch für importierte Steinkohle und Erdgas. Die Entwicklung der übrigen Energiepreise, insbesondere der heimischen Stein- und Braunkohle sowie der Strom- und Fernwärmepreise orientiert sich demgegenüber vor allem an den Erzeugungs- bzw. Gewinnungskosten der genannten Energieträger, vollzieht sich daher weitgehend unabhängig von Weltmarktpreisen. Das Energiepreissystem ist der erste Block der Variablen, die im Energiemodell selbst errechnet werden.

Auf der Grundlage dieser Preise und der übrigen exogenen Vorgaben wird in fünf Teilmodellen der Endenergieverbrauch und der nichtenergetische Verbrauch

- der energieintensiven Sektoren,
- der energieextensiven Sektoren,
- des gewerblichen Verkehrs (Schienen-, gewerblicher Straßen-, Luftverkehr, Küsten- und Binnenschifffahrt),
- der privaten Haushalte (Raumwärme und Kraftstoffe) und
- des Kleinverbrauchs

ermittelt. Endenergie- und nichtenergetischer Verbrauch stellen ihrerseits Vorgaben für das Energieumwandlungsmodell dar, in dem neben ökonometrischen Methoden auch Optimierungsverfahren benutzt werden. Insbesondere werden in diesem Teil die Kosten der einzelnen Umwandlungstechniken ermittelt und in die bereits erwähnten Preise der einzelnen Sekundärenergieträger überführt.

Eine besondere Funktion besitzen sektorale und gesamtwirtschaftliche Größen. Sektorale Produktionswerte, Erzeuger- und Konsumgüterpreise oder auch das verfügbare Einkommen der privaten Haushalte stellen für die Nachfrage nach Energie exogene Größen dar. Andererseits beeinflussen Energieverbräuche und -preise über die Energiekosten bzw. Energieausgaben die sektorale Preisbildung und damit die sektorale Entwicklung und das Ausgabeverhalten der privaten Haushalte, so dass dieser Variablenblock nur für das Energiemodell im engeren Sinn als exogen zu betrachten ist, im Zusammenwirken mit dem Strukturmodell jedoch endogen bestimmt wird.

Energie stellt kein homogenes Gut dar, sondern unterscheidet sich zum Teil erheblich nach Einsatzbereichen und Verwendungszwecken. Um diesen Unterschieden gebührend Rechnung zu tragen, werden im Folgenden die Ansätze zur Erklärung des Energieverbrauchs getrennt nach den bereits genannten fünf Teilbereichen behandelt.

Energieintensive Produktionsprozesse sind kurzfristig annähernd linear-limitational. Der Energieverbrauch variiert proportional zur Produktion. Substitutions- und Einsparprozesse benötigen nicht nur Zeit, sondern erfordern in der Regel auch einen vermehrten Einsatz an Sachkapital. Von erheblicher Bedeutung ist darüber hinaus die in den jeweiligen Produktionsanlagen inkorporierte Technik, die sich nicht nur von Sektor zu Sektor, sondern innerhalb der Sektoren von Produktionsverfahren zu Produktionsverfahren erheblich unterscheidet. In der chemischen Industrie beispielsweise wird Energie sowohl energetisch als auch nichtenergetisch eingesetzt, Strom einerseits zum Antrieb von Maschinen und Anlagen, andererseits als Energieträger in der Chlor-Alkali-Elektrolyse genutzt.

In den energieintensiven Produktionsprozessen ist bei der Erklärung des Faktoreinsatzes zwischen kurz- und langfristigen Aspekten zu unterscheiden. Energieintensive Produktionsprozesse sind kurzfristig annähernd linear-limitational. Der Energieverbrauch variiert proportional zur Produktion. Auf lange Sicht ist das Verhältnis der Faktoren zueinander zwar variabel, Substitutions- und Einsparprozesse benötigen jedoch Zeit und erfordern in der Regel auch einen vermehrten Einsatz an Sachkapital. Die Variabilität des Kapitalstocks ist für die Effizienz des gesamten Produktionsprozesses von entscheidender Bedeutung, da in dem hier angewendeten Konzept des faktorgebundenen technischen Fortschritts der Verbrauch von Roh-, Hilfs- und Betriebsstoffen sowie von Energie und Arbeit von der Umschichtung des Kapitalstocks gesteuert wird. Der Strukturwandel des Produktionsapparates zu effizienteren Anlagen ist damit die Voraussetzung dafür, dass die Effizienz der übrigen Produktionsfaktoren erhöht werden kann. Der Kapitalstock und seine Entwicklung in der Zeit sind demnach die zentralen Elemente des Modells.

Formal wird der Zusammenhang zwischen variabler Faktornachfrage und Kapitaleinsatz im Rahmen eines „vintage"-Modells[11] abgebildet, in dem der Kapitalstock als Aggregat vorausgegangener Investitionsentscheidungen definiert wird. Die einzelnen Investitionsjahrgänge sind durch die in ihnen inkorporierte Technik charakterisiert, die sich in Form spezifischer Verbräuche der einzelnen variablen Faktoren messen lassen (Marginalkonzept). Auf kurze Sicht besteht zwischen dem Kapitaleinsatz und den übrigen Faktoren ein nahezu komplementäres Verhältnis, eine Variation der Faktoreinsatzmengen (z.B. Energie) ist allenfalls über eine Variation der Auslastung einzelner Produktionsanlagen möglich. Preisinduzierte Substitutionsvorgänge sind nach dieser Modellvorstellung nur bis zum Zeitpunkt der Realisierung einer Investitionsentscheidung möglich. Ist die Entscheidung für eine Produktionstechnik gefallen, können hingegen annähernd fixe Inputkoeffizienten für die variablen Faktoreinsatzmengen angenommen werden.

Dieses zunächst abstrakte Konzept lässt sich empirisch nur dann vollständig umsetzen, wenn der Energieverbrauch bis hin zu einzelnen Produktionsprozessen detailliert erfasst werden kann. Dies ist aufgrund der lückenhaften Datenbasis für alle energierelevanten Prozesse nicht möglich. Folglich musste im RWI-Modell ein Kompromiss zwischen dem theoretisch Wünschenswerten und dem empirisch Machbaren gefunden werden. Dieser besteht darin, dass für einige wichtige Prozesse der Vintage-Ansatz detailliert umgesetzt wurde, für andere ein aggregiertes Konzept realisiert wurde, das sich mit Abstrichen beim Vintage-Ansatz empirisch noch auffüllen lässt (vgl. Tabelle 4).

Dass dieser Ansatz auch bei vergleichsweise homogenen Produktionsprozessen erhebliche Anforderungen an die empirische Basis stellt, zeigt das Beispiel der Zementproduktion. Denn in der Zementproduktion wurde der Vintage-Ansatz in der Weise konkretisiert, dass der Kapitalstock und seine Veränderung differenziert nach Ofentechniken und Mahlanlagen abgebildet werden. Unterschieden werden im Bereich des Brennprozesses die Ofentypen

- Zyklonvorwärmer- (ZY),
- Rostvorwärmer- (RO),
- lange Trocken- (TR),
- Schacht- (SC) und

[11] Die theoretischen Wurzeln dieses Ansatzes liegen bei Johansen und Salter. Zu Einzelheiten vgl. Johansen (1972), Salter (1966) und Johansen (1959).

- Nassöfen (NA).

Mit diesen einzelnen Ofentechniken sind nicht nur jeweils spezifische Faktoreinsätze, sondern auch unterschiedliche Produktionsmöglichkeiten verbunden, die zu unterschiedlichen Produktionskosten und Faktorverbräuchen führen. Entscheidungskriterium für die Wahl einer Ofentechnik sind neben der potentiellen Leistung und der zu erwartenden Zementproduktion die langfristigen Produktionskosten, die sich formal aus der Addition aller über die voraussichtliche Lebensdauer des Zementofens berechneten Kostenfaktoren einschließlich der aus der Investition resultierenden Kapitalkosten ergeben.

Tabelle 4: Abgrenzung der energieintensiven Produktionsprozesse im Energiemodell

Lfd. Nr.	Kurzbezeichnung	Bezeichnung
1	CHEMIE	Chemische Erzeugnisse, Spalt- und Brutstoffe
1.1	CLNAOH	Herstellung von Chlor und Natronlauge
1.2	C2H4	Produktion von Olefinen und Aromaten
1.3	NH3, CH3OH	Ammoniak- und Methanolsynthese
2	STEINE	Gewinnung und Verarbeitung von Steinen und Erden
2.1	STZE	Herstellung von Zement
2.2	STSO	Übrige Steine und Erden
3	EISEN, STAHL	Eisen und Stahl
3.1	ESHO	Produktion von Roheisen
3.2	ESST	Produktion von Stahl
3.3	ESWZ	Warmwalzwerke (ohne Stahlrohre)
3.4	ESWV	Weiterverarbeitende Betriebe, Stahlrohre
4.	NE-METALLE	Herstellung von Leicht- und Schwermetallen
4.1	NEAL	Herstellung von Primäraluminium
4.2	NEAO	Herstellung von sonstigen NE-Metallen
5	HZPP	Holzschliff-, Zellstoff-, Papier- und Pappeproduktion
6	GLAS	Herstellung und Verarbeitung von Glas

In produktionstheoretischen Analysen ist es üblich, aus der Vielzahl der eingesetzten Faktoren Aggregate zu bilden, die unter produktionstechnischen Aspekten vergleichsweise homogen sind.[12] Hinter diesem Vorgehen steht die Annahme, dass sich der unternehmerische Entscheidungsprozess in mehreren voneinander trennbaren Stufen vollzieht. Auf der ersten Stufe wird beispielsweise eine kostenminimale Kombination der Faktoraggregate Kapital, Arbeit, Energie und Material gesucht. Im zweiten Schritt wird die kostenminimale Zusammensetzung dieser Aggregate bestimmt, der Energieverbrauch etwa auf einzelne Energieprodukte, der Kapitaleinsatz auf einzelne Kapitalgüter aufgeteilt. Gedanklich wird dieser Ansatz von einem relativ hohen Aggregationsniveau hin zu einzelnen Produkten („top-down"-Ansatz) auch im Zementmodell gewählt. Allerdings sind bei der Definition der Faktoraggregate die spezifischen Produktionsbedingungen der Zementindustrie zu berücksichtigen.

Auch die Aufteilung des Energieverbrauchs auf einzelne Energieträger unterliegt einem ähnlichen Kalkül, in das nicht nur die Energiepreise, sondern auch der Kapitalbedarf und andere Kosten eingehen. Darüber hinaus haben gerade in den letzten fünfzehn Jahren umweltpolitische Vorgaben (TA-Luft) die Wahl des Energieträgers erheblich beeinflusst.

Im Gegensatz zu den energieintensiven Bereichen der Grundstoffproduktion hat der Verbrauch von Energie in den übrigen Sektoren des Verarbeitenden Gewerbes nicht nur eine geringere Bedeutung, sondern auch eine andere Funktion. Strom dient vor allem zum Antrieb von Produktionsaggregaten und Maschinen, die übrigen Energieträger werden weniger zur Erzeugung hoher Prozesstemperaturen als vielmehr im Niedertemperaturbereich eingesetzt. Darüber hinaus ist das Einsatzspektrum der Energieträger mit Ausnahme von Strom in vielen Sektoren nahezu identisch, so dass auch wegen des geringen Verbrauchs feste, flüssige und gasförmige Brennstoffe sowie Fernwärme zu einem Aggregat Wärmeenergie zusammengefasst werden. Die genannten Energieträger sind von ihren physikalisch-chemischen Eigenschaften und von den technologischen Gegebenheiten in den betrachteten Sektoren her prinzipiell alle in der Lage, den gestellten Anforderungen zu genügen. Der Wärmemarkt ist daher durch eine ausgeprägte Substitutionskonkurrenz zwischen den Energieträgern gekennzeichnet. Anders ist die Situation bei der Nutzung von Antriebsenergie; hier wird die Nachfrage (nahezu) ausschließlich durch Strom gedeckt. Eine Substitution durch andere Energieträger ist weitgehend ausgeschlossen.

Die Energiebilanz weist den Verbrauch von Energie zu Verkehrszwekken zwar getrennt nach Verkehrsträgern, jedoch nicht nach einzelnen Verbrauchergruppen aus. Eine Differenzierung zwischen gewerblichem und privatem Verbrauch ist jedoch im Ansatz des RWI insoweit erforderlich,

---

[12] Vgl. z.B. Blackorby u. Schworm (1988).

als die Verkehrsausgaben der privaten Haushalte ein wichtiger Bestandteil der Konsumausgaben insgesamt sind. Die Unterschiede in den technischen Standards, den ökonomischen Einflussfaktoren sowie den ökologischen Wirkungen legen darüber hinaus eine Differenzierung nach Personen- und Gütertransport nahe. Insgesamt wird der Energieverbrauch zu Verkehrszwecken damit nach drei Kategorien differenziert: Personen- und Gütertransport, gewerbliche und private Nutzung, Verkehrsträger.

Auch wenn jede dieser Verbrauchskategorien spezifische Besonderheiten aufweist, wird der Energieverbrauch formal stets ähnlich definiert. Er ergibt sich aus der Multiplikation einer

- Ausstattungs-,
- spezifischen Verbrauchs- und
- Nutzungskomponente.

Die erste Komponente charakterisiert den zu einem bestimmten Zeitpunkt vorhandenen Kapitalstock, die zweite die technische Beschaffenheit der Kapitalgüter, die dritte die ökonomisch bestimmte Nutzung.

Der gewerbliche Straßengüterverkehr umfasst den Straßengüterfern- und -nahverkehr; er wird im Energiemodell nicht nach gewerblichem Verkehr und Werkverkehr getrennt. Fahrzeugbestand, spezifischer Verbrauch und Fahrleistung werden ihrerseits über Definitions- und Verhaltensgleichungen bestimmt. Der Fahrzeugbestand ergibt sich aus dem Bestand der Vorperiode zuzüglich der Neuzulassungen, abzüglich der endgültig aus dem Bestand ausscheidenden Fahrzeuge (Löschungen). Der spezifische Kraftstoffverbrauch, der in der Vergangenheit mit relativ geringen Schwankungen stetig gesunken ist, spiegelt vor allem technische Verbesserungen wider. Ein Einfluss der Kraftstoffpreise lässt sich ökonometrisch nicht signifikant nachweisen. Die Transportleistung schließlich stellt das Bindeglied zwischen energie- und verkehrswirtschaftlichen Entwicklungen einerseits, sektoralen und gesamtwirtschaftlichen Veränderungen andererseits dar, da diese aus dem nach Gütergruppen differenzierten Transportaufkommen und den mittleren Transportweiten errechnet werden. Das Transportaufkommen selbst ist unmittelbar der Produktion einzelner Sektoren zugeordnet. Ähnliche Ansätze gelten für den Gütertransport der Verkehrsträger Bahn und Schiff.

Die Energieausgaben der privaten Haushalte umfassen in der Abgrenzung der volkswirtschaftlichen Gesamtrechnung (VGR) sowohl die Ausgaben für Verkehrszwecke als auch für die Wohnraumbeheizung, Warmwasserbereitung oder zum Kochen. Dieses Gliederungsprinzip wird aus Konsistenzgründen für das Energiemodell übernommen.

Ähnlich wie im Güterverkehr ergibt sich auch im Personenverkehr der Energieverbrauch als Produkt aus Verkehrsleistung, spezifischem Verbrauch und Fahrzeugbestand. Grundsätzlich kann jeder Transport von Personen durch die Inanspruchnahme fremder oder eigener Verkehrsmittel erfolgen, so dass im Personenverkehr sechs Verkehrsträger bzw. -arten, die in mehr oder weniger enger Konkurrenz zueinander stehen, zu unterscheiden sind:

- Personenkraftwagen[13],
- Öffentlicher Straßenpersonenverkehr[14],
- Eisenbahn,
- Fußgängerverkehr,
- Fahrrad und
- Flugzeug[15].

Darüber hinaus dient der Transport von Personen unterschiedlichen Zwecken, die wiederum von verschiedenen Faktoren beeinflusst werden. In Anlehnung an Berechnungen des DIW[16] werden fünf Zwecke definiert:

- Beruf,
- Ausbildung,
- Einkauf,
- Freizeit und
- Urlaub.

Für jeden dieser Zwecke lassen sich aus der Anzahl der in einer Periode zurückgelegten Wege und der durchschnittlichen Entfernung pro Weg die gesamte Verkehrsleistung ermitteln. Die Anzahl der Wege im Berufs-, Einkaufs- und Ausbildungsverkehr hängt insbesondere von demographischen Faktoren, im Freizeit- und Urlaubsverkehr auch vom stei-

---

13 Personenkraftwagen, Kombi, Krafträder und Mopeds.

14 U-Bahn, Straßenbahn, Obus und Kraftomnibus.

15 Dem Luftverkehr liegt in Abkehr von den Angaben des DIW nicht nur die Verkehrsleistung über dem Bundesgebiet zugrunde, da hierdurch insbesondere die Wegeentfernung zu Urlaubszwecken deutlich unterschätzt wird. Insofern sind die gesamten Binnenverkehrsleistungen sowie die grenzüberschreitenden Verkehrsleistungen im Abflug bis zum nächsten Zielflughafen erfasst worden. Grenzüberschreitende Flüge als Ankunft sind nicht berücksichtigt worden.

16 Vgl. Der Bundesminister für Verkehr (Hrsg.).

genden Real-Einkommen ab. Die durchschnittlichen Entfernungen, die sich für alle Verkehrszwecke erheblich vergrößert haben, wurden von der Verkehrsinfrastruktur (z.B. der Straßenlänge) sowie von der Verfügbarkeit und Transportkapazität der Verkehrsträger insgesamt beeinflusst. So ist in der Vergangenheit die Straßeninfrastruktur in erheblichem Maße ausgebaut worden, gleichzeitig sind die PKW-Bestände und auch die ÖPNV-Kapazitäten stark angestiegen. Infolgedessen ist die bisherige Entwicklung unter anderem durch eine rasch zunehmende Berufspendlermobilität, räumliche Konzentrationen der Ausbildungsstätten, eine Zentralisierung der Einkaufsmöglichkeiten sowie eine räumliche Verschiebung der Freizeitaktivitäten und Urlaubsziele gekennzeichnet.

Die Aufteilung der zweckbezogenen Gesamtverkehrsleistungen auf die verschiedenen Verkehrsträger erfolgt ebenfalls mit Hilfe von Verhaltensgleichungen, in die überwiegend verkehrs- und gesamtwirtschaftliche Determinanten einfließen wie etwa das Einkommen, die Verkehrsmittelverfügbarkeit[17], die durchschnittliche Wegeentfernung, die Anzahl der Wege sowie die Transportpreise.

Die Leistung der einzelnen Verkehrsträger ergibt sich aus der Summe der Fahrzwecke. Für die öffentlichen Systeme stellen diese Größen zugleich die aus dem Personenverkehr abgeleiteten Determinanten des Energieverbrauchs dar. Um aus den Verkehrsleistungen der PKW auf die Kraftstoffverbräuche schließen zu können, sind weitergehende Informationen vor allem über die durchschnittliche Besetzung, die spezifischen Verbräuche und die Bestandsentwicklung erforderlich.

Der PKW-Bestand ist aufgrund der bereits erwähnten Einbettung der privaten Kraftstoffnachfrage in das Ausgabensystem der privaten Haushalte nach privaten und gewerblichen Haltern zu differenzieren. Um auch die unterschiedlichen ökonomischen und ökologischen Standards von Otto-Motor und Dieselantrieb berücksichtigen zu können, werden die PKW-Bestände darüber hinaus nach Antriebsarten getrennt. Der Bestand an Fahrzeugen mit Otto- bzw. Dieselmotor in einem bestimmten Jahr ist die Summe der in den vorausgegangenen Jahren zugelassenen PKW, die noch nicht endgültig aus dem Bestand ausgeschieden sind. Die Löschungen ergeben sich aus den Sterbetafeln für Kraftfahrzeuge, die Neuzulassungen hängen von gesamtwirtschaftlichen, sektoralen und verkehrswirtschaftlichen Entwicklungen ab. So hat das reale verfügbare Einkommen einen positiven Einfluss auf die Zulassungen, ein steigender Nominalzins verringert ceteris paribus die Zulassungen, ein Indikator dafür, dass PKW-Käufe offenbar zum Teil kreditfinanziert sind. Über die Struktur der Neuzulassun-

[17] Hierunter werden die Personentransportkapazitäten des öffentlichen Straßenpersonenverkehrs und der Eisenbahn sowie der PKW-Bestand subsumiert.

gen entscheidet darüber hinaus ein Vergleich der Kosten von Otto- und Diesel-PKW. Werden die höheren Anschaffungskosten von Dieselfahrzeugen durch die laufenden Betriebskosten der PKW mit Otto-Motoren ausgeglichen oder übertroffen, steigt die Zahl der Zulassungen von Diesel-PKW. Im umgekehrten Fall steigen die Zulassungen der PKW mit Otto-Motor. Da sich in den laufenden Betriebskosten die Unterschiede in den spezifischen Verbräuchen, den Kraftstoffpreisen, den Fahrleistungen und der Kfz-Steuer niederschlagen, beeinflusst dementsprechend jede dieser Größen die Struktur des PKW-Bestandes

Der spezifische Kraftstoffverbrauch des PKW-Bestandes wird mit Hilfe der vom VDA berechneten Verbräuche der jeweiligen Zulassungsjahre definitorisch ermittelt, wobei als Gewichte die Neuzulassungen und die Besitzumschreibungen dienen, die noch im Verkehr sind.

Der spezifische Verbrauch der einzelnen Zulassungsjahrgänge unterliegt zweierlei entgegengerichteten Einflussgrößen. Zum einen wird er negativ durch den Kraftstoffpreis, zum anderen aber auch positiv durch die Fahrzeuggröße beeinflusst, d.h. der spezifische Verbrauch ist ceteris paribus umso niedriger je teurer der Kraftstoff und umso höher je großvolumiger die Fahrzeuge sind. Während sich der Kraftstoffpreis aus den exogen bestimmten Herstellungskosten zuzüglich Mehrwert- und Mineralölsteuer ergibt, wird die Fahrzeuggröße modellendogen bestimmt. Die entscheidende Determinante der Fahrzeuggröße ist dabei das „Residualeinkommen", d.h. der Einkommensteil, der nach Abzug aller PKW-Anschaffungs- und -betriebsausgaben verbleibt. Dementsprechend bestimmt sich die durchschnittliche PKW-Größe eines Zulassungsjahres neben dem verfügbaren Einkommen insbesondere durch die Ausgaben für Kraftstoffe, Reparaturen und Versicherung sowie durch die Höhe der jährlichen Abschreibungen. Interdependenzen ergeben sich insofern, als diese Bestimmungsgrößen wiederum vom spezifischen Verbrauch, den Fahrleistungen, dem Kraftstoffpreis sowie vom PKW-Bestand abhängen.

Die Ausgaben für die übrigen Energieträger umfassen im Prinzip alle Energiekäufe der privaten Haushalte, die nicht zum Betrieb von Kraftfahrzeugen eingesetzt werden. Der Anteil dieser Ausgabenkategorie an den gesamten Konsumausgaben beträgt gegenwärtig etwa 4 vH. Dominierender Verwendungszweck ist die Beheizung der Wohnungen, so dass die folgenden Ausführungen sich auf diesen Verbrauch konzentrieren.

Der Raumwärmebedarf (ENRWPH) ergibt sich als Produkt aus der Zahl der Wohnungen (WOB), der durchschnittlichen Fläche pro Wohnung (WOF) sowie dem spezifischen Wärmeverbrauch pro m^2 Wohnfläche (SVRWPH),

(156) $ENRWPH = WOB \cdot WOF \cdot SVRWPH,$

wobei die ersten beiden Komponenten jeweils nach Wohnungen in Ein- und Zwei-Familienhäusern und solchen in Mehrfamilienhäusern unterschieden werden. Die Wohnungsbestände ergeben sich über Definitionsgleichungen aus dem Bestand der jeweiligen Vorperiode und den Nettoneuzugängen. Die Neuzugänge werden mit Hilfe von Verhaltensgleichungen erklärt, in die als Einflussfaktoren das Einkommen, der Zins, die Baupreise und der Sättigungsgrad eingehen. Die Wohnflächen werden als Funktion des Einkommens und der Baukosten bestimmt.

Der spezifische Wärmeverbrauch pro m^2 Wohnfläche ist die zentrale Größe in diesem Modellteil, da dieser eine Vielzahl von Einflussfaktoren widerspiegelt, die sich relativ grob in überwiegend technisch bzw. rechtlich vorgegebene Größen einerseits und ökonomisch beeinflusste Größen andererseits unterteilen lassen. Zur ersten Kategorie zählen der in W/m^2 gemessene Wärmebedarf sowie der Wirkungsgrad der Feuerungsanlage, zur zweiten Kategorie gehören Jahresbenutzungsstunden sowie die Kosten des jeweiligen Heizsystems.

Insbesondere die zuletzt genannte Größe hat einen erheblichen Einfluss auf die Entwicklung des Energieverbrauchs im Raumwärmebereich und damit auf die Emissionen klimarelevanter Spurengase. Denn aus den Kosten des jeweiligen Heizsystems leitet sich nicht nur der spezifische Wärmeverbrauch insgesamt, sondern auch die Aufteilung des gesamten Wärmebedarfs auf die dafür eingesetzten Energieträger ab. Dieser Kostenvergleich wird nicht nur beim Zubau von Wohnungen, sondern auch bei der Modernisierung alter Heizungsanlagen (sogenannte Umrüstungen) durchgeführt, so dass der spezifische Energieverbrauch nicht nur durch Zu- und Abgänge von Wohnungen, sondern auch durch die in der Regel nach 20 Jahren anfallende Heizungsmodernisierung verändert wird.

Witterungseinflüsse, die zu einem erheblichen Teil die Schwankungen der jährlichen Energieverbräuche verursachen, werden über die Korrektur der Jahresbenutzungsstunden mit Hilfe der Zahl der Heizgradtage berücksichtigt.

Der Energieverbrauch von Handel, Gewerbe und Dienstleistungen ist vergleichsweise heterogen. Diese Gruppe von Energieanwendern unterschiedet sich nicht nur hinsichtlich des Verbrauchsniveaus und seiner Struktur, sondern vor allem auch im Hinblick auf die Verbrauchsdeterminanten. Energie wird zur Beheizung von Gebäuden (z.B. Banken, Versicherungen) zum Antrieb von Maschinen (z.B. Landwirtschaft, Handel) oder auch als Produktionsfaktor zur Bereitstellung von Dienstleistungen (z.B. Gaststätten) verwendet. Entsprechend unterschiedlich sind die Ansätze zur Erklärung des Energieverbrauchs. Der Kraftstoffverbrauch der Landwirtschaft beispielsweise wird in Abhängigkeit vom Bestand an Ackerschleppern und dessen jährlicher Nutzung, der Verbrauch von Energie zu Wärmezwecken in Abhängigkeit vom Bestand an gewerblichen Bauten (gemessen durch das preisbereinigte Bruttobauvermögen) sowie die Kosten der Wärmebereitstellung erklärt. Dem Energieverbrauch der übrigen Sektoren, insbesondere Dienstleistungsbereichen sowie öffentlichen Körperschaften, liegt ein traditioneller Erklärungsansatz zugrunde, der neben trendmäßigen Entwicklungen auch die Energiepreise explizit berücksichtigt.

Der Angebotsteil des Energiemodells dient zum einen dazu, das zur Deckung des Endenergieverbrauchs und des nichtenergetischen Verbrauchs erforderliche Angebot an Primärenergien zu errechnen. Dabei werden traditionell die Umwandlung von Stein- und Braunkohle in Kokereien und Brikettfabriken, die Destillation von Rohöl in Raffinerien, die Stromerzeugung in öffentlichen und Industriekraftwerken sowie die Fernwärmeproduktion in Heizkraftwerken und Fernheizwerken unterschieden. Gleichzeitig werden auf der Basis der in den genannten Umwandlungsbereichen entstehenden Kosten die Energiepreise nach Energieträgern und Abnehmergruppen bestimmt. Diese Funktion erscheint insbesondere dann von Bedeutung, wenn man die Realisierungschancen neuer Umwandlungstechnologien und die zukünftige Bedeutung regenerativer Energien abschätzen will. Daneben hat die Prognose des Umwandlungsbereichs jedoch die bereits bewährten Techniken der Mineralölverarbeitung, der Koksproduktion oder der Stromerzeugung darzustellen.

Die Stromerzeugung ist der bedeutendste Umwandlungsbereich. Dieser Bereich wird daher sehr detailliert behandelt. Im Einzelnen werden die Stromerzeugung nach Brennstoffeinsätzen und Verstromungstechniken unterteilt und folgende Kraftwerkstypen unterschieden:

- Laufwasser,
- Kernenergie,
- Braunkohle,
- Steinkohle (einschließlich Mischfeuerungen),
- Heizöl,
- Erdgas,
- Übrige Gase,
- Pumpspeicher,
- Regenerative Energiequellen sowie
- Übrige Energieträger.

Grundsätzlich gilt, dass ein vorgegebener Strombedarf sowohl kurz- als auch mittel- und langfristig mit möglichst geringen Kosten gedeckt werden soll. Bei gegebenem Kraftwerkspark erfolgt die Ausnutzung der einzelnen Kraftwerke nach der Rangfolge der variablen Kosten („merit order"). Langfristig kann natürlich sowohl die installierte Leistung als auch die Struktur des Kraftwerksparks verändert werden. Die Entwicklung dieser Größen hängt nicht zuletzt von der Entwicklung des Bruttostromverbrauchs insgesamt sowie von der zukünftigen Nachfrage der einzelnen Verbrauchergruppen ab, die detailliert bei der Schätzung des Endenergieverbrauchs behandelt werden. Der Kraftwerkspark wird allerdings nicht allein nach betriebswirtschaftlichen Kostengesichtspunkten optimiert, sondern spiegelt auch gesetzliche Vorgaben der Umweltpolitik, Akzeptanzprobleme einzelner Erzeugungstechniken und vor allem Auswirkungen der Liberalisierung wider. Insbesondere der letzte Punkt erfordert eine sehr detaillierte institutionelle Unterscheidung nach öffentlichen Erzeugern, Industriekraftwerken (einschließlich Deutsche Bundesbahn) und unabhängigen Erzeugern (IPP).

Über die reine Stromerzeugung hinaus wird in diesem Modellteil auch die Kraft-Wärme-Kopplung als kombinierte Erzeugung von Strom und Wärme behandelt, die sowohl über Netze zentral (Fernwärme) wie auch als dezentrale Inselversorgung (Nahwärme) konzipiert werden kann.

Strukturmodell

Das Strukturmodell kann – wie bereits erwähnt – als ein vollständig integriertes System zur Erklärung der sektoralen Produktions- und Preisentwicklung charakterisiert werden. Die einzelnen Teile wurden bereits grob angesprochen, so dass im Folgenden eine Ergänzung um wichtige Details erfolgen soll. Das Preismodell erklärt die nach 60 Produktgruppen differenzierten Güterpreise der Vorleistungsnachfrage sowie der Endnachfragekomponenten Konsum, Ausrüstungsinvestitionen und Ausfuhren von Waren und Dienstleistungen. Bei der Erklärung der Preise wurden im Sinne der Vollkostentheorie in erster Linie „cost-push" -, aber auch „demand-pull" – Elemente verwendet. Von der „cost-push"-Seite werden die Güterpreise durch die Stückkosten sowie die Importpreise determiniert. Die „demand-pull"-Komponente wird berücksichtigt, indem die Annahme eines konstanten Aufschlagsatzes aufgegeben wird und stattdessen ein flexibler „mark-up" eingeführt wird, dessen Höhe von einer sektoralen Nachfragevariablen abhängt.

Als zentrale Variable beeinflussen die sektoralen Herstellungskosten über die „cost-push"-Seite das Preismodell. In Anlehnung an die Input-

Output-Tabelle, wo jede Spalte die Kostenstruktur eines Wirtschaftszweiges repräsentiert, ergeben sich die sektoralen Stückkosten als Summe der auf den Bruttoproduktionswert bezogenen Aufwendungen für produzierte Produktionsfaktoren zuzüglich der Aufwendungen für Primärinputs in Form originärer Produktionsfaktoren sowie der kalkulatorischen Aufwendungen für die sektoralen Abschreibungen plus den Zahlungen von indirekten Steuern minus den empfangenen Subventionen des jeweiligen Sektors.

Die Stückkosten sind vollständig in das Input-Output-Modell integriert: Sie sind einerseits von Veränderungen in der Faktornachfragestruktur und den zugehörigen Preisen abhängig, bestimmen aber andererseits die Güterpreise auf den genannten Märkten selbst. Die wesentliche Verbindung zwischen dem Preis- und dem Mengengerüst des Modells wird damit über die sektoralen Stückkosten hergestellt.

Für die Erklärung der Konsum- und Ausrüstungsinvestitionsgüterpreise werden neben den sektoralen Stückkosten als zweite „cost-push"-Variable auch die Importpreise herangezogen. Die Importpreise stellen die Preise der zu den im Inland erzeugten Waren und Dienstleistungen konkurrierenden ausländischen Erzeugnisse dar. Die Gleichungen für die Konsum- und Ausrüstungsinvestitionsgüterpreise enthalten außerdem sektorale Nachfragevariablen zur Abbildung des „demand-pull"-Effektes.

Die sektoralen Exportpreise hängen zum einen von den sektoralen Stückkosten, zum anderen jedoch auch von der Wechselkursentwicklung ab, da Verschiebungen der Wechselkursrelationen in der Regel eine Korrektur der Exportpreise in heimischer Währung nach sich ziehen. Eine Aufwertung der D-Mark beispielsweise hätte je nach Preiselastizität der Nachfrage entsprechende Exporteinbußen zur Folge, die sich nur durch entsprechende Preisanpassungen in heimischer Währung auffangen lassen.

Das realwirtschaftliche Nachfragesystem zerfällt in insgesamt vier voneinander unabhängige Blöcke: das System der sektoralen Energie-, Material- und Dienstleistungsverbräuche, das Konsummodell, das Investitionsmodell sowie das Exportmodell. Die Nachfrage auf diesen einzelnen Märkten ergibt in der Summe die gesamte Güterverwendung. Zieht man von diesen Größen die in ebenfalls 60 Gütergruppen gegliederten Importe ab, erhält man die Produktion der inländischen Sektoren.

Wollte man die intermediären Lieferungen und Leistungen vollständig erfassen, müsste man etwa 3 000 Faktornachfragefunktionen spezifizieren und schätzen. Abgesehen von den dadurch hervorgerufenen technischen Problemen – das Strukturmodell würde auf mehr als 5 000 Gleichungen anwachsen – ginge bei einem derart komplexen System jede sinnvolle Relation zwischen Aufwand und Ertrag verloren. Denn wie Sensitivitätsanalysen zeigen, sind von den insgesamt etwa 3 000 Vorleistungslieferungen nur 550 „wichtig“, erreichen also eine Größenordnung, die sowohl für die realwirtschaftliche Güterversorgung als auch für die Erklärung der sektoralen Stückkosten und Preise von Gewicht ist. Aus diesem Grunde konzentriert sich das Modell der intermediären Verflechtungen auf diese wichtigen Güter- und Dienstleistungsströme.

Es würde über den Rahmen dieses zusammenfassenden Überblicks hinausgehen, die gewählten Schätzansätze im Einzelnen darzustellen. Grundsätzlich ergeben sich die sektoralen Energie-, Material- und Dienstleistungsinputs jedoch aus ähnlich detaillierten Vorstudien, wie sie bereits bei der Erklärung der Energienachfrage der energieintensiven Sektoren dargelegt wurden. Der allgemeine Ansatz, die sektorale Vorleistungsnachfrage in Abhängigkeit von der Produktion, den relativen Preisen und dem technischen Fortschritt zu erklären, wird insofern den sektoralen Produktionsbedingungen entsprechend modifiziert.

Die Nachfrage der privaten Haushalte nach Konsumgütern ist die weitaus stärkste Komponente in der gesamten Endnachfrage. Insofern beeinflusst das Konsummodell in besonderer Weise Stabilität, Simulations- und Prognoseeigenschaften des Gesamtmodells. Die Art des gewählten Schätzansatzes und damit die Wahl der Parameter im Konsummodell stützt sich auf die traditionelle Nachfragetheorie. Bei gegebener Präferenzordnung (Nutzenfunktion) sind die optimalen Verbrauchsmengen eine Funktion der Güterpreise aller Güter und des Einkommens.

Die Nachfrage nach einzelnen homogenen Gütern steht am Ende eines über mehrere Stufen (Utility-tree) ablaufenden Entscheidungsprozesses. Im ersten Schritt wird das verfügbare Einkommen auf Konsum und Ersparnis aufgeteilt. Im zweiten Schritt wird der Konsum insgesamt den neun Ausgabearten

- Nahrungsmittel,
- Bekleidung,
- Wohnung,
- Energie,
- Haushalt,
- Gesundheit,
- Verkehr,
- Ausstattung und
- Freizeit

zugeteilt, die daraus errechneten Ausgabenaggregate stellen die Einkommensrestriktion für die weitere Differenzierung der Nachfrage nach einzelnen Gütern dar, die im dritten Schritt ermittelt wird. Die Summation der Nachfrage nach Gütern innerhalb der einzelnen Ausgabekategorien ergibt schließlich die nach den 60 Sektoren des Strukturmodells differenzierte Nachfrage der privaten Haushalte.

Bei der Quantifizierung der Faktoren, die die Ausgabenentscheidung der privaten Haushalte bestimmen, ist zu berücksichtigen, dass kurzfristig unveränderliche Größen wie beispielsweise der Bestand an langlebigen Gebrauchsgütern, die tatsächlichen oder kalkulatorischen Ausgaben für Mieten oder vertraglich festgelegte Ausgaben die zeitnahe Dispositionsfreiheit des Konsumenten einschränken. Dieser Effekt wird über einen exogen ermittelten Basiskonsum erfasst, der sich etwa bei langlebigen Konsumgütern oder bei den Ausgaben für Energie aus einer Ausstattungs-, einer technisch determinierten Verbrauchs- und einer verhaltensbedingten Nutzungkomponente zusammensetzt. Der reale Basisverbrauch spiegelt diese kurzfristig nicht beeinflussbaren Ausgaben wider. Zieht man von dem gesamten Konsumbudget der privaten Haushalte die Summe der zu jeweiligen Preisen bewerteten Basisverbräuche ab, erhält man den sogenannten Überschusskonsum, der kurzfristig disponibel ist und entsprechend den Präferenzen der privaten Haushalte sowie der Entwicklung der relativen Preise auf einzelne Konsumausgaben aufgeteilt wird.

Während die Konsumausgaben aufgrund ihres hohen Anteils an der gesamten Endnachfrage die sektorale und gesamtwirtschaftliche Entwicklung bestimmen, prägen die Investitionen aufgrund ihres dualen Charakters die Dynamik des Modells. Investitionen stellen nämlich auf der einen Seite – ähnlich wie die Konsumnachfrage – Güterkäufe dar, die die sektorale Produktion unmittelbar beeinflussen. Auf der anderen Seite belasten Investitionen über kalkulatorische Abschreibungen die sektoralen Kostenstrukturen und Preisentwicklungen. Dieser duale Charakter wird im Strukturmodell vollständig abgebildet. Die sektorale Nachfrage nach Investitionsgütern ist als Summe aus Ausrüstungs- und Bauinvestitionen definiert. Die Bauinvestitionen setzen sich wiederum aus den gewerblichen und staatlichen Bauten und den Wohnungsbauinvestitionen zusammen. Während die staatlichen Bauinvestitionen exogen vorgegeben sind, ergeben sich alle übrigen Komponenten aus Verhaltensgleichungen, in denen Akzeleratoransätze mit neoklassischen Ansätzen zur Faktorsubstitution kombiniert werden. Eine besondere Aufmerksamkeit erhält dabei die Abbildung der Erwartungsbildung von zukünftigen Produktions- und Faktorpreisentwicklungen. Der Einfluss der Investitionen auf die sektoralen Produktionskosten wird über die kalkulatorischen Abschreibungen erfasst. Ausgehend von einer nach Anlagegütern differenzierten durchschnittlichen

Nutzungsdauer ergeben sich spezifische Abschreibungsbeträge, die wichtiger Bestandteil der sektoralen Herstellungskosten sind. Diese Zusammenhänge werden im Strukturmodell mit Hilfe von definitorischen Beziehungen abgebildet.

Das Exportmodell erklärt die Ausfuhr der 60 Gütergruppen. Dabei wird ein globaler Ansatz verwendet; auf eine Differenzierung der Exporte nach Abnehmerländern oder Regionen wird im Hinblick auf die Datenproblematik, die dazu notwendige umfangreiche Erweiterung der Gleichungszahl im Modell und nicht zuletzt wegen der mit dem gewählten Schätzansatz hinreichend guten Ergebnisse verzichtet.

Die Exporte insgesamt sind die Summe der Waren- und Dienstleistungsexporte. Die Warenexporte werden mit Hilfe eines modifizierten Exportnachfragemodells erklärt, das auf dem Ansatz von Houthakker und Magee[18] basiert. Allgemein sind die Warenexporte darin eine Funktion der Sozialproduktsentwicklung in den Empfängerländern sowie der Wettbewerbssituation des liefernden Landes im Vergleich zu allen exportierenden Nationen insgesamt. Als Indikator für die gesamtwirtschaftliche Entwicklung wird der Index der Weltexporte verwendet, die Wettbewerbssituation beschreibt ein sektorspezifisches Austauschverhältnis, das als Quotient aus Export- und Importpreisen ermittelt wird. Die Dienstleistungsexporte lassen sich mit diesem Ansatz nicht befriedigend erklären. Zum einen ist die Preisentwicklung und damit die Wettbewerbsfähigkeit nicht hinreichend exakt quantifizierbar, zum anderen sind Dienstleistungsexporte häufig Serviceleistungen für bereits getätigte oder noch ausstehende Warenexporte. Aus diesen Überlegungen lässt sich ableiten, dass die Warenexporte zu einem erheblichen Teil die Ausfuhr von Dienstleistungen, z.B. aus dem Bereich des Transportwesens, der Banken und Versicherungen, bestimmen.

Das Strukturmodell erfasst in der derzeitigen Version die Importe nach 60 Produktgruppen und zumindest drei Verwendungszwecken (Zwischennachfrage, Privater Verbrauch, Anlageinvestitionen). Bei ihrer Erklärung ist zwischen komplementären und substitutiven Einfuhren zu unterscheiden. Während komplementäre Importe vor allem von der Produktion der jeweiligen Abnehmer im Inland abhängen, dürften substitutive Einfuhren

[18] Vgl. Houthakker u. Magee (1969). Die doppelt logarithmische Funktionsform wurde aufgrund ihrer einfachen Interpretationsfähigkeit hinsichtlich der Elastizitäten von Houthakker und Magee ausgewählt. Vgl. dazu Houthakker u. Magee (1969), S. 111. Eine Erweiterung des dort beschriebenen Ansatzes durch die Berücksichtigung zyklischer Einflüsse liefern Haynes u. Stone (1983). Zum Begriff des „traditionellen Exportnachfragemodells" und allgemein zur ökonometrischen Schätzung von Exportnachfragefunktionen vgl. Scheiper (1984).

von den relativen Preisen mitbestimmt werden. In die Importfunktionen sind einerseits Nachfrageelemente und andererseits Preiselemente – als Ausdruck des Wettbewerbs zwischen inländischen und importierten Gütern gleicher Art – aufgenommen. Als Nachfragegröße wurde entweder die gesamte inländische Nachfrage nach diesem Produkt oder, falls die Importe schwerpunktmäßig einem Verwendungszweck zugeordnet werden konnten, ein spezielles Nachfrageaggregat oder eine sektorale Produktion ausgewählt. Die Substitutionseffekte konnten mit Hilfe sektoraler Preisrelationen erfasst werden.

Das Umverteilungsmodell besteht im Wesentlichen aus zwei Teilsystemen. Zum einen werden die wichtigsten Komponenten der Staatseinnahmen und -ausgaben sowie die Staatsverschuldung erklärt; in einem zweiten Block wird die Entstehung des verfügbaren Einkommens der privaten Haushalte aus den im Input-Output-System erfassten Bruttoeinkommensgrößen abgeleitet. Das Umverteilungsmodell stellt dadurch die Verbindung von der Einkommensentstehung zur Endnachfrage her. Die Konzeption dieses Teilsystems folgt bezüglich der Terminologie, der Erklärungsansätze und der Abgrenzung der einzelnen Positionen im Wesentlichen der des RWI-Konjunkturmodells[19].

Die Staatseinnahmen setzen sich aus den sechs Komponenten

- indirekte Steuern,
- direkte Steuern,
- Sozialabgaben,
- Abschreibungen des Staates,
- Empfangene Vermögensübertragungen und
- sonstige laufende Übertragungen

zusammen.

Größte Komponente der Staatsausgaben ist der Staatsverbrauch, der definitorisch als Summe aus Bruttowertschöpfung, die als wesentliche Komponente wiederum das Einkommen aus unselbstständiger Arbeit enthält, und staatlichen Vorleistungskäufen abzüglich der Vorleistungskäufe des Staates an Unternehmen erfasst wird.

Eine Erklärung der staatlichen Ausgaben für Bauten durch rein ökonomische Bestimmungsfaktoren erweist sich als problematisch, da diese Größe in der Vergangenheit auch als wirtschaftspolitische Steuergröße genutzt wurde. Aus diesem Grunde werden die staatlichen Bauinvestitionen

[19] Vgl. Heilemann (1979).

exogen gesetzt. Die realen Ausrüstungsinvestitionen des Staates werden in Abhängigkeit von der Veränderung der staatlichen Bruttoproduktion erklärt. Weitere Ausgabenpositionen sind die im Input-Output-Modell bestimmten Subventionszahlungen sowie die sozialen Leistungen. Die Zinszahlungen auf öffentliche Schulden hängen von der kumulierten Staatsverschuldung sowie dem geltenden Zinssatz ab, wobei die Gestaltungsmöglichkeiten der Kreditaufnahme und -rückzahlung durch entsprechende Zeitverzögerungen erfasst werden. Der Finanzierungssaldo des Staates wird nunmehr definitorisch als Differenz aus Staatseinnahmen und -ausgaben bestimmt, die Staatsverschuldung ergibt sich dann aus Staatsschuld des Vorjahres plus Finanzierungssaldo.

2.2.1.3 Umweltteil

Allgemeines

Umweltindikatoren können auf verschiedenen Ebenen und mit unterschiedlichen Ansätzen in das Modellsystem des RWI integriert werden. Grundsätzlich sind dabei die reale Ebene der Güter- und Leistungsströme und die nominale Ebene der Kosten- und Preisentwicklung zu unterscheiden. Die Inanspruchnahme von Ressourcen und deren Quantifizierung mit Hilfe von Indikatoren knüpft unmittelbar an die reale Ebene, die Implementation verschiedener Instrumente zur Beeinflussung der Ressourcen-Intensität zusätzlich an die nominale Ebene an. Dabei erweist sich die Verknüpfung der realen Güter- und Leistungsströme mit Umweltindikatoren als vergleichsweise einfach, insbesondere bei solchen Indikatoren, die über feste Koeffizienten mit bereits bestehenden Variablen des Modells verbunden werden können. Typisch hierfür ist der Umweltbereich Klima, bei dem der Umweltindikator mit Hilfe von spezifischen Emissionskoeffizienten (hier: dem Kohlenstoffgehalt einzelner Energieträger) und physischen Energieverbräuchen definitorisch festgelegt werden kann.

Diese Voraussetzungen sind allerdings nur für ausgewählte Spezialfälle gegeben; bereits bei der Erweiterung des Umweltindikators Klima um zusätzliche Klimagase, wie sie nach den Vereinbarungen auf der dritten Vertragsstaatenkonferenz in Kyoto internationaler Standard geworden sind, wären diese Voraussetzungen nicht mehr gegeben; sie sind auch bei den im Folgenden betrachteten Indikatoren Boden, Luft und Wasser nur begrenzt erfüllt. Zwar lassen sich für alle Indikatoren Anknüpfungspunkte im bestehenden Modellsystem finden, die Zusammenhänge sind jedoch nur in Ausnahmefällen über definitorische Verknüpfungen herzustellen.

Kosten- und Preisrelationen und die Wirkungen einzelner Instrumente lassen sich demgegenüber nicht durch einfache Verkettung mit bereits bestehenden Modellstrukturen implementieren, sondern erfordern in der Regel grundlegende Modifikationen des bestehenden Modellsystems. Diese Situation ist für die Konstruktion und Anwendung von Modellen jedoch weder neu noch beunruhigend; sie charakterisiert vielmehr ein grundlegendes Prinzip des RWI-Ansatzes, Modelle zur Erklärung von neu definierten Sachverhalten entweder neu zu entwickeln oder bestehende Systeme an die geänderten Fragestellungen anzupassen. Bereits die vergleichsweise einfache Verknüpfung von klimarelevanten Emissionen und Energieverbräuchen wäre ohne eine Erweiterung der traditionell an Werten orientierten Input-Output-Rechnung um eine physische Bilanz der Energieströme mit entsprechenden Modifikationen des Modells zur Erklärung der Energiepreise nicht möglich gewesen.

Aufgrund dieser Erfahrungen entspricht der Modellansatz des RWI daher nur noch insoweit dem Konzept eines Input-Output-Systems, als die definitorischen Zusammenhänge dieses Ansatzes etwa zwischen dem Aufkommen und der Verwendung von Gütern oder von Einkommensentstehung und -verwendung berücksichtigt werden. Spezifische Problemstellungen wie etwa die Ursachen und Folgen von rechtlichen oder technischen Veränderungen im Rahmen der Liberalisierung der Strom- und Gasmärkte, die über den Rahmen des Input-Output-Ansatzes hinausgehen, werden mit Hilfe von detaillierten Teilmodellen behandelt. Dieses grundlegende Konstruktionsprinzip wird auch bei der folgenden Darstellung der Einbindung von Umweltindikatoren zur Messung der Wasserqualität und der Bodeninanspruchnahme deutlich.

Umweltmedium Boden

Die Flächenerhebung, die im Abstand von vier Jahren seit Anfang der fünfziger Jahre vom Statistischen Bundesamt durchgeführt wird, [20] zeigt ökologisch bedenkliche Nutzungsveränderungen: Der Anteil der Siedlungs- und Verkehrsfläche steigt kontinuierlich an. Allein zwischen 1993 und 1997 sind täglich mehr als 120 ha Boden einer veränderten Nutzung durch neue Verkehrswege, Siedlungen oder Betriebsflächen zugeführt worden (vgl. Tabelle 5). Bei konstanter Gesamtfläche der Bundesrepublik Deutschland ist mit dieser Nutzungsänderung häufig der Verlust von naturnahen Gebieten mit entsprechenden Konsequenzen für die Arten- und Biotopvielfalt verbunden. Eine ungebremste Fortsetzung dieser Entwick-

[20] Vgl. Petrauschke u. Pesch (1998).

lung dürfte insofern zu kaum noch erträglichen ökologischen und ökonomischen Folgeschäden führen.

Um diese Folgewirkungen zu vermeiden, hat das Bundesministerium für Umwelt, Naturschutz und Reaktorsicherheit ein Ziel formuliert, das zu einer deutlichen Abschwächung dieses Trends beitragen soll. Als Schlüsselindikator für diesen Umweltbereich soll die Zunahme der Siedlungs- und Verkehrsfläche pro Tag verwendet werden, das Umweltziel mit Hilfe dieses Indikators als Verringerung der täglich versiegelten Fläche von gegenwärtig etwa 120 ha auf 30 ha pro Tag bis zum Jahr 2020 formuliert werden.

Tabelle 5: Veränderung der Flächennutzung in Deutschland im Zeitraum 1993 bis 1997 – ha/Tag

Art der Nutzung	Westdeutschland	Ostdeutschland	Deutschland
Gebäude	64	24	88
Betriebe	3	3	6
Erholung	3	1	5
Verkehrswege	24	7	31
Landwirtschaft	-120	-38	-157
Wald	26	0	27
Wasser	10	-1	10
Sonstige	-4	-15	-18
Nachrichtlich:			
Siedlung und Verkehr	94	36	129
Eigene Berechnungen nach Angaben des Statistischen Bundesamtes.			

Um dieses Ziel zu erreichen, sind verschiedene Maßnahmen denkbar, die von der zusätzlichen Besteuerung des Flächenverbrauchs über direkte ordnungsrechtliche Vorgaben zur Flächennutzung bis hin zu raumplanerischen und standortbezogenen Eingriffen in die Flächennutzung reichen. Unabhängig von der konkreten Ausgestaltung des Instrumentenbündels ist jedoch zu erwarten, dass über die direkten Veränderungen der Flächennutzung hinaus eine Vielzahl von indirekten Effekten auftreten können, die nicht automatisch mit dem ökologischen Ziel konform sind, sondern unter Umständen sogar in Konflikt zu der erwünschten Verringerung der zusätzlichen Flächeninanspruchnahme stehen. Für eine rationale Umweltpolitik ist die möglichst genaue Abschätzung sowohl der gewollten als auch der weniger erwünschten indirekten Wirkungen von essentieller Bedeutung.

Grundsätzlich stehen für diese Analysen unterschiedliche Methoden bereit; im Folgenden soll ein formales System entwickelt werden, das zum einen die Zunahme der Siedlungs- und Verkehrsfläche in den letzten Jahren erklären und zum anderen als Prognose- und Simulationsinstrument eingesetzt werden kann, um über alternative Entwicklungspfade der Zunahme der Siedlungs- und Verkehrsfläche hinaus auch die damit verbundenen indirekten Wirkungen quantitativ darstellen und bewerten zu können.

Entsprechend dieser Aufgabenstellung sollen im Folgenden zunächst die konzeptionellen Grundlagen des Modells vorgestellt, im Anschluss daran die mit der konkreten Umsetzung verbundenen empirisch-statistischen Probleme skizziert werden. Aufbauend auf diesen Grundlagen werden die Ansätze zur Erklärung der Zunahme der Siedlungs- und Verkehrsflächen vorgestellt und in den Zusammenhang des RWI-Modells eingeordnet. Das vollständige System von Definitions- und Verhaltensgleichungen wird im abschließenden Teil auf seine empirische Validität überprüft, zunächst anhand einer dynamischen Ex-post-Prognose innerhalb des Stützbereichs, dann mit Hilfe verschiedener Simulationsrechnungen innerhalb und außerhalb des Stützbereichs.

Die konzeptionellen Überlegungen zur Integration des Flächenverbrauchs in das bestehende Modellsystem des RWI haben sich an dem bereits bestehenden System und dessen Konstruktionsprinzipien zu orientieren. Zu den konstruktiven Merkmalen des bestehenden Modells sind beispielsweise die Unterscheidung von 60 Sektoren, die detaillierte Abbildung von Energieverbrauch und -angebot, die Bewertung der Liefer- und Leistungsströme zu Ab-Werk-Preisen und die Einbettung der sektoralen Strukturen in den definitorischen Rahmen der Entstehungs- und Verwendungsrechnung der Volkswirtschaftlichen Gesamtrechnung (VGR) zu rechnen. Im Idealfall ergäbe sich der Flächenverbrauch insgesamt aus der Summe der sektoralen Verbräuche einschließlich der privaten Haushalte.[21] Leider reichen die empirischen Informationen zum gegenwärtigen Zeitpunkt nicht aus, um einen solchen Ansatz weiterverfolgen zu können. Die Flächenerhebung[22] liefert keine sektorale Untergliederung der Bodennutzung, erlaubt allenfalls eine grobe sektorale Zuordnung anhand der Nutzungsartengruppen. Insofern stellt das folgende Modellkonzept einen zum

[21] Als Prototyp einer sektoral gegliederten Flächenbilanz kann die im Rahmen der Umweltökonomischen Gesamtrechnungen erstellte Bodennutzung nach Wirtschaftsbereichen angesehen werden, die gegenwärtig allerdings nur für die Verkehrsflächen und für das Jahr 1993 empirisch aufgefüllt werden konnte. Zu Einzelheiten vgl. Krack-Roberg u. Schäfer (1999).

[22] Vgl. Statistisches Bundesamt (1998).

Teil unbefriedigenden Kompromiss zwischen dem empirisch Machbaren und dem modelltheoretisch Notwendigen dar.

Der Flächenverbrauch hat neben der grundsätzlichen Problematik der Versiegelung eine ausgeprägte raumwirtschaftliche Komponente, die unter dem Stichwort „Zersiedelung" in der umweltpolitischen Diskussion eine wichtige Rolle spielt. Die bislang im RWI eingesetzten Modelle enthalten keine regionalen oder raumwirtschaftlichen Elemente, sondern beziehen sich immer auf das Gebiet der Bundesrepublik Deutschland insgesamt. Die raumwirtschaftliche Dimension ist jedoch – wie die folgenden Schätzergebnisse zeigen werden – für die Erklärung des Flächenverbrauchs unverzichtbar. Insofern geht das Flächen-Modell deutlich über die bislang verfolgten Modellansätze hinaus. Eine wechselseitige Verknüpfung erscheint zum gegenwärtigen Zeitpunkt nicht möglich. Allerdings konnten durch die im Flächenmodell entwickelten raumwirtschaftlichen Kennziffern (insbesondere der Grad der Suburbanisierung) die Verhaltensgleichungen im Energie- und Verkehrsmodell zum Teil signifikant verbessert werden. Insofern besteht zwar keine wechselseitige, jedoch eine einseitig gewichtete Verknüpfung zwischen den Modellen.

Die Preisentwicklung auf dem Bodenmarkt ist ein Reflex von Angebots- und Nachfrageveränderungen. Dabei dürfte das Angebot vor allem von kommunalen Finanzierungsüberlegungen geprägt sein. Es ist offenkundig, dass in hoch aggregierten Modellen dieses Verhalten kaum angemessen abgebildet werden kann. Dennoch sollen im Folgenden Modellkonzept Angebotselemente berücksichtigt werden, die zumindest vom Ansatz eine Weiterentwicklung dieses Aspektes erlauben. Es ist ersichtlich, dass auch dieser Modellteil nicht unmittelbar mit den bislang eingesetzten Modellen verknüpft werden kann.

Die im Folgenden als Schlüsselindikator für den Umweltbereich Boden betrachtete Siedlungs- und Verkehrsfläche (SVF) setzt sich definitorisch aus der Gebäude- und zugehörigen Freifläche (GFF), der Betriebsfläche (BTF) mit Ausnahme des Abbaulands (ABF), der Erholungsfläche (EHF), der Verkehrsfläche (VKF) sowie der Friedhofsfläche (FHF) zusammen:

(157) $SVF = GFF + BTF - ABF + EHF + VKF + FHF.$

Über die Siedlungs- und Verkehrsfläche hinaus ist für die umweltpolitische Diskussion die versiegelte Fläche von entscheidender Bedeutung. Der Versiegelungsgrad der einzelnen Flächen ist jedoch unterschiedlich, so dass es zweckmäßig erscheint, neben der Siedlungs- und Verkehrsfläche auch die versiegelte Fläche und deren Veränderungen zu berücksichtigen. Der Versiegelungsgrad (VSG) wird dabei nach einzelnen Bebauungskategorien und Flächennutzungen unterschieden und ist definiert als prozentualer Anteil der versiegelten Fläche – als Summe bebauter (vollversiegelter) Fläche sowie vollversiegelter oder teilversiegelter Freiflächen – an der jeweiligen Gesamtfläche.[23] Er wird im Folgenden ebenfalls nach den sechs Flächenkategorien unterschieden und für Gebäude zusätzlich nach Gebäudetypen differenziert, so dass für die Zunahme der Versiegelung insgesamt (SVV) eine zu Gleichung (157) analoge Definitionsgleichung gilt:

(158) SVV = GFV + BTFV + EHFV + VKFV + FHFV.

Die folgenden Überlegungen knüpfen an diese in Gleichung (157) bzw. (158) unterschiedenen Teilflächen an. Für diese sind Kausalzusammenhänge abzuleiten, Anknüpfungspunkte an das RWI-Modellsystem aufzuzeigen sowie mögliche Bestimmungsfaktoren der Entwicklung der Flächennutzung und politische Steuerungsinstrumente zu identifizieren.

Die Gebäude- und Freifläche ist unmittelbar mit gewerblich genutzten Gebäuden oder mit Wohnbauten verbunden, wobei nach der letzten Bodenflächenerhebung der Anteil der Wohngebäude mehr als drei Viertel der insgesamt genutzten Gebäude- und Freifläche ausmacht.[24] Im RWI-Modell wird der Zugang an Wohnflächen nach Wohnungen in Einfamilien- (WFZEF), Zweifamilien- (WFZZF) und solchen in Mehrfamilienhäusern (WFZMF) unterschieden.[25] Die Flächenzugänge sind das Produkt aus den jeweiligen Wohnungszugängen (WZ) und zugehörigen spezifischen Wohnflächen (SWFZ), formal:

(159) WFZEF = WZEF * SWFZEF,

(160) WFZZF = WZZF * SWFZZF,

(161) WFZMF = WZMF * SWFZMF.

Aus diesen Zugängen, dem Bestand der Vorperiode und den Abgängen können zusätzlich die Wohnungsbestände und die Wohnflächenbestände der einzelnen Gebäudetypen ermittelt werden. Die Zunahme der Siedlungs- und Verkehrsfläche durch den Wohnungsneubau (GFWZ) kann

[23] Nach Schätzungen der Bundesforschungsanstalt für Landeskunde und Raumordnung ist nur etwa die Hälfte der Siedlungs- und Verkehrsfläche tatsächlich versiegelt; zu Einzelheiten vgl. Dosch (1996).

[24] Dies gilt jedenfalls für den Durchschnitt der in der Erhebung ausgewiesenen Gebäude- und Freiflächen für Wohnungen; allerdings bezieht sich dieser Durchschnitt nur auf eine Teilmenge der in Deutschland insgesamt genutzten Gebäude- und Freifläche, da nur ein Teil der Bundesländer diese weitergehende Differenzierung ausweist.

[25] Der Zugang an Wohnungen in Nichtwohngebäuden wird an dieser Stelle vernachlässigt, da der damit verbundene Flächenverbrauch bei den Nichtwohnbauten berücksichtigt wird.

folglich als Summe der Flächenzugänge von neu errichteten Wohnungen in Ein-, Zwei- und Mehrfamilienhäusern berechnet werden:

(162) GFWZ = GFWZEF + GFWZZF + GFWZMF.

Die Unterscheidung nach Gebäudetypen setzt voraus, dass auch die durchschnittlichen Grundstücksflächen (SGFWZ) nach Ein-, Zwei- und Mehrfamilienhäusern untergliedert werden, d.h.

(163) GFWZEF = WFZEF * SGFWZEF,

(164) GFWZZF = WFZZF * SGFWZZF,

(165) GFWZMF = WFZMF * SGFWZMF.

Da Wohnungszugänge in Einfamilienhäusern gegenwärtig mehr als das Doppelte der Fläche beanspruchen, die für Wohnungszugänge in Mehrfamilienhäusern erforderlich ist, induziert allein der Trend zum Einfamilienhaus eine Zunahme des Flächenverbrauchs.

Darüber hinaus ist von Bedeutung, dass mit der Zunahme disperser Siedlungsstrukturen auch ein zusätzlicher Flächenverbrauch verbunden ist. Um diesen Sachverhalt abbilden zu können, werden die Wohnungszugänge von Ein-, Zwei- und Mehrfamilienhäusern differenziert nach städtischen (URBAN) und ländlichen Gebieten (SUBURBAN) erfasst, formal

(166) WFZEF = WZEFUR + WZEFSU,

(167) WFZZF = WZZFUR + WZZFSU,

(168) WFZMF = WZMFUR + WZMFSU.

Um eine daran anschließende exakte Flächenbilanz erstellen zu können, müsste der Flächenverbrauch je Wohnung ebenfalls nach raumwirtschaftlichen Kriterien differenziert werden. Leider lässt die empirische Basis einen derartigen Ansatz nicht zu. Dennoch kann dieser Siedlungsstruktur-Effekt in allen Verhaltensgleichungen, die die Entwicklung der spezifischen Grundstücksgrößen beschreiben, nachgewiesen werden. Denn der Anteil der Wohnungszugänge in ländlichen Gebieten an den Wohnungszugängen insgesamt (URBAN) hat in allen Gleichungen zum spezifischen Flächenverbrauch einen signifikanten Einfluss, d.h.

(169) $SGFWZ_j = f(URBAN_j, PXFE_j\ SU/PXFE_j\ UR)$.

Für die späteren Simulationsrechnungen ist ferner von Bedeutung, dass die Kosten des Flächenerwerbs (PXFE) ebenfalls nach ländlichen und städtischen Räumen unterschieden werden.

Auf der Basis der für die Jahre 1993 bis 1996 beobachteten Wohnungszugänge und der durchschnittlichen Flächenverbräuche der einzelnen Gebäudearten ergibt sich für diesen Zeitraum eine Zunahme der Siedlungs- und Verkehrsfläche von rund 40 ha/Tag (vgl. Tabelle 6). Gemessen an der Zunahme der Gebäude- und Freifläche insgesamt von 88 ha/Tag entfällt demnach allein auf den Wohnungsneubau knapp die Hälfte der zusätzlichen Flächenverbräuche. Bemerkenswert ist dabei die Zunahme der Siedlungs- und Verkehrsfläche seit 1993 durch den Bau neuer Wohnungen in Ostdeutschland. Während 1993 lediglich 2,9 ha/Tag für den Wohnungsneubau in Anspruch genommen wurden, hat sich der Flächenverbrauch bis 1996 kontinuierlich erhöht und lag in 1996 mit 10,6 ha/Tag mehr als dreimal so hoch.

Wie bereits zu Beginn erwähnt, ist die Zunahme der Siedlungs- und Verkehrsfläche nicht identisch mit dem Wachstum der versiegelten Flächen. Legt man für den Wohnungsbau das Verhältnis von Grundfläche zur Grundstücksfläche insgesamt als Versiegelungsgrad zugrunde, so dürfte nur etwa 25 bis 30 vH der Flächen versiegelt sein, wobei auch hier zwischen verschiedenen Häusertypen differenziert werden muss.

Tabelle 6: Wohnungszugänge und Flächennutzung in Deutschland - 1983 bis 1996, ha/Tag

Jahr	Einfamilien-häuser	Zweifamilien-häuser	Mehrfamilien-häuser	Insgesamt
		Westdeutschland		
1983	14,95	7,64	4,83	27,42
1988	14,08	3,23	2,23	19,54
1993	17,49	5,03	8,01	30,54
1996	14,91	4,93	8,50	28,34
1993–1997	18,03	5,63	8,92	32,58
		Ostdeutschland		
1993	2,29	0,34	0,26	2,89
1996	6,00	1,49	3,11	10,60
1993–1997	4,84	1,05	1,48	7,41
		Deutschland		
1993	19,78	5,37	8,27	33,42
1996	20,92	6,41	11,61	38,94
1993–1997	22,87	6,68	10,4	39,98

Eigene Berechnungen nach Angaben des Statistischen Bundesamtes.

Die Zunahme der Gebäude- und Freiflächen um 88 ha/Tag geht nur etwa zur Hälfte auf den Wohnungsbau zurück. Die restliche Flächennutzung steht in direktem Zusammenhang mit der gewerblichen Bautätigkeit. Auch wenn zwischen gewerblicher Bautätigkeit und Flächenverbrauch ähnliche definitorische Zusammenhänge gelten wie im Wohnungsbau, so müssen die konzeptionellen Überlegungen gegenüber dem Wohnungsbau dennoch modifiziert werden. Diese Modifikationen tragen zum einen den Spezifika der Bautätigkeitstatistik Rechnung, sie sind zum anderen modelltechnisch begründet.

Im Unterschied zum Wohnungsbau werden die gewerblichen Bauinvestitionen im RWI-Modell bislang nur in Werteinheiten erfasst. Deshalb ist eine unmittelbare Verknüpfung von Bautätigkeit und Flächenverbrauch mit Hilfe physischer Koeffizienten nicht möglich. Vielmehr ist zunächst ein Zusammenhang zwischen den gewerblichen Bauinvestitionen der im RWI-Modell unterschiedenen 60 Sektoren und den errichteten Gebäuden herzustellen. Grundsätzlich bieten sich dazu die Verknüpfung in Form von Definitions- oder als Verhaltensgleichungen an. Wollte man den Zusammenhang definitorisch festlegen, müsste der Zugang an gewerblichen Gebäuden ebenfalls in der Untergliederung nach 60 Sektoren vorliegen, wobei zusätzlich zu berücksichtigen wäre, dass ein Teil der gewerblichen Bauinvestitionen Instandhaltungs- oder Modernisierungsinvestitionen an bestehenden Gebäuden sind, zusätzliche Gebäude also damit nicht erstellt werden. Die empirische Basis gibt eine derart detaillierte Zuordnung zum gegenwärtigen Zeitpunkt nicht her. Folglich muss der Zusammenhang über Verhaltensgleichungen abgebildet werden, bei dem die sektoralen Bauinvestitionen in geeignet aggregierter Form mit den Gebäudezugängen in der Typologie der Baustatistik[26] korreliert werden: Den Investitionen dürfte dabei eher die neu errichtete Nutzfläche als der Gebäudezugang entsprechen. Folglich wird folgender Zusammenhang hergestellt:

(170) $NFZ_j = f(IBAR_j, T, Dummy)$.

Da nicht zu erwarten ist, dass zwischen den Größen eine streng proportionale Beziehung existiert, sind zusätzliche Variablen etwa in Form des Trends oder als Dummyvariablen in den Erklärungsansatz einzubeziehen, die das Anpassungsverhalten der Gleichung verbessern sollen. Eine Kausalanalyse ist damit nicht verbunden.

In der Summe ergeben die einzelnen Gebäudekategorien den Zugang an Nutzflächen in Nichtwohngebäuden insgesamt:

---

[26] Die Baustatistik unterscheidet bei den Nichtwohngebäuden zwischen landwirtschaftlichen Betriebsgebäuden (LW), Anstaltsgebäuden (AN), Büro- und Verwaltungsgebäuden (BU), Fabrik- und Werkstattgebäuden (PG), Handels- und Lagergebäuden (GE), Hotels und Gaststätten (GA) und sonstigen Gebäuden (UE).

(171) NFZNW = NFZLW + NFZPG + NFZGE + NFZGA + NFZBU + NFZAN + NFZUE.

Aus den Zugängen an Nutzflächen kann mit Hilfe spezifischer Flächenverbräuche ($SGFZ_j$) die Zunahme der Gebäude- und Freiflächen durch die einzelnen Gebäudetypen

(172) $GFZ_j = SNFZ_j * NFZ_j$

und den Nichtwohnbau insgesamt (GFZNW) definitorisch ermittelt werden:

(173) GFZNW = GFZLW + GFZPG + GFZGE + GFZGA + GFZBU + GFZGAN + GFZUE.

Für die Jahre 1993 bis 1997 liefern diese Berechnungen einen zusätzlichen Flächenverbrauch von durchschnittlich 38,7 ha/Tag (vgl. Tabelle 7). Überdurchschnittlich hat der Flächenverbrauch vor allem bei den Gebäuden für den Handel, bei den Büro- und den sonstigen Gebäuden zugenommen. Bemerkenswert ist der im Vergleich zum Wohnungsbau deutlich höhere Flächenverbrauch in Ostdeutschland, der etwa ein Drittel des gesamtdeutschen Verbrauchs erreicht, während der Wohnungsbau in Ostdeutschland in demselben Zeitraum weniger als ein Fünftel zum Flächenverbrauch insgesamt beiträgt. Für die späteren Schätzungen und insbesondere die Prognosen des Flächenverbrauchs der Nichtwohngebäude ist zudem der Hinweis von Bedeutung, dass sowohl in West- als auch in Ostdeutschland der Flächenverbrauch in ha/Tag bei allen hier unterschiedenen Gebäudetypen stetig abnimmt.

Ähnlich wie beim Wohnungsbau ist auch im gewerblichen Bau über den Verbrauch von Flächen hinaus die Zersiedelung ein umweltökonomisches Problem. Um diesen Prozess abbilden zu können, müsste eine dem Wohnungsbau analoge Untergliederung nach städtischen und ländlichen Räumen erfolgen. Eine solche Differenzierung lässt das empirische Ausgangsmaterial jedoch nicht zu. Um dennoch auch in diesem Bereich eine Verbindung zwischen Flächenverbrauch und Siedlungsstruktur herzustellen, enthalten die Verhaltensgleichungen zur Erklärung des Flächenverbrauchs je neu errichtetes Gebäude die im Wohnungsteil gebildeten Suburbanisierungskennziffern. Sie liefern in einzelnen Bereichen – Handel, Hotel und sonstige Gebäude – einen signifikanten Beitrag zur Erklärung der spezifischen Flächenverbräuche.

Neben dem Bau von Wohn- und Nichtwohngebäuden trägt der Verkehr in erheblichem Umfang zur Bodenversiegelung bei. Zwischen 1993 und 1997 wurden 31 ha/Tag an zusätzlicher Fläche für den Bau von Verkehrswegen beansprucht. Um diese Zunahme erklären zu können, sind grundsätzlich alle Verkehrsträger (Straße, Schiene, Luft und Wasser) zu betrachten. Die Bedeutung der Schiene ist jedoch in der Vergangenheit stetig gesunken, der Flächenverbrauch gemessen etwa an der Streckenlänge der Eisenbahn ebenfalls zurückgegangen. Der Flächenverbrauch der Wasserstraßen und Häfen ist, von wenigen Neubauprojekten (z.B. Rhein-Main-Donau-Kanal) abgesehen, nahezu konstant. Zusätzliche Flächen werden daher vor allem vom Straßen- und Luftverkehr beansprucht. Demzufolge konzentrieren sich die folgenden Ausführungen auf die Erklärung der Flächennutzung durch diese beiden Verkehrsträger.

In einer arbeitsteiligen Volkswirtschaft besitzt der Transport von Gütern eine große Bedeutung. Das Transportgewerbe überbrückt nicht nur die räumliche Distanz zwischen Produzenten und Verbrauchern, sondern auch zwischen Unternehmen und Betriebsstätten, die für ihre Fertigung auf den Einsatz von Rohstoffen und Zwischenprodukten angewiesen sind. Eine auch räumlich weitgehende Spezialisierung induziert demnach in erheblichem Umfang steigende Transport- und Verkehrsströme. Investitionen in das Verkehrsnetz haben folglich nicht allein verkehrswirtschaftliche Aufgaben, sondern dienen auch regionalen, sektoralen und gesamtwirtschaftlichen Entwicklungsmöglichkeiten. Diesen vielfältigen Aufgaben muss bei der formalen Erklärung der Flächenverbrauchs durch neue Verkehrswege gebührend Rechnung getragen werden.

Unmittelbar in Zusammenhang mit der Siedlungsstruktur steht jener Teil des Verkehrs, der zur Überwindung der Entfernung zwischen Wohnort und Arbeitsstätte dient. Umgekehrt folgt daraus, dass der Bau neuer Wohnungen auch Investitionen in die Verkehrsinfrastruktur erforderlich macht. Dabei ist aufgrund der dargestellten unterschiedlichen Flächenbedarfe von Ein-, Zwei- und Mehrfamilienhäusern offenkundig, dass Investitionen in neue Verkehrswege umso flächenintensiver sind, je höher der Anteil der Ein- und Zweifamilienhäuser an der gesamten Neubautätigkeit und je disperser die Siedlungsstruktur ist. Diesen Zusammenhängen wird in dem Modellkonzept insoweit Rechnung getragen, als der durch die Neubautätigkeit induzierte Flächenverbrauch für Verkehr (VKFWZ) für die genannten Gebäudetypen getrennt ermittelt wird:

(174) VKFWZEF = GFWZEF * SVKFWZEF,

(175) VKFWZZF = GFWZZF * SVKFWZZF,

(176) VKFWZMF = GFWZMF * SVKFWZMF.

Der Flächenverbrauch insgesamt ist dann die Summe dieser Teilaggregate

(177) VKFWZ = VKFWZEF + VKFWZZF + VKFWZMF.

Die durch den Wohnungsbau induzierten spezifischen Flächenverbräuche für Verkehrswege sind ihrerseits abhängig von der jeweiligen Grundstücksgröße der Gebäude und von der Siedlungsstruktur. Je höher der Anteil der Neubauten in ländlichen Gebieten an den Neubauten insgesamt ist, um so höher dürfte auch der spezifische Flächenbedarf für Verkehrszwecke sein. Diesem Sachverhalt wird dadurch Rechnung getragen, dass der Bedarf an kommunalen Verkehrsflächen nicht nur nach Wohnungen in Ein-, Zwei- und Mehrfamilienhäusern differenziert, sondern auch in Abhängigkeit vom Suburbanisierungsgrad ($URBAN_j$) bestimmt wird, formal:

(178) $SVKFWZ_j = f(URBAN_j, WFWZ_j)$.

Der übrige Flächenbedarf der Verkehrsinfrastruktur orientiert sich an dem Verkehrsaufkommen im Güter- (FLSVTKM) und Personenverkehr (VLSV):

(179) $VKFSV = f(FLSVTKM, VLSV)$.

Dabei ist zu berücksichtigen, dass der Bau zusätzlicher Verkehrswege sich nicht nach dem Verkehrsaufkommen eines Jahres, sondern nach der Spitzenbelastung innerhalb eines Tages oder Jahres richtet. Indikatoren wie das Güter- oder Personenverkehrsaufkommen eines Jahres sind daher nur bedingt geeignet, die zusätzlichen Flächenverbräuche zu erklären.

Tabelle 7: Zugänge an Nichtwohngebäuden und Flächennutzung in Deutschland – 1983 bis 1996, ha/Tag

Jahr	Landwirtschaft	Fabriken	Handel	Insgesamt
		Westdeutschland		
1983	6,18	5,26	9,16	28,16
1988	3,94	5,77	6,51	23,66
1993	4,15	5,89	7,35	27,27
1996	5,02	4,69	7,46	25,61
	4,53	5,16	7,63	26,69
		Ostdeutschland		
1993	1,06	3,70	5,51	13,10
1996	1,00	2,67	3,78	11,15
1993–1997	1,08	3,05	4,74	12,05
		Deutschland		
1993	5,21	9,59	12,86	40,37
1996	6,02	7,36	11,24	36,76
1993–1997	5,61	8,21	12,37	38,74
Eigene Berechnungen nach Angaben des Statistischen Bundesamtes.				

Diese Einschränkungen sind bei Interpretation der Modellergebnisse zu berücksichtigen.

Im RWI-Modell wird wie bereits erwähnt der Transport von Personen nach sechs verschiedenen Fahrzwecken unterschieden, darunter :

- Beruf,
- Ausbildung,
- Einkauf,
- Freizeit,
- Geschäft,
- Urlaub.

Für jeden dieser Zwecke lässt sich aus der Anzahl der in einer Periode zurückgelegten Wege und der durchschnittlichen Entfernung pro Weg die gesamte Verkehrsleistung ermitteln. Diese Verkehrsleistungen der genannten Verkehrsträger stellen nicht nur die Verbindung von verkehrswirtschaftlichen und sektoralen Entwicklungen her, sondern sind auch als Schnittstellen für die Anbindung an die Zunahme der Siedlungs- und Verkehrsfläche geeignet. Sie werden ihrerseits von siedlungsstrukturellen Veränderungen beeinflusst. Beispielsweise sind die durchschnittlichen Entfernungen (DE_j) für Einkaufs-, Berufs- und Ausbildungsfahrten signifikant mit dem Verhältnis von den in ländlichen Gebieten neu errichteten Wohnungen zu deren Gesamtzahl korreliert.

Zu den sonstigen Flächen gehören die Betriebsflächen ohne Abbauland, die als unbebaute Flächen überwiegend gewerblich, industriell oder für Zwecke der Ver- und Entsorgung genutzt werden, die Erholungs- sowie die Friedhofsflächen. Der Anteil der übrigen Betriebsflächen an der Gesamtfläche des früheren Bundesgebietes betrug 0,23 vH, das Wachstum von 1993 bis 1997 belief sich auf 4,1 vH bzw. 1,5 ha/Tag. In den neuen Ländern und Berlin-Ost lag der Anteil bei ca. 0,05 vH, das Wachstum zwischen 1993 und 1997 betrug 810 vH bzw. 3,3 ha/Tag. Angesichts der geringen Bedeutung dieser Flächennutzung wird an dieser Stelle auf eine detaillierte Ableitung der Schätzfunktionen verzichtet.

Versiegelung ist das teilweise bis vollständige Abdichten offener Böden durch bauliche Anlagen, Verkehrsflächen und Freiflächengestaltung, wodurch Austauschprozesse zwischen Erdreich und Atmosphäre reduziert oder sogar völlig unterbunden werden. Dabei kann – je nach Belagart (Wasserdurchlässigkeit) – unterschieden werden zwischen vollversiegelten (über- und unterbauten) Flächen und teilversiegelten Flächen (z.B. Beton-, Asphalt oder Pflasterdecken). Negative Folgen der Versiegelung sind u.a.

steigende Überschwemmungsgefahr, Störung des natürlichen Bodenwasserhaushaltes oder Veränderung des Mikro- und Mesoklimas.

Der Versiegelungsgrad (VSG) ist definiert als prozentualer Anteil der versiegelten Fläche – als Summe bebauter (vollversiegelter) Fläche sowie vollversiegelter oder teilversiegelter Freiflächen – an der Gesamtfläche. Er wird im Modell nach den sechs Flächenkategorien unterschieden und für Gebäude zusätzlich nach Gebäudetypen differenziert.

Die Preisentwicklung auf dem Bodenmarkt ist ein Reflex von Angebots- und Nachfrageveränderungen. Dabei dürfte das Angebot vor allem von kommunalen Finanzierungsüberlegungen geprägt sein. Es ist offenkundig, dass in hoch aggregierten Modellen dieses Verhalten kaum angemessen abgebildet werden kann. Als Surrogat für diese Zusammenhänge wird im RWI-Modell die von den Kommunen geplante Bereitstellung von Baugrundstücken (GFFPLAN) verwendet, die als Angebotsfaktor in die Preisbestimmung für Bauland eingeht. Angebotsaspekte können folglich durch Variation dieser Planungsgröße angenähert werden.

Die Preise für Bauland sind jedoch nicht allein vom Angebotsverhalten der Kommunen abhängig, sondern werden maßgeblich auch vom Bedarf der einzelnen Nachfragegruppen an Flächen (GFWZ für Wohnungen, GFZNW für den gewerblichen Bau) beeinflusst:

(180) PBAUREIF = f(GFFPLAN, GFWZ, GFZNW).

Darüber hinaus existieren unterschiedliche Flächenkategorien, die verschiedene Verwendungszwecke und Nutzungsansprüche erfüllen. Um diesem Aspekt Rechnung zu tragen, werden über den Preis für Bauland hinaus Preise nach unterschiedlichen Nutzungskategorien unterschieden. Im Einzelnen sind dies:

- der Preis für baureifes Land in ländlichen (PXBLSU) und städtischen Gebieten (PXBLUR),
- der Preis für Industrieland (PINDLAND),
- der Preis für Verkehrsflächen (PVERKFL) sowie
- der Preis für Freiflächen und sonstige Zwecke (PBLFREI).

Der Preis für baureifes Land fungiert dabei als Leitvariable für die Erklärung der übrigen Baupreise. Er besitzt demnach im Modell eine zentrale Steuerungsfunktion, da über Angebots- und Nachfrageveränderungen unmittelbar der Preis für baureifes Land, mittelbar alle übrigen Preise beeinflusst werden.

Tabelle 8: Grunderwerbsteuer nach Gebäudezugängen in Deutschland – 1985 bis 1997, DM/qm

Jahr	Einfamilien-häuser	Zweifamilien-häuser	Mehrfamilien-häuser	Gewerbl. Gebäude
		Westdeutschland		
1985	11,00	12,40	21,85	2,30
1988	11,65	13,05	22,70	2,55
1993	12,60	14,70	24,00	2,60
1996	14,50	16,55	26,00	2,90
1997	26,30	29,95	46,30	5,30
Eigene Berechnungen nach Angaben des Statistischen Bundesamtes.				

Bereits gegenwärtig ist sowohl der Erwerb als auch der Besitz von Grund und Boden mit Steuern belastet. Beim Kauf von inländischen Grundstücken fällt die Grunderwerbsteuer an. Sie betrug bis 1997 2 vH und wurde mit der Abschaffung der Vermögenssteuer auf 3,5 vH erhöht. Als Bemessungsgrundlage dient nicht – wie die Bezeichnung suggerieren könnte – der Wert des Grundstückes, sondern der Kaufpreis einschließlich Gebäude. Als Grundstücke im Sinne des Grunderwerbsteuergesetzes gelten nämlich neben dem Grund und Boden auch die aufstehenden Gebäude. Einrichtungen, auch Betriebsvorrichtungen, sind hingegen nicht Grundstücksbestandteil. Insofern dürfte es kaum überraschen, dass die Grunderwerbsteuer in Bezug auf die Grundfläche bereits gegenwärtig eine beachtliche Größenordnung erreicht hat (vgl. Tabelle 8). Sie ist zudem leicht regressiv, da infolge der unterschiedlichen Gebäudewerte der Kauf von Grundstücken für Einfamilienhäuser spezifisch geringer belastet wird als der Kauf von Zwei- oder Mehrfamilienhäusern. Bei der Grundsteuer setzen die Gemeinden durch Ortssatzung einen Hebesatz (HSGSB) fest, der auf einen vom Finanzamt ermittelten Messbetrag angewandt wird. Dieser Messbetrag ist das Produkt aus Einheitswert und Messzahl. Die Messzahlen sind im Grundsteuergesetz festgelegt und betragen bei Einfamilienhäusern 0,26 vH für die ersten 75.000 DM und für den übersteigenden Betrag 0,35 vH, bei Zweifamilienhäusern 0,31 vH und für die übrigen bebauten und unbebauten Grundstücke 0,35 vH. Die durchschnittlichen Hebesätze der Gemeinden für die Grundsteuer B werden z.B. im Statistischen Jahrbuch ausgewiesen. Der Einheitswert von Grundstücken wird grundsätzlich im Ertragswertverfahren ermittelt. Hierbei geht man aus von der Jahresrohmiete auf der Basis des Jahres 1964 und bestimmten Vervielfältigern, die der Anlage zu den Bewertungsrichtlinien für das Grundvermögen entnommen werden. Daneben können Zuschläge und Abschläge zu einer Ermäßigung oder Erhöhung des Einheitswertes führen.

Diesen unterschiedlichen Regelungen trägt der RWI-Ansatz insofern Rechnung, als Grunderwerb- und Grundsteuer getrennt für Ein-, Zwei- und Mehrfamilienhäuser sowie Nichtwohnbauten berechnet werden, formal:

(181) $GEST_j N = GESTVH*(PBAUREIF*GFWZ_j + PXWZ_j B*WFZ_j)$.

Die Grundsteuer ergibt sich über folgende Beziehung:

(182) $GSTB_j N = HSGSB*285*(0{,}0028+t*0{,}0001)*(WF_j - 0{,}9*GSTVG_j)/1000$,

wobei die Variable GSTVG die Grundsteuervergünstigung für neue Wohnungen bezeichnet, die 10 Jahre gewährt wurde, mit dem Jahr 1990 jedoch ausgelaufen ist.

Auch wenn Grunderwerb- und Grundsteuern formal ähnlich berechnet werden, so ist ihre Stellung im Modellzusammenhang grundlegend verschieden. Während die Grunderwerbsteuer in den Kaufpreis eingerechnet wird und daher über die kalkulatorischen Abschreibungen in die Miete eingeht, ist die Grundsteuer Bestandteil der Miete, hat jedoch keinen direkten Einfluss auf die Preise für Bauland. Der Grundstückspreis ($PXFE_j$) setzt sich demnach aus dem Preis für baureifes Land (PBAUREIF) und der auf die Fläche gezogenen Grunderwerbsteuer ($GEST_j QM$) zusammen. Analog zur Grunderwerb- und Grundsteuer werden die Flächennutzungssteuer und die Flächenerwerbsteuer behandelt. Während erstere Bestandteil der Miete ist, erhöht die Flächenerwerbsteuer den Kaufpreis des Grundstücks, formal:

(183) $PXFE_j QM = PBAUREIF + GEST_j QM + FEST_j QM$.

Umweltmedien Luft und Klima

Mit dem Emissionsmodell in seiner bisherigen Form wird eine möglichst vollständige Bilanzierung aller ökologischen Wirkungen von Energieverbrauch und Energieumwandlung angestrebt. Dabei werden die Emissionen nach den traditionellen Luftschadstoffen Schwefeldioxid (SO_2), Stickoxiden (NO_x), Kohlenmonoxid (CO), Staub sowie flüchtige organische Verbindungen einerseits, nach den klimawirksamen Spurengasen Distickstoffoxid (N_2O), Methan (CH_4) und Kohlendioxid (CO_2) andererseits unterschieden. Darüber hinaus werden die Reststoffe bei der Verstromung von Stein- und Braunkohle (Asche, Gips), die radioaktiven Emissionen beim Betrieb der Kernkraftwerke sowie die ungenutzte Abwärme der Stromerzeugung insgesamt ermittelt.

Die Emissionsbilanzen für die genannten Schadstoffe (E_j) lassen sich in der Regel aus der Multiplikation von geeignet definierten Emissionskoeffizienten (EK_{jk}), die den Ausstoß von Schadstoff j im Prozess k charakterisieren, und Verbrauchs- (VE_k)

(184) $E_j = EK_{j1} *VE_1 + EK_{j2} *VE_2 + ... + EK_{jn} *VE_n$

bzw. Umwandlungsvolumina (UE_k)

(185) $E_j = EK_{j1} *UE_1 + EK_{j2} *UE_2 + ... + EK_{jn} *UE_n$

errechnen. Die Emissionskoeffizienten sind dabei als durchschnittliche Größen zu verstehen, die sich bei solchen Sektoren, denen eine detaillierte Kapitalstockrechnung zugrunde liegt, aus den Emissionskoeffizienten der einzelnen Investitionsjahrgänge und deren Anteil am gesamten Anlagenbestand zusammensetzt. Für den Verkehrsbereich werden die Emissionen darüber hinaus noch nach Straßenkategorien unterschieden, wobei diese wiederum mit den bereits erwähnten Fahrtzwecken verknüpft werden. Von besonderer Bedeutung für die Veränderung der Emissionskoeffizienten sind umweltrechtliche Vorschriften, beispielsweise die Großfeuerungsanlagenverordnung, die TA Luft oder die Kleinfeuerungs- bzw. Heizungsanlagenverordnung. Die Verbauchs- und Umwandlungsströme ergeben sich unmittelbar aus dem Energiemodell, in dem die Energieverbräuche und die wichtigsten Energieumwandlungsprozesse – wie bereits beschrieben – detailliert abgebildet werden.

Als empirische Basis dienen die vom Umweltbundesamt berechneten Emissionskoeffizienten für die traditionellen Luftschadstoffe sowie die von Birkhofer und Thomas (1990) angegebenen radioaktiven Emissionen deutscher Kernkraftwerke. Die insbesondere bei der Stromerzeugung anfallende Abwärme ergibt sich aus der Differenz von Brennstoffeinsatz insgesamt und nutzbarer Energie (Strom zuzüglich Wärme). Der Anfall von radioaktiven Spaltprodukten schließlich lässt sich aus dem spezifischen Abbrand der Kernkraftwerke (z.Zt. 33 000 bis 45 000 MW/d) und der erzeugten Strommenge definitorisch ermitteln.

Über die rekursiv nachgeschaltete Bilanzierung der Emissionen enthält das Umweltmodell jedoch eine Vielzahl von Kostensätzen, die die zusätzlichen Investitionen in Techniken zur Verringerung der Emissionen oder zur Vermeidung ganzer Emissionsbündel beschreiben. Dazu gehören insbesondere die Techniken zur Nutzung der regenerativen Energiequellen im Hauhalts- und Kleinverbrauchsbereich sowie im Energieangebot, Kosten der Verringerung des Energieeinsatzes zur Raumwärmeerzeugung und neuerdings auch Techniken zur Verringerung der Umweltbelastungen von Straßenfahrzeugen (Methanolantrieb, Brennstoffzelle auf Wasserstoff- oder Erdgasbasis, Biodiesel).

Umweltmedium Wasser

Größere Schwierigkeiten als die Modellierung des Flächenverbrauchs und des Luft- und Klimabereichs bereitet die Integration des Umweltmediums „Wasser“ in das RWI-Modellsystem. Insbesondere hat sich die Datenlage als extrem schwierig erwiesen. Die AOX-Emissionen mussten aufgrund fehlender Zeitreihen über Definitionsgleichungen integriert werden, wobei für die späteren Simulationen eine konstante Relation zwischen diesem Schadstoff und den realen Bruttoproduktionswerten bzw. den physischen Produktionsleistungen angenommen wurde. Das Statistische Bundesamt hat für die Jahre 1991 und 1995 eine sektorale Bilanz der AOX-Emissionen vorgelegt; mit Hilfe dieser Angaben konnten sektorspezifische Emissionskoeffizienten berechnet werden, die den Ausstoß an AOX je Einheit Produktion beschreiben. Der Vergleich von 1991 und 1995 zeigt deutlich, dass sich innerhalb von nur vier Jahren die Koeffizienten zum Teil erheblich verändert haben. Vermutlich dürfte auch für diese Entwicklung der strukturelle Umbruch in den neuen Bundesländern bestimmend gewesen sein. Da dieser Rückgang sich in den nächsten Jahren kaum fortsetzen dürfte, wurden für die weiteren Berechnungen die Koeffizienten des Jahres 1995 als konstant angenommen. Die Modellierung ordnungsrechtlicher Maßnahmen, die den Einsatz verbesserter Vermeidungstechniken oder Substitution bestimmter Inputs vorschreiben sowie der damit verbundenen Kostenbelastung für die Unternehmen war bislang nicht möglich.

Auch die Berücksichtigung der Stickstoffemissionen ist derzeit noch nicht befriedigend möglich. Bei den punktförmigen Einträgen in Gewässer bestehen praktisch die gleichen Probleme wie bei den AOX-Emissionen. Die diffusen Einträge stammen zu ca. 90 vH aus der Landwirtschaft, insbesondere aus der Tierhaltung und dem Düngemitteleinsatz. Diese Zusammenhänge konnten bislang nur über relativ einfache ökonometrische Schätzungen abgebildet werden, wobei die Stickstoffemissionen aus dem Düngemitteleinsatz vor allem von der landwirtschaftlichen Produktion, jene aus der Tierhaltung vom Produktionswert des Sektors Fleisch und Fleischwaren abhängen.

Die (energiebedingten) NO_x-Emissionen in die Luft (ca. 60 vH Verkehr, 30 vH Industriefeuerungen und Kraftwerke) ergeben sich aus dem bereits geschilderten Emissionsmodell für traditionelle Luftschadstoffe. Die Einbindung von Vermeidungstechnologien (und damit verbundenen Kosten) ist in diesem Fall über die Katalysator-Technik eher möglich.

2.2.1.4 Verbindung der einzelnen Modellteile

Charakteristisch für den RWI-Ansatz ist der modulare Aufbau der einzelnen Modellteile. Mit diesem Ansatz lassen sich nach RWI-Ansicht einzelne Elemente des Systems wie das Energieangebot oder die Verbräuche der privaten Haushalte zur Wohnraumbeheizung realitätsgetreuer abbilden als bei einer durchgehenden Verwendung des traditionellen Input-Output-Ansatzes. Um jedoch zu vermeiden, dass die Detailstudien zu Lasten der sektoralen und gesamtwirtschaftlichen Konsistenz und Geschlossenheit des Gesamtsystems gehen, sind geeignete Schnittstellen festgelegt worden, die eine Integration der verschiedenen Modellteile ermöglichen. Die Schnittstellen sind dabei so konstruiert, dass energiespezifische Variablen in das sektorale Strukturmodell wie auch sektorale und gesamtwirtschaftliche Größen in das Energiemodell integriert, die Modellteile jedoch auch unabhängig voneinander entwickelt und genutzt werden können.

Offensichtlich sind solche Verbindungen von Energie- und Strukturmodell, die sich durch einfache Multiplikation von physischen Größen und entsprechenden Preisen oder durch Division realer Größen durch geeignete absolute Preise herstellen lassen. Dazu gehören einerseits die Energiekosten der produzierenden Bereiche und die Energieausgaben der privaten Haushalte, andererseits die realen Bruttoproduktionswerte der energieintensiven Sektoren. Die Energiekosten der produzierenden Bereiche sind das Produkt aus Energieverbrauch und zugehörigem Preis, die im Energiemodell bestimmt und an das Strukturmodell übergeben werden. Da das Energiemodell, obwohl es hinsichtlich der Energieträgersystematik tiefer gegliedert ist, zumindest hinsichtlich der Sektorengliederung dem Strukturmodell entspricht, ist diese Verknüpfung relativ unproblematisch. Ähnliches gilt für die Energieausgaben der privaten Haushalte, die als Teil des Konsummodells vom Energiemodell festgelegt werden. Die Energiekosten sind Bestandteil der sektoralen Herstellungskosten und damit wichtiger Teil des Preismodells. Die realen Bruttoproduktionswerte lassen sich mit geeigneten absoluten Preisen in physische Produktionen umrechnen, die ihrerseits wichtige Bestimmungsgrößen für den Energieverbrauch sind.

Darüber hinaus ergeben sich aus dem Energiemodell eine Reihe von nichtenergetischen Variablen, insbesondere solche, die die Entwicklung von energieverbrauchenden Kapitalgütern charakterisieren. Dazu gehören unter anderem die Zulassungen der privaten Haushalte an Straßenfahrzeugen, die sich durch Multiplikation mit plausiblen Durchschnittspreisen in die Ausgabekategorie „Verkehr" integrieren lassen sowie die Nachfrage der privaten Haushalte nach fremden Verkehrsleistungen, die im Energiemodell in Personenkilometern berechnet, mit entsprechenden Preisen (Pf pro Personenkilometer) multipliziert ebenfalls in die Ausgabeart „Verkehr“ eingebettet werden können.

Weniger offensichtlich ist die Integration von Energie- und Strukturmodell im Wohnungsbereich, da hier nicht nur die Wohnungszugänge, sondern auch die Modernisierung von Heizungssystemen und Wohnungen mit entsprechenden Preisen versehen werden müssen. Die Bautätigkeitsstatistik liefert zwar Angaben über die Baukosten neu errichteter und modernisierter Wohnungen, Informationen über die Kosten der Erneuerung von Heizungsanlagen fehlen jedoch. Diese Lücke kann durch eigene Schätzungen, die sich aus Heizkostenvergleichen ableiten lassen, gefüllt werden. Mit diesem Ansatz ist zugleich ein Übergang zu den kalkulatorischen Abschreibungen im Bereich Wohnungsvermietung geschaffen, die einschließlich der kalkulatorischen Eigentümermieten ihrerseits als wichtigste Kostenkategorie in diesem Sektor die Herstellungskosten und weiter die Preisentwicklung für Wohnraumvermietung bestimmen.

Charakteristisches Merkmal der Integration von energie- und gesamtwirtschaftlichen Entwicklungen ist die wechselseitige Abhängigkeit. Insofern gilt nicht nur, dass energiewirtschaftliche Größen sektorale und gesamtwirtschaftliche Variablen beeinflussen, sondern dass auch umgekehrte Wirkungsbeziehungen bestehen. Als wichtigster Einflussfaktor für den Energieverbrauch der energieintensiven Bereiche wurde bereits zu Beginn die Produktionsleistung hervorgehoben. Auch in den energieextensiven Sektoren spielt die sektorale Produktion eine wichtige Rolle. Das Transportaufkommen, das die Energieverbräuche im gewerblichen Güterverkehr maßgeblich mitbestimmt, ist unmittelbar mit der Entwicklung transportintensiver Produktionssektoren verbunden. Schließlich beeinflusst das verfügbare Einkommen der privaten Haushalte nicht nur die Ausstattung mit langlebigen, Energie verbrauchenden Kapitalgütern (PKW, Wohnungen), sondern auch deren Nutzung. Diese genannten Größen werden im Strukturmodell errechnet und stellen somit die Interdependenz von energie- und gesamtwirtschaftlichen Zusammenhängen sicher.

Die Verbindung von Flächen- und Energiemodell wird insbesondere über die Struktur der Wohnungszugänge erreicht. Die Kosten der Flächennutzung werden demgegenüber im Strukturmodell abgebildet, wobei zwischen dem Erwerb neuer Flächen und der Nutzung bestehender Flächen zu unterscheiden ist. Während der Flächenerwerb in den Kaufpreis eingerechnet wird und daher über die kalkulatorischen Abschreibungen in die Miete eingeht, ist die Flächennutzung Bestandteil der Miete, hat jedoch keinen direkten Einfluss auf die Preise für Bauland. Im ersten Fall steigen mithin die Preise für Bauinvestitionen und über die Abschreibungen der einzelnen Sektoren auf Bauinvestitionen die Herstellungskosten aller Sektoren, im zweiten Fall nur die Preise im Sektor Vermietung, die allerdings einen erheblichen Einfluss auf die Mietausgaben der privaten Haushalte haben.

2.2.2 Ökonometrisches Vorgehen und Datenbasis

2.2.2.1 Ökonometrisches Vorgehen

Grundsätzlich werden alle Verhaltensgleichungen mit Hilfe der Methode der kleinsten Quadrate (OLS) geschätzt. Versuche, komplexere Schätzverfahren anzuwenden, führten zwar zu ökonometrisch befriedigenden Ergebnissen, lieferten jedoch häufig Parameter, die in Prognose- und Simulationsrechnungen zu Instabilitäten führten.

Wie bereits zu Beginn erwähnt, kann das Modellsystem des RWI als Folge von interdependenten Blöcken rekursiv angeordnet werden, wobei der größte interdependente Block im Strukturmodell 1708 Gleichungen umfasst. Ein besonderes Problem ergibt sich aus der Tatsache, dass im Energieangebot Optimierungsmethoden eingesetzt werden, die sich nicht mit den ökonometrisch geschätzten Teilen nur rekursiv verbinden lassen. Um dennoch eine konsistente Lösung erzeugen zu können, ist eine mehrfache Abstimmung der Modellergebnisse notwendig, die als Gauss-Seidel-Algorithmus über den gesamten Prognose- oder Simulationszeitraum interpretiert werden kann.

Sämtliche Modelle werden mit dem IAS gelöst, das an der Universität Bonn entwickelt wurde und sich in vielen Anwendungen bewährt hat.

Eine besondere Schwierigkeit für die ökonometrischen Analysen resultiert aus der Änderung des Gebietsstandes, die sich als Folge der deutschen Wiedervereinigung ergab, dem Übergang von der Systematik der Wirtschaftszweige (SYPRO) auf die europaweite harmonisierte Klassifikation der Wirtschaftszweige (WZ 93) sowie schließlich aus der Übernahme des Europäischen Systems Volkswirtschaftlicher Gesamtrechnungen (ESVG) von 1995 in die deutsche Volkswirtschaftliche Gesamtrechnung. Die beiden zuletzt genannten Änderungen wurden in den hier beschriebenen Modellen des RWI bislang nicht berücksichtigt. Da die Volkswirtschaftliche Gesamtrechnung allerdings seit 1998 keine Angaben mehr zu den alten Gliederungen und VGR-Konzepten enthält, können die ökonometrischen Analysen – soweit sie sich auf die Volkswirtschaftliche Gesamtrechnung stützen – allenfalls noch das Jahr 1998 einschließen; Schätzungen bis zum aktuellen Rand sind auf Basis der alten VGR nicht mehr möglich.

Gravierender noch als diese Umstellungen dürfte für die ökonometrischen Analysen allerdings die Änderung des Gebietsstandes infolge der

Wiedervereinigung gewesen sein. Zum einen liegen für den neuen Gebietsstand Daten in der für Westdeutschland üblichen Abgrenzung grundsätzlich erst ab 1991 vor. Für eine ökonometrische Analyse der strukturellen Veränderungen von Produktion und Nachfrage, die erfahrungsgemäß mindestens fünf Jahre, in der Regel sogar längere Zeiträume in Anspruch nimmt, ist dieser Zeitraum auf gesamtdeutscher Ebene eindeutig zu kurz. Hinzu kommt, dass in den ersten Jahren der Wiedervereinigung die ostdeutsche Wirtschaft einen gravierenden strukturellen Wandel zu bewältigen hatte, der in dieser Form weder endogen erklärt werden kann noch für Prognosen und Simulationen taugt, da er sich in Zukunft kaum je wiederholen wird. Dieser strukturelle Umbruch lässt sich an nahezu allen in den Modellen des RWI verwendeten Variablen nachweisen, angefangen vom Energieverbrauch und dessen Struktur über das Energieangebot, die sektoralen Produktions- und Kostenstrukturen bis hin zum privaten und öffentlichen Verbrauch und den Sozialversicherungssystemen. Dabei zeigt sich, dass dieser Umbruch vor allem in der ersten Hälfte der neunziger Jahre stattgefunden hat, die Strukturen sich also bis Mitte der neunziger Jahre so weit angenähert haben, dass jene Einflussfaktoren, die in Westdeutschland schon über einen längeren Zeitraum den Wandel der Produktions- und Konsumstrukturen bestimmen, seitdem auch für Ostdeutschland und damit für Deutschland insgesamt gelten.

Aufgrund dieser Beobachtungen beschränken sich die im Modellansatz des RWI verwendeten ökonometrischen Schätzungen bis 1994 allein auf Daten aus den alten Bundesländern. Folglich können Ex-post-Analysen innerhalb des Stützbereichs bis 1994 auch stets nur für die alten Bundesländer ausgewiesen werden. Erst ab 1995 werden die Modellergebnisse für Deutschland insgesamt ausgewiesen, wobei der überwiegende Teil der ökonometrischen Strukturen ab diesem Zeitpunkt aus den Strukturen für die alten Bundesländer auf Deutschland insgesamt übertragen wurde.

2.2.2.2 Daten

Es würde über den Rahmen dieser Modelldokumentation hinausführen, sämtliche in den Modellen verwendeten Daten im Einzelnen zu beschreiben. Grundsätzlich gilt, dass das Energiemodell auf Daten zum Energieverbrauch, zur Energieumwandlung und zum Primärenergieverbrauch zurückgreift, die im Rahmen der Arbeitsgemeinschaft Energiebilanzen erstellt werden. Ergänzt werden diese Daten durch Informationen aus der Elektrizitäts-, Gas- und Mineralölwirtschaft sowie in einigen Fällen auch aus Angaben der Kohlestatistik. Das sektorale Strukturmodell greift auf jährlich berechnete Input-Output-Tabellen zurück, die sowohl in jeweiligen als auch in konstanten Preisen und zusätzlich nach importierten und inländisch erzeugten Gütern vom Statistischen Bundesamt vorgelegt wurden. Diese Daten werden ebenfalls ergänzt um wichtige Informationen zum Arbeits- und Kapitaleinsatz in den produzierenden Sektoren und bei den privaten Haushalten.

Bereits bei der Darstellung der empirischen Grundlagen und der Analyse ausgewählter Entwicklungen für einzelne Flächenkomponenten wurde festgestellt, dass durch die Wiedervereinigung gravierende Verwerfungen in einzelnen Variablen aufgetreten sind. Dies betrifft nicht nur makroökonomische Größen, sondern insbesondere auch spezifische Flächenverbräuche. Während in den alten Bundesländern eine zwar geringe, jedoch vergleichsweise stetige Abnahme der spezifischen Flächenverbräuche zu erkennen ist (vgl. Abb. 2), waren die spezifischen Flächenverbräuche in Ostdeutschland zu Beginn der neunziger Jahre nicht nur signifikant höher, sondern sanken innerhalb weniger Jahre auch zum Teil dramatisch ab. Diese unterschiedliche Entwicklung wäre für die Modellbildung unproblematisch, wenn sich durch Zusammenfassung der Teilgebiete die Sonderentwicklungen aufheben ließen. Dies ist jedoch erkennbar nicht der Fall, im Gegenteil: Die Entwicklung in Deutschland bis Mitte der neunziger Jahre ist maßgeblich geprägt von der Dynamik in Ostdeutschland.

Für ein Modell, das konzeptionell auf die Erklärung langfristiger Entwicklungen angelegt ist, sind solche Sonderentwicklungen nur dann unproblematisch, wenn sie die Prognose- und Simulationseigenschaften des Modells nicht beeinflussen. Um dies analytisch überprüfen zu können, wurden exemplarisch für den Bereich der Gebäude- und Freiflächen zwei Modelle entwickelt und getestet, die sich allein durch den Gebietsstand unterscheiden: Ein Modell für Deutschland insgesamt, das bis Anfang der neunziger Jahre mit Daten für die alten Bundesländer ergänzt wurde, und ein Modell für die alten Bundesländer, das allein auf Daten für Westdeutschland aufgebaut ist. Die Leistungsfähigkeit der beiden Modelle wurde mit Hilfe einer Ex-post-Prognose von 1988 bis 1996 und einer Simulation innerhalb des Stützbereichs getestet, wobei in der Simulation eine Flächenerwerbsteuer angenommen wurde, die 1989 mit einem Betrag von 5 DM pro Quadratmeter eingeführt wird und bis 1996 auf 35 DM je Quadratmeter ansteigt. Die Ergebnisse dieser Analysen sind in Tabelle 9 und Tabelle 10 dargestellt. Nach den dargestellten Umbrüchen im spezifischen Flächenverbrauch dürfte kaum überraschen, dass das Anpassungsverhalten des Deutschland-Modells weniger zufriedenstellend ist als das Modell für die alten Bundesländer. Insbesondere die Preisentwicklung für baureifes Land wird vom zuletzt genannten Modell deutlich besser nachvollzogen als im Deutschland-Modell. Dennoch liegt der mittlere prozentuale Fehler mit 4,6 vH durchaus noch im Bereich der Akzeptanz.

Abb. 2: Durchschnittliche Grundstücksgröße für Wohn- und Nichtwohngebäude in Deutschland

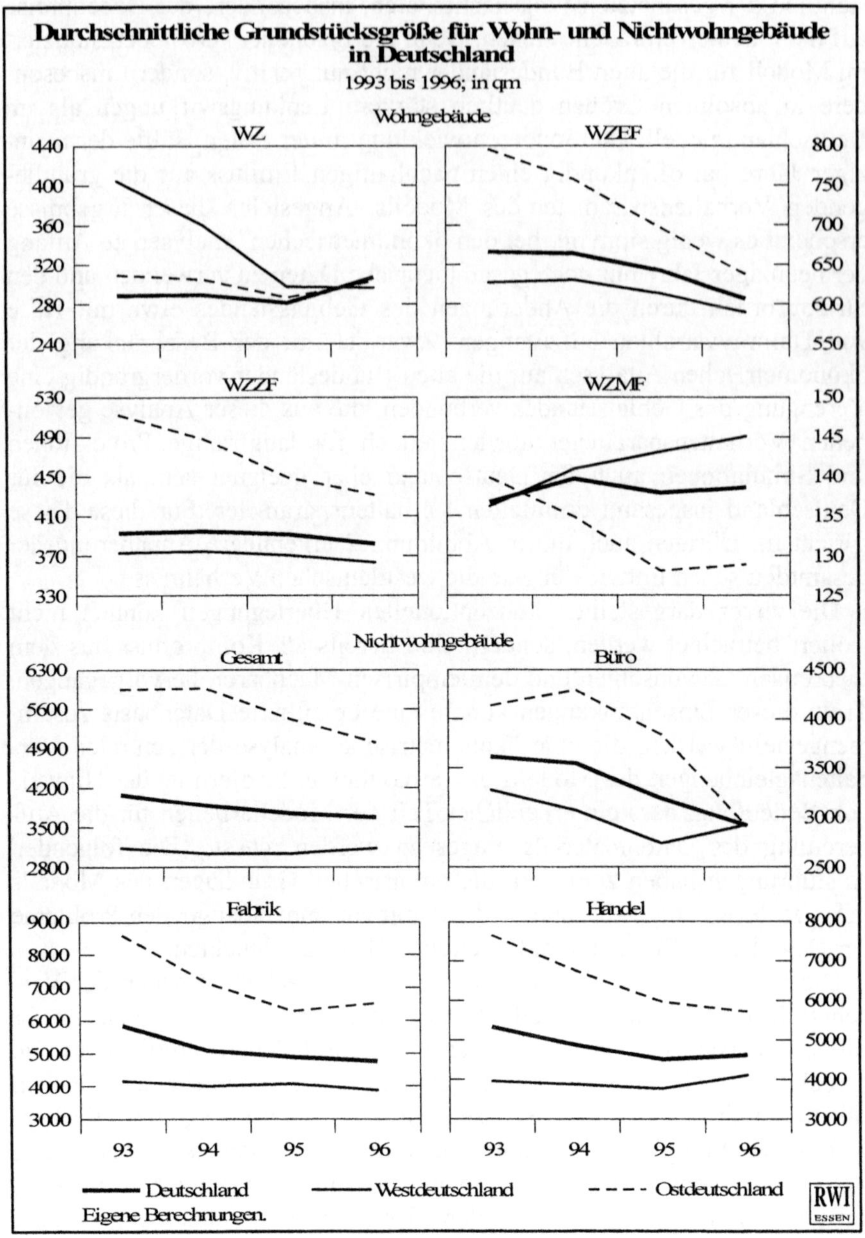

Die Simulation der Flächenerwerbsteuer zeigt jedoch, dass hinter diesem schlechteren Anpassungsverhalten grundlegende Unterschiede hinsichtlich der geschätzten Preiselastitzitäten, insbesondere der Bodenpreise auf die Flächenverbräuche stehen. Denn die Flächenerwerbsteuer induziert im Modell für die alten Bundesländer nicht nur relativ, sondern insbesondere in absoluten Größen deutlich stärkere Lenkungswirkungen als im Deutschlandmodell. Die Sonderentwicklung in der ersten Hälfte der neunziger Jahre hat offenkundig einen nachhaltigen Einfluss auf die grundlegenden Verhaltensparameter des Modells. Angesichts dieser Ergebnisse erscheint es wenig sinnvoll, bei den ökonometrischen Analysen ab Anfang der neunziger Jahre nur noch gesamtdeutsche Daten zu verwenden und den Strukturbruch durch die Änderungen des Gebietsstandes etwa mit Hilfe von Dummyvariablen aufzufangen. Zwar ist mit der Beschränkung der ökonometrischen Analysen auf die alten Bundesländer vordergründig eine Verengung des Gebietsstandes verbunden, die aus dieser Analyse gewonnenen Verhaltensparameter dürften jedoch für langfristige Projektionen und Simulationen auch für Deutschland eher geeignet sein als die für Deutschland insgesamt ermittelten Verhaltensparameter. Für diese These spricht im Übrigen auch die in Abbildung 2 erkennbare Annäherung der gesamtdeutschen Entwicklung an die westdeutschen Verhältnisse.

Die zuvor dargestellten konzeptionellen Überlegungen können nicht isoliert betrachtet werden, sondern sind bereits als Kompromiss aus dem theoretisch Gewünschten und dem empirisch Machbaren hervorgegangen. Trotz dieser Einschränkungen konnte eine detaillierte Datenbasis zusammengestellt werden, die eine ökonometrische Analyse der zentralen Verhaltensgleichungen des Modells erst ermöglichte. Insofern ist der Hinweis von Bedeutung, dass ein erheblicher Teil der Modellarbeiten für die Aufbereitung des Datenmaterials eingesetzt werden musste. Die folgenden Ausführungen haben zum Ziel, die empirischen Grundlagen des Modells offen zu legen und insbesondere die damit zusammenhängenden Probleme der Datenbeschaffung und -aufbereitung näher zu beleuchten.

Die Position „Gebäude- und zugehörige Freifläche“ ist neben der Verkehrsfläche der wichtigste Teil der Siedlungs- und Verkehrsfläche. Zu ihr zählen Flächen mit Gebäuden sowie unbebaute Flächen (Freiflächen), die Zwecken der Gebäude untergeordnet sind. Zu den unbebauten Flächen zählen Hofräume, Vorgärten, Hausgärten, Lagerplätze, Grünflächen, Spielplätze, Stellplätze, Zufahrten und ähnliche Flächen, es sei denn, dass sie wegen eigenständiger Verwendung nach ihrer tatsächlichen Nutzung zuzuordnen sind; zu den unbebauten Flächen gehören außerdem zur Zeit noch nicht bebaute, aber bereits als Bauplätze ausgewiesene Flächen.

Tabelle 9: Das Deutschland-Modell und das Modell für die alten Bundesländer – Ex-Post-Prognose für die Jahre 1988–1996

Variable	Bezeichnung	MAPE	MEAN	MAE	RMSE
		Deutschland			
GFF	Gebäude- und Freifläche in Mio. qm	0,06	-8,829	9,323	12,196
GFFHA	Zugang Gebäude- und Freifläche in ha/Tag	2,43	0,068	1,633	2,322
GFFWZ	Zugang Fläche für Wohnzwecke in Mio. qm	1,23	0,042	1,381	1,928
GFFWZEF	Zugang Fläche für EFH in Mio. qm	1,46	0,037	0,954	1,195
GFFWZMF	Zugang Fläche für MFH in Mio. qm	1,45	-0,02	0,429	0,710
GFFWZZF	Zugang Fläche für ZFH in Mio. qm	1,36	0,025	0,257	0,358
PBAUREIF	Preis für baureifes Land in DM/qm	4,04	-0,003	4,516	7,416
PXFEEF	Preis für Flächenerwerb EFH in DM/qm	3,70	-0,004	4,605	7,532
PXFEMF	Preis für Flächenerwerb MFH in DM/qm	3,35	-0,007	4,555	7,362
PXFEZF	Preis für Flächenerwerb ZFH in DM/qm	3,60	-0,005	4,556	7,422
SGFWZEF	Spezifischer Flächenzugang EFH	1,51	0,001	0,071	0,089
SGFWZMF	Spezifischer Flächenzugang MFH	1,15	0,000	0,022	0,031
SGFWZZF	Spezifischer Flächenzugang ZFH	1,64	0,001	0,063	0,090
		Alte Länder			
GFF	Gebäude- und Freifläche in Mio. qm	0,03	1,195	4,119	4,415
GFFHA	Zugang Gebäude- und Freifläche in ha/Tag	1,47	0,068	0,755	1,016
GFFWZ	Zugang Fläche für Wohnzwecke in Mio. qm	1,00	-0,026	0,935	1,118
GFFWZEF	Zugang Fläche für EFH in Mio. qm	1,15	0,040	0,652	0,816
GFFWZMF	Zugang Fläche für MFH in Mio. qm	2,48	-0,071	0,623	0,828

Tabelle 9: (Fortsetzung)

Variable	Bezeichnung	MAPE	MEAN	MAE	RMSE
		Alte Länder			
GFFWZZF	Zugang Fläche für ZFH in Mio. qm	0,78	0,005	0,124	0,145
PBAUREIF	Preis für baureifes Land in DM/qm	0,56	-0,007	0,748	0,824
PXFEEF	Preis für Flächenerwerb EFH in DM/qm	0,52	-0,006	0,762	0,886
PXFEMF	Preis für Flächenerwerb MFH in DM/qm	0,45	-0,004	0,710	0,787
PXFEZF	Preis für Flächenerwerb ZFH in DM/qm	0,56	-0,006	0,836	0,929
SGFWZEF	Spezifischer Flächenzugang EFH	1,30	0,001	0,060	0,072
SGFWZMF	Spezifischer Flächenzugang MFH	1,65	0,000	0,032	0,039
SGFWZZF	Spezifischer Flächenzugang ZFH	0,93	0,000	0,035	0,036

Für eine sektoral differenzierte Modellbildung wäre es wünschenswert, die Gebäude- und Freifläche, die heterogene Teilpositionen enthält, tiefer disaggregiert zu betrachten. Grundsätzlich könnte man hier auf die in der Flächennutzungserhebung ausgewiesenen 10er-Positionen des AdV-Verzeichnisses (Öffentliche Zwecke, Wohnen, Handel und Dienstleistungen, Gewerbe und Industrie, Mischnutzung mit Wohnen, Verkehrsanlagen, Versorgungsanlagen, Entsorgungsanlagen, Land- und Forstwirtschaft, Erholung, ungenutzt) zurückgreifen. Dabei stößt man allerdings schnell auf Probleme, denn selbst in der Erhebung 1997 werden diese 10er-Positionen nicht flächendeckend ausgewiesen, da die Angaben verschiedener Länder fehlen; neben Berlin fehlen die Angaben Schleswig-Holsteins, von den neuen Ländern liegen lediglich für Brandenburg Daten vor.

Zeitreihen lassen sich flächendeckend weder für die alten noch für die neuen Länder ableiten, da in den früheren Erhebungen noch weniger Länder Angaben machen konnten. Eine gewisse Vorstellung über die Entwicklung der 10er-Positionen zwischen 1989 und 1996 lässt sich immerhin aus den vollständigen Angaben der drei Bundesländer Niedersachsen, Nordrhein-Westfalen und Rheinland-Pfalz gewinnen, die ca. 40 vH der Gesamtfläche der alten Länder repräsentieren.[27]

---

[27] 1993 liegt auch für Hessen, Hamburg und das Saarland eine vollständige Aufschlüsselung vor, für Baden-Württemberg, Berlin und Bremen werden die Flä-

Tabelle 10: Simulation einer Flächenerwerbsteuer – 1989–1996, Abweichungen von der jeweiligen Referenzlösung

Variable	Bezeichnung	Deutschland		Alte Länder	
		in vH	absolut	in vH	absolut
GFF	Gebäude- und Freifläche in Mio. qm	-0,02	-4,054	-0,06	-10,617
GFFHA	Zugang Gebäude- und Freifläche in ha/Tag	-0,62	-0,481	-2,15	-1,213
GFFWZ	Zugang Fläche für Wohnzwecke in Mio. qm	-1,24	-1,756	-4,12	-4,429
GFFWZEF	Zugang Fläche für EFH in Mio. qm	-1,15	-0,924	-4,33	-2,562
GFFWZMF	Zugang Fläche für MFH in Mio. qm	-1,21	-0,460	-5,29	-1,530
GFFWZZF	Zugang Fläche für ZFH in Mio. qm	-1,59	-0,372	-1,73	-0,337
PBAUREIF	Preis für baureifes Land in DM/qm	-0,01	-0,016	-0,32	-0,443
PXFEEF	Preis für Flächenerwerb EFH in DM/qm	10,66	15,726	8,97	15,517
PXFEMF	Preis für Flächenerwerb MFH in DM/qm	9,85	15,811	8,72	16,281
PXFEZF	Preis für Flächenerwerb ZFH in DM/qm	10,54	15,797	8,73	15,268
SGFWZEF	Spezifischer Flächenzugang EFH	-1,85	-0,088	-3,84	-0,166
SGFWZMF	Spezifischer Flächenzugang MFH	-1,21	-0,024	-5,29	-0,095
SGFWZZF	Spezifischer Flächenzugang ZFH	-2,14	-0,081	-1,29	-0,047

Angaben zu den Grundstücksflächen (und Grundflächen) von Wohnungszugängen lassen sich aus der Bautätigkeitsstatistik gewinnen. Dabei ist zu berücksichtigen, dass

chen für Wohnen und Gewerbe ausgewiesen, während für Bayern und Schleswig-Holstein keine Unterpositionen der Gebäude- und Freifläche ausgewiesen werden. 1989 werden die Angaben noch lückenhafter. Immerhin dürfte es möglich sein, für das alte Bundesgebiet einigermaßen fundierte Schätzungen – zumindest für die wichtigen Positionen Wohnen und Gewerbe/Industrie – für den Zeitraum 1989 bis 1997 vorzulegen.

- die Flächen sich auf Baugenehmigungen, nicht auf Fertigstellungen beziehen;
- die Angaben für Bayern fehlen; die hier verwendeten Durchschnitte für die Grundstücksflächen exakt nur für das Bundesgebiet ohne Bayern gelten;
- die Grundstücks- und Grundflächen nur für den Zeitraum 1979 bis 1996 ausgewiesen werden;
- entsprechende Erhebungen nach 1996 nicht mehr durchgeführt werden.[28]

Für die neuen Länder liegen lediglich Angaben für den Zeitraum 1993 bis 1996 vor.

Möglicherweise weicht der auf der Basis der Bautätigkeitsstatistik berechnete Flächenzuwachs von der Flächennutzungserhebung und den dort ausgewiesenen Zuwächsen zwischen 1993 und 1997 ab. Die Gründe dafür können sein,

- dass die Abgrenzungen in den beiden Statistiken nicht ganz dekkungsgleich sind (z.B. bei der Erfassung von Gebäuden mit Mischnutzung);
- dass die Angaben zu durchschnittlichen Grundstücksflächen aus der Genehmigungsstatistik entnommen wurden;
- dass bei den Berechnungen mit der Bautätigkeitsstatistik ein Flächenzugang ausgewiesen wird, auch wenn ein Gebäude auf einem Grundstück entsteht, das durch den Abgang von Wohnungen frei geworden ist; in der Flächennutzungserhebung verändert sich hingegen die Flächennutzung nicht;
- dass in der Flächennutzungsstatistik immer wieder (und auch 1997 noch) darauf verwiesen wird, dass die Vergleichbarkeit der Daten zweier Erhebungen durch Umwidmungen und Neuzuordnungen erheblich beeinträchtigt wird.

Trotz dieser Einschränkungen erscheint es durchaus vertretbar, mit den aus der Bautätigkeitsstatistik abgeleiteten Angaben zu durchschnittlichen Grundstücks- und Grundflächen zu arbeiten, zumal andere Quellen mit jährlichen Informationen (noch) nicht verfügbar sind.

---

[28] Rückschlüsse auf die Grundstücksgrößen des Gebäudebestandes ermöglicht auch die Gebäudestichprobe 1993.

Die Angaben aus der Bautätigkeitsstatistik ermöglichen im Übrigen auch Rückschlüsse auf den Versiegelungsgrad der Gebäudeflächen für Wohnzwecke (bzw. für die Zugänge): Legt man das aus der Bautätigkeitsstatistik abgeleitete Verhältnis Grundfläche/Grundstücksfläche zugrunde, so dürften 25 bis 30 vH dieser Flächen versiegelt sein, wobei auch hier zwischen verschiedenen Häusertypen differenziert werden kann (s. hierzu auch den Abschnitt zur Versiegelung).

Aus der Flächennutzungserhebung lassen sich nur für Niedersachsen, Nordrhein-Westfalen und Rheinland-Pfalz für drei Jahre (1988, 1992, 1996) Angaben zu den für Nichtwohngebäude beanspruchten Teilflächen entnehmen. Insofern dürfte auch hier ein Rückgriff auf die Baugenehmigungsstatistik sinnvoll sein, da sich darin (wiederum nur für die Jahre 1979–1996 und ohne Bayern) Angaben zu Grundstücks- und Grundflächen finden, wobei unterschieden wird zwischen Anstaltsgebäuden, Büro- und Verwaltungsgebäuden, landwirtschaftlichen Betriebsgebäuden, Fabrik- und Werkstattgebäuden, Handels- und Lagergebäuden, Hotels und Gaststätten sowie sonstigen Nichtwohngebäuden. Aussagen zur Flächeninanspruchnahme durch den Zugang durch Nichtwohngebäude lassen sich gewinnen, indem man die ermittelten Werte für die durchschnittliche Grundstücksfläche mit den Baufertigstellungen multipliziert. Zur Baugenehmigungsstatistik bestehen dabei folgende Unterschiede bzw. Gemeinsamkeiten: In der Baufertigstellungsstatistik sind auch Angaben zur Fertigstellung (differenziert nach Nichtwohngebäudetypen) nach 1996 enthalten und alle Angaben sind inklusive Bayerns; außerdem wird ebenso wie bei den Genehmigungen die jeweilige Nutzfläche ausgewiesen.

Wie bereits erwähnt lassen sich Zeitreihen für Unterpositionen der Gebäude- und Freifläche flächendeckend aus den Flächenerhebungen weder für die alten noch für die neuen Länder ableiten. Die Ergebnisse müssen daher anhand von Plausibilitätsüberlegungen geprüft werden.

Bezogen auf das frühere Bundesgebiet betrug das Wachstum der Gebäude- und zugehörigen Freifläche 44,2 ha/Tag zwischen 1989 und 1992 und 58,6 ha/Tag zwischen 1993 und 1996. Nach den Berechnungen im Abschnitt „Wohnen“ hat die für Wohnzwecke genutzte Fläche in den alten Ländern zwischen 1989 und 1992 um 23,5 ha/Tag und zwischen 1993 und 1996 um 32,5 ha/Tag zugenommen. Das hier berechnete Wachstum der Nichtwohngebäudefläche beträgt 26 ha/Tag zwischen 1993 und 1996 und 26,5 ha/Tag zwischen 1989 und 1992. Für den Zeitraum 93/96 wird damit das gewünschte Ergebnis praktisch genau getroffen, für 89/92 liegt der aus der Bautätigkeitsstatistik berechnete Zuwachs (wie auch im Fall der Wohngebäude) etwas zu hoch. Ähnlich wie bei der Wohnfläche ist dabei zu bedenken,

- dass die Abgrenzungen in den beiden Statistiken nicht ganz dekkungsgleich sind;
- dass die Angaben zu durchschnittlichen Grundstücksflächen aus der Genehmigungsstatistik entnommen wurden;
- dass bei den Berechnungen mit der Bautätigkeitsstatistik ein Flächenzugang ausgewiesen wird, auch wenn ein Gebäude auf einem Grundstück entsteht, das durch den Abgang von Gebäuden frei geworden ist, während sich dadurch in der Flächennutzungserhebung die Flächennutzung nicht verändert (erklärt mgl. den hier berechneten „Mehrverbrauch“);
- dass in der Flächennutzungsstatistik regelmäßig darauf hingewiesen wird, dass die Vergleichbarkeit der Daten zweier Erhebungen durch Umwidmungen und Neuzuordnungen beeinträchtigt wird.

Neben der Gebäude- und Freifläche ist vor allem die Verkehrsfläche für die Entwicklung des Flächenverbrauchs verantwortlich. Zur Verkehrsfläche zählen Flächen, die dem Straßen-, Schienen- oder Luftverkehr dienen, einschließlich Wege (auch Feld- und Fußwege, soweit sie nach allgemeiner Auffassung als Wege zu bezeichnen sind), Plätze (auch Markt-, Park- und Rastplätze) und Anlagen (ohne Gebäude) für den Schiffsverkehr. Im früheren Bundesgebiet lag ihr Anteil an der Gesamtfläche bei 5,3 vH, das Wachstum 1993–97 betrug 1,8 vH bzw. 16,2 ha/Tag. Der Anteil der Verkehrsflächen in den neuen Ländern und Berlin-Ost lag nur bei 3,4 vH, das Wachstum 1993–97 belief sich auf 3,0 vH bzw. 7,4 ha/Tag.

Eine wichtige Unterposition der Verkehrsfläche sind „Straßen, Wege, Plätze“. Hierbei handelt es sich um Flächen, die nach allgemeiner Auffassung als Straßen, Wege bzw. Plätze zu bezeichnen sind. Als Straßen werden auch zugehörige Flächen wie Trenn- und Seitenstreifen, Brücken, Böschungen und Gräben, Rad- und Gehwege, Parkstreifen und ähnliche Einrichtungen nachgewiesen. Als Wege zählen auch Fahr- und Fußwege. Als Plätze gelten vor allem Flächen, die überwiegend dem Verkehr oder zum Abhalten von Märkten dienen und allgemein als Platz bezeichnet werden, einschl. Markt-, Park- und Rastplätze. Im früheren Bundesgebiet nahm diese Unterposition 4,8 vH der Fläche ein, das Wachstum 1993–97 lag bei 1,2 vH bzw. 9,3 ha/Tag. 1993 lag der Flächenanteil in den neue Ländern bei 2,9 vH (1997 fehlen die Angaben Berlins und Thüringens).

Für das Projekt ist allerdings eine differenzierte Unterteilung der Verkehrsfläche (10er-Positionen des AdV-Verzeichnisses) erforderlich, da dies die Zurechnung auf verschiedene Verkehrsträger erlauben würde. Differenzierte Angaben liegen mit der Flächennutzungserhebung 1997 für die alten Länder vor. Zeitreihen lassen sich hingegen nur mit größeren Schwierigkeiten herleiten; für 1989 liegen vollständige Angaben zu den 10er-Positionen nur für Niedersachsen, Nordrhein-Westfalen, Hamburg und Rheinland-Pfalz vor, 1993 kommen noch Hessen und das Saarland hinzu.

Die genauere Betrachtung der Unterpositionen in den Bundesländern zeigt im Übrigen, dass die in der Erhebung 1997 ausgewiesene Straßenfläche nicht mit denen der Vorerhebungen vergleichbar ist: Rheinland-Pfalz hat in diesem Jahr (und in dieser Größenordnung als einziges Bundesland) die neue Position Straßenbegleitfläche gefüllt und 13.245 ha ausgewiesen. Diese Fläche muss, um eine Vergleichbarkeit mit den Vorjahren herzustellen, auf die anderen 10er-Positionen verteilt werden. Berücksichtigt man diese Umwidmung, ist die Straßenverkehrsfläche in den alten Ländern zwischen 1993 und 1996 also nicht nur um 13542 ha (bzw. 9,3 ha/Tag), sondern um nahezu das Doppelte um ca. 25200 ha (bzw. 17,3 ha/Tag) gewachsen.

Der Rückgang der Straßenfläche zwischen 1988 und 1992 dürfte bei genauerer Betrachtung nur auf eine Umwidmung von Straßen- in Wegefläche in Rheinland-Pfalz zurückzuführen sein; hier dürfte lediglich die Summe aussagekräftig sein. Überhaupt ist die Aufteilung Straße/Weg sehr problematisch. Zwischen Bundesländern existieren hier extreme Schwankungen, die so nicht ganz nachvollziehbar scheinen (in Niedersachsen werden z.B. ca. 40 vH der gemeinsamen Fläche Straße und Wege den Wegen zugerechnet, in Rheinland-Pfalz hingegen 60 vH).

Vergleicht man die obigen Hochrechnungen mit den Angaben aus den Flächennutzungsstatistiken, so zeigt sich, dass die Flächenzunahme für den Zeitraum 1988–1992 leicht überschätzt (15,2 gegenüber 13,6 ha/Tag), für 1993–1996 leicht unterschätzt wird (15,9 gegenüber 17,3 ha/Tag). Insgesamt bleibt festzuhalten, dass man mit Hilfe dieser Schätzungen differenzierte Verkehrsflächenangaben für die drei Zeitpunkte 1988, 1992 und 1996 ermitteln kann; in Zukunft wird mit der fortschreitenden Automatisierung der Liegenschaftskataster das Problem verschwinden.

Zu den sonstigen Flächen gehören die Betriebsflächen, die als unbebaute Flächen überwiegend gewerblich, industriell oder für Zwecke der Ver- und Entsorgung genutzt werden, sofern diese Flächen nicht in die Position Gebäude- und zugehörige Freifläche einzubeziehen sind. Zur Betriebsfläche gehören – neben dem weiter unten behandelten Abbauland – Halden, Lagerplätze, Deponien und dergleichen.

Die Zahlen für die neuen Länder dürften aber durch Umwidmungen/Neuausweisungen stark verzerrt sein (1993 wurden in den neuen Ländern lediglich 590 ha als übrige Betriebsfläche ausgewiesen); daher werden im Folgenden nur die alten Länder betrachtet.

Die Aufteilung der übrigen Betriebsflächen auf verschiedene Nutzungsarten (10er-Positionen des AdV-Nutzungsartenverzeichnisses) liegt inzwischen für Niedersachsen, Nordrhein-Westfalen und Rheinland-Pfalz vor.

Beim Abbauland handelt es sich um unbebaute Flächen, die durch Abbau der Bodensubstanz genutzt werden. Das Abbauland ist eine Unterposition der Betriebsfläche, zählt aber zur Siedlungs- und Verkehrsfläche. Von der Bodenfläche des früheren Bundesgebietes wurden in der Flächenerhebung 1997 87.544 ha oder 0,4 vH als Abbauland ausgewiesen, womit das Wachstum gegenüber der Erhebung 1993 ca. 2,1 vH bzw. 1,2 ha/Tag betrug. In den neuen Bundesländern besitzt Abbauland mit 101.899 ha oder ca. 1,0 vH der gesamten Bodenfläche – trotz eines leichten Rückgangs von -0,1 vH bzw. -0,1 ha/Tag gegenüber 1993 – weiterhin ein größeres Gewicht.

Aus umweltpolitischer Sicht ist zu beachten, dass die Flächeninanspruchnahme über einen längeren Zeitraum betrachtet wesentlich höher ist als aus der Flächenerhebung hervorgeht, die lediglich die aktuell genutzten Betriebsflächen ausweist.[29] Beim Rohstoffabbau werden jedoch laufend erschöpfte Lagerstätten aufgegeben, und es findet eine Wanderung zu noch nicht ausgebeuteten Vorkommen statt. Damit wächst die stillgelegte Abbaufläche, die ökologisch nicht immer unproblematisch ist (z.B. langfristige Störung der Wasserverhältnisse durch Grundwasserabsenkung). Für das Projekt wird darauf verzichtet, die stillgelegten Flächen zu erfassen:

- Rekultiviertes Abbauland wird je nach Folgenutzung in den Positionen Landwirtschaftsfläche, Waldfläche, Erholungsfläche, Gebäude- und Freifläche oder Verkehrsfläche erfasst.[30] Es liegen allerdings keine Informationen vor, inwiefern diese Flächen weiterhin als problematisch anzusehen sind. Die Flächen sind außerdem zum Teil ohnehin in der Siedlungs- und Verkehrsfläche enthalten.
- Stillgelegtes, nicht rekultiviertes Abbauland wird in der Position Unland erfasst und müsste prinzipiell berücksichtigt werden; hierzu sind allerdings praktisch keine Daten verfügbar.

Zum Abbauland gehören Flächen, auf denen Sand, Kies, Lehm, Ton, Mergel, Gestein, Erz, Kohle, Torf und Lava abgebaut werden. Im Modell-

[29] Die Betriebsfläche reflektiert auch nur unvollkommen die durch den Rohstoffabbau „beeinträchtigte Fläche“. So umfasst die Betriebsfläche im Lausitzer Braunkohlerevier ca. 36.900 ha, die Grundwasserabsenkung um bis zu 80 m erfolgte jedoch auf einer Fläche von ca. 250.000 ha.

[30] Nur für den Braunkohleabbau existieren (flächendeckend) statistische Angaben zur gesamten Landinanspruchnahme (Betriebsflächen und rekultivierte Flächen).

ansatz des RWI wird unterschieden zwischen Abbauland des Braunkohle-Tagebaus (ABBBK) und Abbauland der Sand-, Kies- und Natursteinindustrie (ABBSKN).

Der Braunkohleabbau konzentriert sich auf drei große (Rheinland, Lausitz, Mitteldeutschland) und drei kleine Reviere (Helmstedt, Hessen, Bayern). Die Datenlage ist für diesen Bereich verhältnismäßig günstig, da für die alten Bundesländer bis 1965 zurückreichende Informationen zur Flächeninanspruchnahme durch den Braunkohlebergbau vorliegen. Für die neuen Bundesländer liegen allerdings bis 1990 nur Angaben zum Lausitzer Revier vor.

Neben dem Braunkohle-Tagebau ist in Deutschland vor allem der Abbau von Sand, Kies und Naturstein für die Inanspruchnahme von Flächen als Abbauland von Bedeutung. Der Abbau dieser oberflächennahen Rohstoffe erfolgt praktisch über das ganze Bundesgebiet verstreut;[31] die Industrie ist eher mittelständisch strukturiert (mehr als 60 vH der Betriebe haben weniger als 20 Beschäftigte). Aus diesen Gründen ist die Informationslage hier erheblich schlechter als für den Braunkohlebergbau.

Erholungsflächen sind unbebaute Flächen, die überwiegend dem Sport, der Erholung oder dazu dienen, Tiere oder Pflanzen zu zeigen. Hierzu gehören Grünanlagen (Parks, Liegewiesen, Bolzplätze, Schrebergärten, Wochenendplätze, Wildgehege sowie unbebaute Flächen von zoologischen oder botanischen Gärten), Sportflächen und Campingplätze. Im früheren Bundesgebiet betrug ihr Anteil 0,8 vH, das Wachstum 1993-97 belief sich auf 5,4 vH bzw. 6,8 ha/Tag (davon Grünanlagen: 0,5 vH, Wachstum 1993-97: ca. 5,9 vH bzw. 4,5 ha/Tag). In den neuen Ländern und Berlin-Ost lag der Anteil bei 0,4 vH, das Wachstum 1993-97 bei 4,9 vH bzw. 1,3 ha/Tag.

Die Datenlage ist wie bei den anderen Flächennutzungsarten nicht voll befriedigend. Für die Hauptposition Erholungsfläche existiert immerhin eine Zeitreihe seit der ersten Erhebung 1979, für die wichtigste Unterposition Grünanlagen fehlen in den früheren Erhebungen die Angaben einzelner Länder (ab 1989 fehlen nur noch Schleswig-Holstein sowie ab 1993 West-Berlin, so dass hier relativ problemlos Schätzungen für das Bundesgebiet hergeleitet werden können). Für die anderen Unterpositionen Sportflächen und Campingplätze liegen noch weniger Länderdaten vor; insgesamt lassen sich aber mit den vorhandenen Angaben zumindest für 1997 (und mit einigen Abstrichen für 1993) für die alten Länder gute Hochrechnungen erstellen. Für die neuen Länder liegen aber auch 1997 nur Angaben zur Hauptposition vor.

---

[31] Natürlich sind einzelne Regionen – in Abhängigkeit von den Rohstoffvorkommen – besonders betroffen; dennoch ist die Konzentration weitaus geringer als im Braunkohleabbau.

Jahreswerte lassen sich hier angesichts der stetigen Entwicklung wohl ohne gravierende Fehler durch Interpolation erzeugen. Für die Jahre 1992 bis 1996 betrug die tägliche Zunahme der Erholungsfläche nach diesen Berechnungen 6,7 ha, wozu die Sportflächen mit 1,6 ha, Grünanlagen mit 4,4 ha und Campingplätze mit 0,2 ha beitrugen (d.h. ca. 0,5 ha werden hier nicht erklärt; das lässt sich auf die Ungenauigkeiten der Hochrechnungen, aber auch auf die Position restliche/nicht aufgeteilte Erholungsflächen zurückführen). Erholungsflächen (insbesondere Grünanlagen) sind möglicherweise ökologisch weniger problematisch, weisen aber ein erhebliches Wachstum auf.

Angaben zur Friedhofsfläche liegen zwar (für die alten Länder) für die drei Flächennutzungserhebungen 1989–1997 vor, die Vergleichbarkeit ist aber erheblich beeinträchtigt, weil parkähnliche Friedhofsanlagen sukzessive aus der Position Grünanlagen aus- und in die Friedhofsfläche eingegliedert wurden (besonders deutlich zu sehen bei Nordrhein-Westfalen, wo die Friedhofsfläche von 1989 bis 1997 um mehr als 25 vH zugenommen hat). Auffällig auch die Unterschiede zwischen alten und neuen Ländern: Während die Fläche in den alten Ländern (korrigiert um die Umgliederungen) leicht ansteigt, geht sie in den neuen Ländern zurück.

2.2.3 Besonderheiten des Modells

Aus der Darstellung der einzelnen Modellteile lassen sich einige konstruktive Besonderheiten ableiten, die zum Teil erhebliche Unterschiede zu anderen Modelltypen begründen. Hervorzuheben sind

- die explizite Erfassung von Kapitalstöcken zur Erklärung von Energieangebot und -verbrauch, die auch bei der Erklärung der Nachfrage nach anderen Produktionsfaktoren (Rohstoffeinsatz, Nachfrage nach Arbeitskräften) verwendet werden;
- die über den Kapitalstock erfasste Implementation verschiedener Techniken insbesondere im Bereich der energieintensiven Produktionsprozesse (Chemie, Eisen- und Stahl, NE-Metalle, HZPP);
- die Ergänzung der Emissionen um Vermeidungstechniken und deren Kosten;
- die Berücksichtigung von raumwirtschaftlichen Aspekten für die Erklärung des Flächenverbrauchs. Insofern geht das Flächen-Modell deutlich über die bislang verfolgten Modellansätze hinaus;

- die Berücksichtigung von Angebotselementen, insbesondere die mögliche Einbindung von kommunalen Finanzierungsüberlegungen in die Flächennutzung.

3 Simulationen

3.1 Spektrum der Simulationsmöglichkeiten

Es existieren verschiedene Arten von Simulationen mit makroökonometrischen Modellen[32]: Allgemein kann eine Simulation wie folgt beschrieben werden. Zu gegebenen Pfaden (d.h. Verläufen) der exogenen Variablen, bestimmten Werten für die Parameter und bestimmten Realisationen der Störgrößen werden durch das Modell die Pfade der endogenen Variablen berechnet. Im Folgenden werden verschiedene Kriterien dargestellt, anhand derer die im Projekt durchgeführten Simulationen eingeordnet werden können.

Historische Basissimulationen (Ex-post-Simulationen) finden in dem Zeitbereich statt, in dem sowohl der Verlauf der exogenen Variablen als auch der tatsächliche Verlauf der endogenen Variablen bekannt sind. Oft deckt sich diese Zeitspanne in etwa mit dem Stützzeitraum des Modells, also dem Zeitbereich, der für die Schätzung der Modellparameter verwendet wurde. Bei einer historischen Basissimulation wird für alle exogenen Variablen der tatsächlich beobachtete Verlauf unterstellt. Die Verläufe der endogenen Variablen werden vom Modell errechnet und können mit den tatsächlich beobachteten Werten verglichen werden. Aus dem Vergleich zwischen Modelllösung und in der Realität beobachteten Verläufen kann darauf geschlossen werden, inwieweit das Modell die maßgeblichen Zusammenhänge der Realität erfasst. Ein solcher Vergleich kann auf Basis von Maßzahlen (z.B. mittlere prozentuale Abweichung) oder einfach durch gemeinsame Darstellung von tatsächlichem und simuliertem Verlauf in einem Schaubild erfolgen. Eine kritische Diskussion von verschiedenen Maßzahlen zur Anpassungsgüte findet sich im Beitrag zum RWI-Modell in Abschnitt 4.2.2.1.

---

[32] Einen Überblick über die Funktion und Durchführung von Simulationen mit makroökonometrischen Modellen findet man bei Fair (1984), Kap. 7-9, Intriligator, Bodkin, Hsiao (1996), Kap. 16, sowie Pindyck, Rubinfeld (1998), Kap. 13, 14.

Mit *Ex-ante-Simulationen* können Modellprognosen für zukünftige Entwicklungen erstellt werden. Da sie sich auf die noch nicht beobachtete Zukunft richten, muss der unbekannte Verlauf der exogenen Variablen vorgegeben werden. Auf dieser Basis werden mit dem Modell die zukünftigen Verläufe der endogenen Variablen errechnet. Man kann bei Ex-ante-Simulationen zwischen Ex-ante-Basissimulationen und Ex-ante-Politik-Simulationen unterscheiden.

Bei *Ex-ante-Basissimulationen* wird für die zukünftige Entwicklung der exogenen Variablen der zum Zeitpunkt der Prognose am plausibelsten erscheinende Verlauf angenommen. Bezüglich der Setzung von Politikvariablen geht man dabei meist von der aktuellen Gesetzeslage bzw. von bereits für die Zukunft fest beschlossenen Regelungen aus. Tritt z.B. in einem Modell die Mehrwertsteuer als exogene Politikvariable auf, so ist es für Prognosen plausibel, diese auf dem aktuellen Stand zu belassen.

Mit *Ex-ante-Politiksimulationen* kann die Wirkung der Veränderung bestimmter Politikvariablen auf die endogenen Variablen untersucht werden. Eine typische Fragestellung im vorliegenden Kontext ist z.B.: „Wie wirkt sich eine weitere Erhöhung der Steuersätze der ökologischen Steuerreform über das Jahr 2003 hinaus auf die Zahl der Arbeitsplätze, das Bruttoinlandsprodukt und den CO_2-Ausstoß aus?" Neben der unter einem solchen Politikszenario prognostizierten absoluten Höhe der endogenen Variablen kann deren Veränderung im Vergleich zum Basisszenario ermittelt werden. Unter Fortführung des vorstehenden Beispiels erhält man also eine Antwort auf die Frage: „Um wie viel verändern sich die Zahl der Arbeitsplätze, das Bruttoinlandsprodukt und der CO_2-Ausstoß, wenn die Ökosteuersätze nach 2003 weiter erhöht werden, verglichen mit einer Einfrierung dieser Steuersätze auf dem Stand von 2003?".

Nach der Art der Behandlung der verzögerten endogenen Variablen kann zwischen *dynamischen* und *statischen Simulationen* unterschieden werden. Während bei der statischen Simulation die tatsächlich beobachteten Werte der in den Erklärungsansätzen auftretenden verzögerten endogenen Variablen in die Lösung eingesetzt werden, werden in der dynamischen Simulation die im Modell berechneten Werte der Vorperiode für die verzögerten endogenen Variablen der Folgeperiode eingesetzt. Die in dieser Studie durchgeführten Ex-ante-Simulationen sind alle dynamisch.

Bei den meisten Politiksimulationen wird wie folgt vorgegangen: Man gibt einen Pfad von politischen Instrumentvariablen exogen vor und benutzt das Modell, um den Einfluss dieser Politikmaßnahme auf die interessierenden endogenen Zielvariablen zu finden. Bei sog. *Zielvariablen-Simulationen* hingegen wird der Pfad einer endogenen Zielvariablen (z.B. Verlauf der Zunahme der Siedlungs- und Verkehrsfläche) vorgegeben. Mit dem Modell wird dann ein Pfad einer bestimmten exogenen Variablen berechnet, so dass der vorgegebene Pfad der Zielvariablen getroffen wird. Mit Hilfe des Modells könnte also folgendes Problem angegangen werden: „Man finde einen Verlauf von Flächenerwerbsteuern, so dass sich die Zunahme der Siedlungs- und Verkehrsfläche in jedem Jahr um 5% verringert." Es wird also der Frage nachgegangen, in welchem Ausmaß eine bestimmte Politikmaßnahme ergriffen werden muss, um ein gegebenes politisches Ziel zu erreichen.

Als letztes Kriterium zur Klassifikation von Simulationen soll noch kurz auf die Unterscheidung zwischen *deterministischen* und *stochastischen Simulationen* eingegangen werden. Dazu ist zunächst festzustellen, dass in die Ergebnisse einer Simulation im Allgemeinen drei Unsicherheitsquellen eingehen. Die Verhaltensgleichungen enthalten eine (additive) stochastische Störgröße; die Parameter des Modells sind geschätzt; der zukünftige Verlauf bestimmter exogener Variablen ist unbekannt und muss vorhergesagt werden.

Bei einer deterministischen Simulation werden die Störgrößen auf den Wert Null gesetzt, die Parameter nehmen den geschätzten Wert an, und für die exogenen Variablen wird ein bestimmter Pfad vorgegeben. Auf dieser Basis wird dann eine Lösung des Modells, d.h. für jede der endogenen Variablen ein Pfad berechnet.

Das genaue Vorgehen bei den stochastischen Simulationen hängt davon ab, welche der oben genannten Formen von Unsicherheit berücksichtigt werden sollen. Allgemein kann diese Simulationsvariante wie folgt skizziert werden. Anders als bei der deterministischen Simulation wird die Lösung (d.h. die Pfade der endogenen Variablen) des Modells nicht nur für eine bestimmte Festlegung von Parametern und exogenen Variablen sowie auf Null gesetzte Störgrößen berechnet. Vielmehr werden diese Größen um die für die deterministische Simulation verwendeten Werte herum variiert, und für jede Variante wird die Modelllösung neu berechnet. Der gesuchte Wert einer bestimmten endogenen Variablen ist dann der Durchschnitt all dieser Modelllösungen. Bei dieser Art der Simulation ist es möglich, Konfidenzintervalle zu berechnen, die die Zuverlässigkeit des durch die Simulation ermittelten Wertes einer endogenen Variablen anzeigen.

Da stochastische Simulationen sehr aufwendig sind, sind sie in der Modellierungspraxis erst sehr selten durchgeführt worden. Schwierigkeiten ergeben sich insbesondere bei sehr großen Modellen, wie sie auch in diesem Projekt zum Einsatz gekommen sind. Mit dem Modell PANTA RHEI sind erste Versuche unternommen worden, stochastische Simulationen zu rechnen. Die in diesem Bericht dokumentierten Simulationen sind jedoch alle deterministisch.

3.2 Allgemeine Hinweise zu den Simulationen

Die im Rahmen dieser Studie durchgeführten Simulationen werden im Folgenden zusammengefasst. Eine detailliertere Übersicht über die von den Modellen im Projekt umgesetzten Simulationsszenarien befindet sich im Abschnitt 3.3.

Mit einer historischen Basissimulation wird die Qualität der Anpassung der Modellergebnisse an die tatsächlich beobachteten Daten überprüft. Die durchgeführte Ex-ante-Basissimulation ist eine Prognose für die ökonomische und ökologische Entwicklung, die grundsätzlich von der zum Ende des Jahres 2000 geltenden Gesetzeslage ausgeht. Berücksichtigt werden insbesondere die fünf Stufen der ökologischen Steuerreform bis zum Jahr 2003. Ab dem Jahr 2004 werden die dann geltenden Steuersätze beibehalten, die Ausnahmeregelungen bleiben bestehen. Zum Simulationszeitpunkt noch in der Beratung befindliche oder erst ganz kurzfristig geltende – und damit in ihren Auswirkungen noch nicht zuverlässig abschätzbare – Regelungen bleiben unberücksichtigt.[33] Der Ausstieg aus der Kernenergie ist

[33] Dies gilt z.B. für die Stromerzeugung aus regenerativen Energiequellen. Auch wenn inzwischen das Erneuerbare-Energien-Gesetz (EEG) gilt, so konnten die Vorschriften dieses Gesetzes in den Simulationsrechnungen nicht mehr berücksichtigt werden. Vielmehr stützen sich die Simulationen noch auf das Stromeinspeise-Gesetz, das für Stromeinspeisungen aus regenerativen Energiequellen Vergütungen vorsieht, die sich aus den Durchschnittserlösen aus der Stromlieferung an alle Letztverbraucher des vorletzten Jahres errechnen. Diese Vergütungssätze lagen 1998 noch bei 18,65 Pf/kWh und wären ohne gesetzliche Änderungen auf 17,89 Pf/kWh im Jahr 2000 und auf 16,93 Pf/kWh im Jahr 2001 gesunken. Für die Simulationen wurde angenommen, dass diese Tendenz auch für die nächsten Jahre gilt, da im Zuge der wettbewerblichen Öffnung ein weiterer Rückgang der Strompreise und damit auch der Einspeisevergütungen zu erwarten ist. Ähnliches gilt für die Stromerzeugung in Kraft-Wärme-Kopplungsanlagen. Zwar wurde mit dem Gesetz zum Schutz der KWK vom 12. Mai 2000 (KWK-Vorschaltgesetz) auch für KWK-Anlagen eine gesetzlich garantierte Einspeisevergütung festgelegt, die zunächst 9 Pf/kWh betragen und in den folgenden Jahren um jeweils 0,5 Pf/kWh reduziert werden soll, dennoch konnten auch diese gesetzlichen Änderungen in den folgenden Simulationen nicht mehr berücksichtigt werden. Stattdessen gilt für die Vergütung von KWK-Strom noch die Verbändevereinbarung, in der Einspeisevergütungen von Überschussstrom aus industriellen Kraft-Wärme-Kopplungsanlagen, aus Anlagen, die Abfallbrennstoffe einsetzen sowie aus Wasserkraftwerken festgelegt sind. Die Vergütungen orientierten sich an den vermiedenen Kosten der Stromerzeugung in öffentlichen Kraftwerken einschließlich etwaiger Transport- und Verteilungsverluste und wurden – ähnlich wie die Vergütungen für regenerativ

jedoch in beiden Modellen berücksichtigt, was z.B. bei der Interpretation der Prognose des CO_2-Ausstoßes eine Rolle spielt.

Für den Umweltbereich des Flächenverbrauchs werden drei Politikszenarien mit den Modellen abgebildet: Wertsteuern, die auf den Kaufwert für Bauland erhoben werden, Mengensteuern, die die neu versiegelte Fläche als Besteuerungsgrundlage haben und schließlich Mengenvorgaben, die das Angebot an neuem Bauland durch die Gebietskörperschaften beschränken.

Bei den Simulationen zur ökologischen Steuerreform wird zum einen eine weitere Erhöhung der Steuersätze über das Jahr 2003 hinaus abgebildet. Zum anderen werden die Auswirkungen des Wegfalls der Ausnahmeregelungen mit den Modellen berechnet. Außerdem werden die Auswirkungen der Kombination dieser beiden Maßnahmen prognostiziert. Darüber hinaus wird die Wirkung einer Steuer auf den Ausstoß von CO_2 simuliert. Schließlich wird die Auswirkung der Kombination aus einer Variante der Ökosteuer und einer Maßnahme zum Flächenverbrauch untersucht.

Für die Ex-ante-Basissimulation und alle Simulationen zum Flächenverbrauch werden die Ergebnisse bis zum Jahr 2020 angegeben. Der Zeithorizont für alle übrigen Simulationen ist das Jahr 2010. Es sei darauf hingewiesen, dass die Werte für die Jahre 2000 und 2001 bereits Prognosewerte sind.

Abgesehen von den von außen vorgegebenen Größen, d.h. den exogenen Variablen, werden alle Modellvariablen auf aggregierter Ebene (Ergebnisse auf Makro-Ebene) und disaggregierter Ebene (Ergebnisse der einzelnen Sektoren) in den Simulationen berechnet. Im Rahmen dieses Buches kann allerdings nur eine ganz kleine Auswahl dieser Variablen-Entwicklungen dokumentiert werden. Grundsätzlich werden ausschließlich aggregierte und besonders wichtige Größen in der Dokumentation ausgewiesen. Der Verlauf für folgende Variablen wird bei allen Simulationen dokumentiert: das Bruttoinlandsprodukt, die Zahl der Erwerbstätigen, die Inflationsrate (basierend auf dem Konsumentenpreisindex), das umweltmaßnahmen-spezifische Steueraufkommen, die tägliche Zunahme der gesamten Siedlungs- und Verkehrsfläche sowie das Volumen der CO_2-Emissionen. Bei den Simulationen zum Flächenverbrauch wird zusätzlich die Entwicklung für folgende Größen ausgewiesen: die tägliche Zunahme der Siedlungsfläche der Unternehmen, die tägliche Zunahme der Siedlungsfläche der Haushalte, die tägliche Zunahme der Verkehrsfläche sowie der Bestand der versiegelten Fläche. Bei den Simulationen zu Luft und

erzeugten Strom – als in den nächsten Jahren tendenziell weiter sinkend modelliert.

Klima werden außerdem die SO_2-Emissionen und die NO_x -Emissionen dokumentiert.

Bei der Historischen Simulation gibt die durchgezogene Linie den tatsächlichen Verlauf der Größen an, die durchbrochene Linie zeigt das Modellergebnis an. Bei den Ex-ante-Simulationen stellt die durchgezogene Linie den Verlauf in der Basissimulation dar. Die durchbrochene Linie stellt den Verlauf der Größe unter dem jeweiligen Politikszenario dar.

Bei allen Simulationen, bei denen ein zusätzliches Steueraufkommen erzielt wird, wird dieses zusätzliche Steueraufkommen zu gleichen Teilen zur Senkung der Arbeitgeber- und der Arbeitnehmerbeiträge zur Sozialversicherung verwendet.

Die den Ex-ante-Prognosen zugrunde liegenden Pfade der exogenen Variablen müssen von den Modellbauern vorgegeben werden. Um ein möglichst hohes Maß an Vergleichbarkeit zwischen den Modellen herzustellen, wurden jene Variablen, die für beide Modelle exogen sind, zwischen den beiden Modellen abgestimmt.

3.3 Beschreibung der Simulationsszenarien

Mit dem Modell PANTA RHEI und dem Modell des RWI wurden die nachfolgenden Simulationen durchgeführt. Grundsätzlich wurde jedes Simulationsszenario von beiden Modellen berechnet. Die unterschiedlichen Modellstrukturen machten es allerdings notwendig, dass die konkrete Umsetzung der Simulationen zum Flächenverbrauch in den beiden Modellen stellenweise von einander abweicht. In Abschnitt 5.2 wird erläutert, was bei dem Vergleich dieser Simulationen zu beachten ist.

3.3.1 Basissimulationen

Historische Basissimulation

- PANTA RHEI: Das Modell wird für den Zeitraum 1992–1996 gelöst, Gebietsstand ist Deutschland (Abschnitt 4.1.2.1).
- RWI (alte Bundesländer): Das Modell wird für den Zeitraum 1986–1994 gelöst, Gebietsstand sind die alten Bundesländer (Abschnitt 4.2.2.1).
- RWI (Deutschland): Das Modell wird für den Zeitraum 1995–1998 gelöst, Gebietsstand ist Gesamtdeutschland (Abschnitt 4.2.2.1).

Ex-ante-Basissimulation für die bestehende Gesetzeslage

- PANTA RHEI: Unter Maßgabe der derzeitigen Gesetzeslage wird der Verlauf der ökologischen und ökonomischen Variablen bis zum Jahr 2020 prognostiziert (Abschnitt 4.1.2.2).
- RWI: wie bei PANTA RHEI (Abschnitt 4.2.2.2)

3.3.2 Simulationen zum Umweltbereich Boden

Vorgabe des Zuwachses an Flächenangebot

- PANTA RHEI: Es wird ein linearer Rückgang des Angebots an neu ausgewiesenem Bauland durch die Kommunen abgebildet. Dabei wird der Angebotsrückgang so gewählt, dass im Jahr 2020 der Zuwachs des Angebots an Siedlungs- und Verkehrsfläche bei 30 ha pro Tag liegt. Die Umsetzung der Angebotsverknappung im Modell erfolgt über Preise: Wenn die geplante Flächenzunahme über dem vorgegebenen Flächenangebot liegt, steigen die Baulandpreise soweit an, dass schließlich die gewünschte Flächenausweitung kleiner oder gleich dem Flächenangebot des jeweiligen Jahres ist (Abschnitt 4.1.2.3).
- RWI: Das Modell enthält eine Variable, die dem Angebot von Bauland durch die Kommunen entspricht. Dieses Angebot der nutzbaren Flächen wird kontinuierlich reduziert, so dass es im Jahr 2020 um 20% geringer ist im Vergleich zum Angebot für 2020 im Basisszenario (Abschnitt 4.2.2.6).

Flächenerwerbsteuer

- PANTA RHEI: Für Unternehmen wird eine 20%ige Steuer auf den Kaufwert für Bauland erhoben. Für private Haushalte beträgt diese Steuer 10% (Abschnitt 4.1.2.4).
- RWI: Die Grunderwerbsteuer wird über gleichmäßige jährliche Erhöhungen von 3,5% im Jahr 2000 ausgehend auf 6% im Jahre 2010 erhöht (Abschnitt 4.2.2.4).

Flächenversiegelungssteuer

- PANTA RHEI: Es wird eine Steuer von 100 DM pro Quadratmeter neu versiegelter Fläche erhoben (Abschnitt 4.1.2.5).
- RWI: wie bei PANTA RHEI (Abschnitt 4.2.2.5)

Zielvariablensimulation zum Flächenverbrauch

- PANTA RHEI: Mit dem Modell wird der Verlauf einer Flächenerwerbsteuer ermittelt, der dazu führt, dass die Zunahme der Siedlungsfläche im Jahr 2020 deutlich unter 30 ha/Tag liegt (Abschnitt 4.1.2.6).
- RWI: Es wird ein Verlauf der Flächenvorgabe der Kommunen bestimmt, der dazu führt, dass der Zuwachs der Siedlungs- und Verkehrsfläche im Jahr 2020 möglichst nah bei 30 ha/Tag, dem Ziel des Umweltbarometers, liegt (Abschnitt 4.2.2.7).

3.3.3 Simulationen zu den Umweltbereichen Luft und Klima

Ökosteuer mit Wegfall der Ausnahmen ab 2004

- PANTA RHEI: Ab dem Jahr 2004 werden die Steuersätze für das produzierende Gewerbe auf die Regelsteuersätze angehoben. Die Belastungsgrenzen werden aufgehoben (Abschnitt 4.1.2.7).
- RWI: wie bei PANTA RHEI (Abschnitt 4.2.2.9)

Ökosteuer mit fortgesetztem Anstieg der Steuersätze

- PANTA RHEI: In dieser Simulation wird die ökologische Steuerreform bis zum Jahr 2010 fortgeführt. Die Mineralölsteuer erhöht sich jährlich um 6 Pf/L, die Stromsteuer erhöht sich jährlich um 0,5 Pf/kWh. Die Ausnahmeregelungen werden beibehalten (Abschnitt 4.1.2.8).
- RWI: wie bei PANTA RHEI (Abschnitt 4.2.2.10)

Ökosteuer mit Wegfall der Ausnahmen ab 2004 und fortgesetztem Anstieg der Steuersätze

- PANTA RHEI: Die Maßnahmen der beiden vorstehenden Simulationen werden kombiniert (Abschnitt 4.1.2.9).
- RWI: wie bei PANTA RHEI (Abschnitt 4.2.2.11)

CO_2-Steuer

- PANTA RHEI: Bei dieser Simulation wird eine CO_2-Steuer erhoben. Der Steuersatz beträgt im Jahr 2004 10 DM/t und erhöht sich jährlich um 10 DM/t bis zum Jahr 2010 (Abschnitt 4.1.2.10).

- RWI: wie bei PANTA RHEI (Abschnitt 4.2.2.12)

3.3.4 Kombination von Maßnahmen zu Luft, Klima und Flächenverbrauch

Flächenerwerbssteuer und Ökosteuer mit Wegfall der Ausnahmeregelungen

- PANTA RHEI: Bei dieser Simulation werden die Maßnahmen der obigen Simulationen „Flächenerwerbsteuer" und „Ökosteuer mit Wegfall der Ausnahmen ab 2004" kombiniert (Abschnitt 4.1.2.11).
- RWI: wie bei PANTA RHEI (Abschnitt 4.2.2.13)

4 Simulationsergebnisse

4.1 PANTA RHEI

4.1.1 Einstellung der Szenarien ins Modell

Das Modell PANTA RHEI ist weitestgehend endogenisiert. Die Entwicklung der wenigen exogenen Variablen, die in ihrer Größenordnung mit den Annahmen des RWI-Modells abgestimmt sind, ist im Folgenden dokumentiert. Wichtig ist an dieser Stelle, dass diese Annahmen im Wesentlichen das Niveau der Basissimulation beeinflussen. Bei der im Weiteren eingesetzten Szenarientechnik, bei der die Abweichungen von Simulationsrechnungen aufgrund unterschiedlicher Politikinstrumente untersucht werden, ist aber dieses Niveau in der Basissimulation und den Alternativsimulationen gleich. Bei zahlreichen Modellrechnungen hat sich in der Vergangenheit gezeigt, dass die hier interessierenden Abweichungen von Modellvariablen durch diese exogenen Vorgaben nicht nennenswert beeinflusst werden. Anders formuliert: Auch bei anderen Annahmen über die Entwicklung der Weltmarktpreise, der Wechselkurse oder der Erwerbsbevölkerung ändern sich die folgenden Aussagen in ihrer Qualität nicht.

Tabelle 11 zeigt die wesentlichen Annahmen des Modells. Die ersten drei Größen kommen aus einem linked run des internationalen INFORUM-Systems. Danach wächst der Welthandel auch in Zukunft sehr schnell, deutlich schneller auch als die Weltmarktpreise. Der Rohölpreis geht gegenüber dem Jahr 2000 wieder deutlich zurück. Er liegt damit am unteren Ende der von der OPEC angestrebten Preisspanne von 22 bis 28 US-$ pro Barrel. Gegenüber dem US-Dollar, dem Yen und dem britischen Pfund gewinnt die DM (der Euro) etwas an Wert. In Euroland bleiben die Wechselkursrelationen konstant. Der US-Langfristzins liegt im Simulationszeitraum etwas über dem Niveau des Jahres 2000. Die Umsatzsteuer bleibt gegenüber dem Jahr 2000 im Simulationszeitraum unverändert. Dies gilt auch für einige Umsatzsteuerquoten, die die Überwälzungsmöglichkeiten einiger Sektoren im Modell beschreiben. Das Erwerbspersonenpotenzial ändert sich nach einer Vorausschätzung des Instituts für Arbeitsmarkt- und Berufsforschung bis zum Jahr 2010 kaum. Bis zum Jahr 2020

Tabelle 11: Zentrale exogene Variablen in PANTA RHEI

	2000	2005	2010	2015	2020
Weltimportnachfrage (1991 = 100)	140,25	168,73	201,05	237,05	279,68
Einfuhrpreisindex (1991 = 100)	108,49	121,45	139,75	157,87	179,13
Weltmarktpreisindex (1991 = 100)	113,17	124,17	139,04	152,94	168,42
Importpreis Rohöl (US-$/barrel)	30,00	22,00	22,00	23,50	25,00
DM-Wechselkurs (US-$)	2,00	1,85	1,70	1,70	1,70
DM-Wechselkurs (100 Yen)	1,32	1,26	1,20	1,20	1,20
DM-Wechselkurs (100 FFranc)	29,82	29,82	29,82	29,82	29,82
DM-Wechselkurs (Pfund)	2,84	2,67	2,50	2,50	2,50
US-Langfristzins	5,50	6,55	6,32	6,32	6,32
Mehrwertsteuersatz (in v.H.)	16,0	16,0	16,0	16,0	16,0
Erwerbspersonen-potenzial in 1000	40541,8	40387,3	40473,3	40473,3	40473,3
Gesamtfläche in qkm	357028,0	357028,0	357028,0	357028,0	357028,0
Versiegelungsfaktoren der					
Gebäudeflächen	0,55	0,55	0,55	0,55	0,55
Betriebsflächen	0,40	0,40	0,40	0,40	0,40
Erholungsflächen	0,28	0,28	0,28	0,28	0,28
Verkehrsfläche der Bahn	0,90	0,90	0,90	0,90	0,90
Verkehrsfläche der Schifffahrt	0,90	0,90	0,90	0,90	0,90
Verkehrsfläche der Straße	0,60	0,60	0,60	0,60	0,60
Verkehrsfläche des Flugverkehrs	0,50	0,50	0,50	0,50	0,50

wird dieser Wert fortgeschrieben. Auch die Beitragssätze zur Sozialversicherung bleiben auf dem Niveau des Jahres 2000.

Schließlich ändert sich auch die Gesamtfläche der Bundesrepublik Deutschland nicht. Daneben sind im Bereich der Flächenmodellierung einige Quoten exogen vorgegeben. Die größte Bedeutung für die Entwicklung der versiegelten Flächen haben die dargestellten Versiegelungsfaktoren, deren Höhe und mögliche Einflussfaktoren noch sehr unsicher sind.

Gegenüber dem Basisszenario wird das Modell in den weiteren Simulationsrechnungen an einzelnen Stellen geändert. Zum einen wird das Instrumentarium, mit dem das jeweilige Umweltziel angestrebt wird, in das Modell eingestellt. Zum zweiten führt das Instrumentarium in den meisten Simulationen – mit Ausnahme der Simulation zur Vorgabe des Flächenangebots – zu steigenden Einnahmen des Staates, was ebenfalls im Modell berücksichtigt wird. In beiden Fällen werden exogene oder endogene Modellvariablen, die Instrumentvariablen, additiv oder multiplikativ verändert. Alle anderen exogen Vorgaben und alle anderen Modellzusammenhänge bleiben unverändert. Änderungen von endogenen Modellvariablen wie z.B. dem BIP oder dem Flächenverbrauch pro Tag können dann beim Vergleich eines Modelllaufs mit diesen neuen Vorgaben mit der Basissimulation auf den Einsatz des Umweltinstruments zurückgeführt werden. An dieser Stelle sei betont, dass sich alle modellendogen bestimmten Variablen bei jeder Simulationsrechnung ändern. In den folgenden Abbildungen werden davon zentrale Variablen ausgewählt und dargestellt.

Im Allgemeinen wird bei Simulationsrechnungen die Höhe der Veränderung exogener Variablen vorgegeben. Bei Simulationen, bei denen eine bestimmte Änderung einer Zielgröße angestrebt wird (Simulation vom Zielvariablen-Typ), wird die angemessene Änderung der Instrumentvariablen erst in einem Suchprozess gefunden. Hier ist dieser Suchprozess „von Hand", d.h. durch Ausprobieren, abgebildet worden. An dieser Stelle sind aber auch automatische Algorithmen denkbar.

4.1.2 Ergebnisse der einzelnen Simulationen

4.1.2.1 Historische Basissimulation

Die Gegenüberstellung der Ergebnisse der historischen Simulation und der tatsächlichen Daten für die Jahre 1992 bis 1996 in Abbildung 3 gibt zusammen mit den Prognosefehlern in Tabelle 12 einen Eindruck von der Anpassungsqualität des Modells PANTA RHEI. Die Entwicklungen des BIP und der Erwerbstätigenzahl werden im Modell gut nachgezeichnet.

Der mittlere absolute prozentuale Fehler (MAPE) fällt mit 0,21 % für das BIP und 0,92 % für die Zahl der Erwerbstätigen sehr niedrig aus. Nur in den Jahren des starken Beschäftigungsabbaus 1993 und 1994 hinkt das Modell der Entwicklung etwas hinterher. Bei der Inflationsrate ist zu beachten, dass der absolute Fehler bei Wachstumsraten sehr viel höher ausfällt. Die Grafik zeigt, dass auch die Preisentwicklung vom Modell gut getroffen wird. Ein Steueraufkommen aus Ökosteuer und maßnahmenspezifischen Flächensteuern wurde in den Jahren 1992 bis 1996 nicht erzielt.

Bei der Interpretation der anderen Abbildungen ist zu beachten, dass tatsächliche Flächenwerte nur in den Jahren 1993 und 1997 verfügbar sind. In den Jahren 1992 sowie 1994 bis 1996 stellt die durchgezogene Linie lediglich berechnete Daten dar. Außerdem ist zu beachten, dass die Verkehrsnetze im Zuge der Wiedervereinigung in einigen Jahren deutlich verlängert wurden. Maßnahmenspezifische Steuern zur Erreichung bestimmter Umweltziele werden in der historischen Simulation nicht vorgegeben. Andere Steuern werden selbstverständlich im Modell abgebildet. Schließlich wird auch die Entwicklung der gesamten CO_2-Emissionen vom Modell gut nachgezeichnet.

Tabelle 12: Prognosefehler in der historischen Simulation für ausgewählte Variablen[34]

	RMSE	RMSPE	MAPE	MEAN
BIP	8,620	0,291	0,215	2958,00
Erwerbstätige	422,810	1,209	0,922	35046,80
Inflationsrate	0,541	30,707	22,964	3,11
Maßnahmenspezifisches Steueraufkommen	0,000	-	-	0,00
Tägliche Zunahme der Siedlungs- und Verkehrsfläche	3,771	2,945	2,657	123,82
CO_2-Emissionen	13,370	1,474	1,195	915,14

Die historische Simulation konnte nicht für den gesamten Stützzeitraum des Modells, die Jahre 1978 bis 1996, auf denen die ökonometrischen Schätzungen basieren, durchgeführt werden. Der Gebietsstandssprung von

34 RMSE: Wurzel aus dem mittleren quadrierten Fehler; RMSPE: Wurzel aus dem mittleren quadrierten prozentualen Fehler; MAPE: mittlerer absoluter prozentualer Fehler; MEAN: mittlerer Fehler. Vgl. die Erläuterungen in Abschn. 4.2.2.1

Westdeutschland auf Deutschland von 1990 auf 1991 im Verbindung mit der Dynamik des Modells (der Erklärung von Modellvariablen mit Variablen der Vorperioden) führt dazu, dass das Modell PANTA RHEI bei einer historischen Simulation ab 1978 im Jahr 1991 nicht mehr löst. Deshalb kann die historische Simulation nur für die Jahre 1992 bis 1996 gerechnet werden.

Außerdem wurde die Entwicklung des Staatsverbrauchs exogenisiert, weil die für die Zukunft plausible Hypothese, dass sich die Staatsausgaben an der Einnahmenentwicklung des Vorjahrs orientieren, in den ersten Jahren nach der Wiedervereinigung keinen Bestand hatte.

Abb. 3: Historische Basissimulation (PANTA RHEI, — tatsächlicher Verlauf, - - - geschätzter Verlauf)

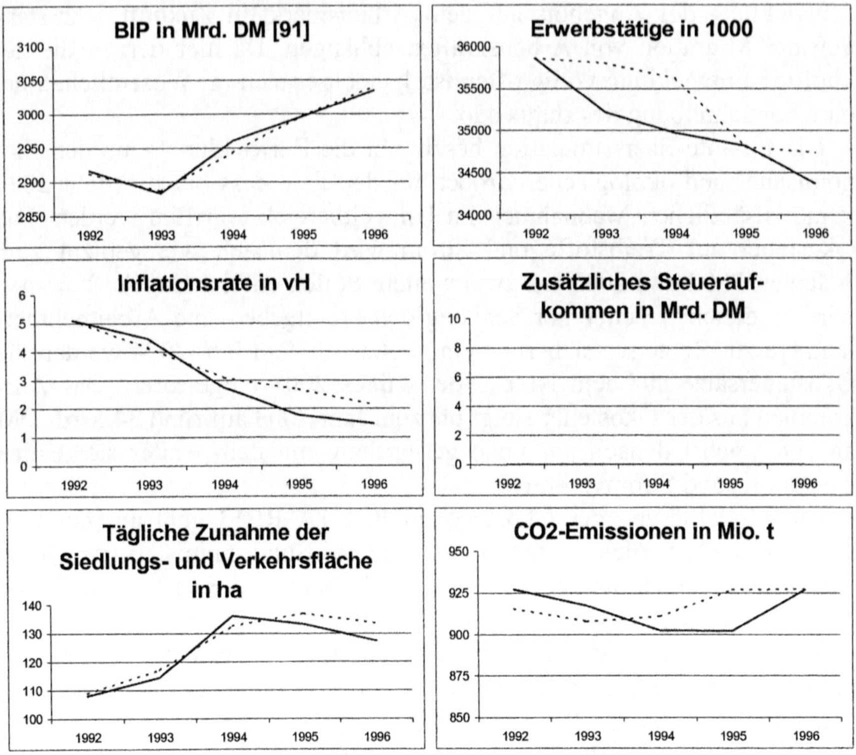

4.1.2.2 Ex-ante-Basissimulation für die bestehende Gesetzeslage

Nach den Annahmen in Tabelle 11 wächst der Welthandel in allen Simulationen bis 2020 weiterhin kräftig an. Der Importpreisauftrieb bleibt dagegen begrenzt. Ohne schockartige Einflüsse aus dem Ausland pendelt das Wachstum der deutschen Volkswirtschaft um das langfristige Potenzialwachstum von knapp 2 %. Die Inflationsrate liegt mit unter 2 % im Zielbereich der Europäischen Zentralbank, die ihre Instrumente entsprechend wählt. Auf dem Arbeitsmarkt kommt es zu einem deutlichen Anstieg der Erwerbstätigenzahl, ohne dass die Arbeitslosigkeit gänzlich verschwindet. Bei der Betrachtung der Köpfe ist zu bedenken, dass die Entwicklung der durchschnittlichen jährlichen Arbeitszeiten, die im Modell weiter zurückgehen, hier eine sehr wichtige Rolle spielt. Das Arbeitsvolumen steigt nicht so stark an wie die Zahl der Erwerbstätigen. Im Übrigen wird die Entwicklung des Angebots auf dem Arbeitsmarkt in Zukunft sehr stark von der Migration von Arbeitskräften abhängen. Da hier derzeit die zukünftige Entwicklung völlig offen ist, handelt es sich im Wesentlichen um eine Fortschreibung des status quo.

Die Ex-ante-Basissimulation beschreibt die Entwicklung zentraler ökonomischer und ökologischer Größen für den Fall, dass bis zum Jahr 2020 keine zusätzlichen Maßnahmen im Umweltbereich ergriffen werden. Die Ökosteuer auf Treibstoffe und Strom wird demnach wie geplant zum 1. Januar 2002 und 2003 um zwei weitere Stufen erhöht. Das Aufkommen wird zu gleichen Teilen zur Senkung der Arbeitgeber- und Arbeitnehmerbeiträge zur Rentenversicherung eingesetzt. Ab dem Jahr 2004 werden die Ökosteuersätze auf dem Niveau des Jahres 2003 eingefroren. Das Aufkommen aus der Ökosteuer steigt bis zum Jahr 2003 auf rund 34 Mrd. DM an und wächst danach nur noch geringfügig mit dem weiter steigenden Treibstoff- und Stromverbrauch.

Die Modellierung der Ökosteuer in PANTA RHEI geht auf ein Forschungsprojekt zurück, in dem im Auftrag des Bundesministeriums für Finanzen die Auswirkungen der gegenwärtig beschlossenen Ökosteuer untersucht wurden (Bach et al. (2001)). Die gesamte Frage der unterschiedlichen sektoralen Steuerbelastungen angesichts bestehender komplexer Ausnahmeregelungen wurde dabei vom Deutschen Institut für Wirtschaftsforschung (DIW) bearbeitet.

In Anbetracht der Berücksichtigung der Ökosteuer überrascht die Entwicklung der CO_2-Emissionen auf den ersten Blick. Allerdings sind die im Nationalen Klimaschutzprogramm vom Oktober 2000 vorgesehenen zusätzlichen Maßnahmen, die nach Schätzungen des BMU zu Emissionseinsparungen in der Größenordnung von 50 bis 70 Mio. Tonnen bis zum Jahr 2005 führen werden, im Modell derzeit nicht berücksichtigt.

Bei der langfristigen Betrachtung bis zum Jahr 2020 sind mehrere Punkte zu berücksichtigen: Erstens fehlen auch in diesem Zeitraum die Maßnahmen des Klimaschutzprogramms, die langfristig zu einer noch größeren Emissionseinsparung führen können. Ab dem Jahr 2007 wirkt sich außerdem der beschlossene Ausstieg aus der Kernenergie massiv auf die Emissionen aus. Bei den vorgegebenen Energiepreisentwicklungen und dem bestehenden Kraftwerkspark besteht dabei kein großer Anreiz, aus der Kohleverstromung auszusteigen. Auch deshalb steigen die Emissionen der Stromerzeugung enorm an. Insofern signalisieren die Modellergebnisse langfristig weiteren Handlungsbedarf, der sich ja bereits in Diskussionen z.B. über den EU-weiten Zertifikatehandel niederschlägt.

Abb. 4: Ex-ante-Basissimulation für die bestehende Gesetzeslage (PANTA RHEI)

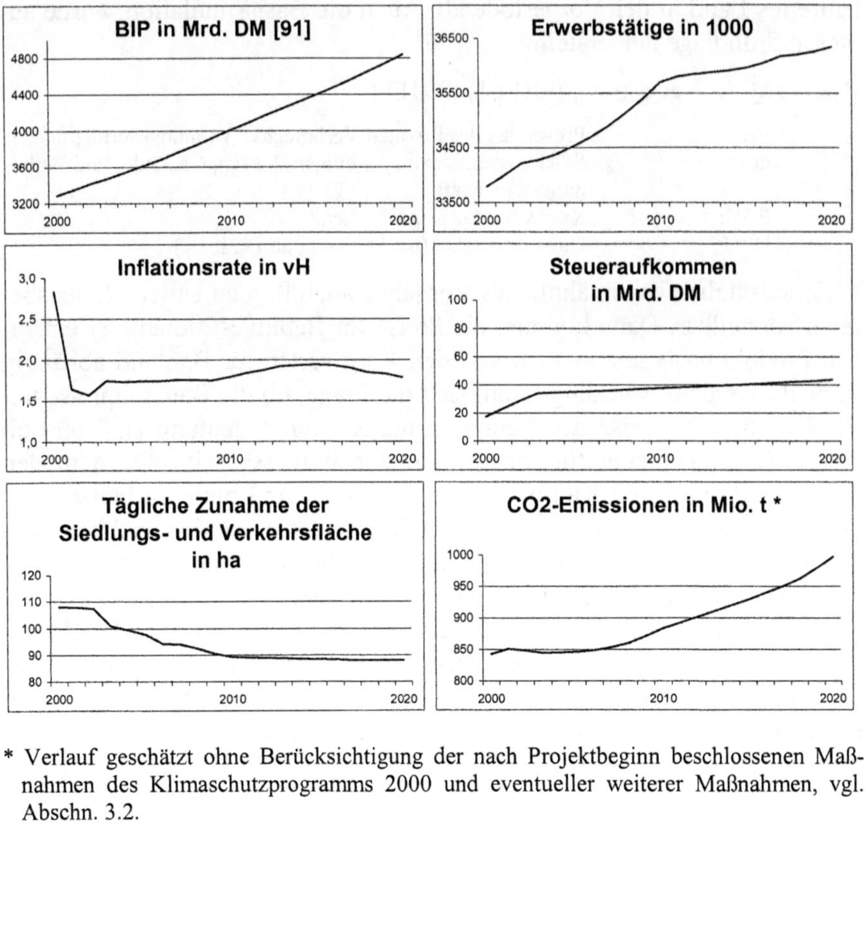

* Verlauf geschätzt ohne Berücksichtigung der nach Projektbeginn beschlossenen Maßnahmen des Klimaschutzprogramms 2000 und eventueller weiterer Maßnahmen, vgl. Abschn. 3.2.

Im Bereich der Flächennutzung wirkt sich die unterdurchschnittliche Entwicklung der Bauinvestitionen positiv aus. Der Verbrauch neuer Siedlungsflächen geht bis zum Jahr 2010 gegenüber heute deutlich zurück. Im Verkehrsbereich ist bei den unterstellten Energiepreisentwicklungen dagegen nicht mit einem deutlichen Rückgang des Flächenverbrauchs zu rechnen. Zusammen bedeutet das aber immerhin, dass das Ziel von 30 ha/Tag gegenüber den letzten bekannten Zahlen von rund 120 ha/Tag ohne spezifische Maßnahmen zu einem Drittel erreicht wird.

4.1.2.3 Vorgabe des Zuwachses an Flächenangebot

Für die Modellierung der Reduktion des Flächenangebotes ist es entscheidend, dass durch die Baulandverknappung ausgelöste höhere Baulandpreise auch andere Preisgrößen beeinflussen. Für diese Angebotsmodellierung wurde der ökonomische Modellteil an einer Stelle exemplarisch verändert. Der Preisindex der privaten Nachfrage nach Wohnungsmieten hängt anders als in den übrigen Simulationsrechnungen auch vom Kaufwert für baureifes Land in der Vorperiode ab. Auch die Basissimulation wurde auf dieser Grundlage neu erstellt.

(186) $pcg_{51}(t) = pcg_{51}(uc_{51}, PBH(t\text{-}1), D91FF)$

pcg_{51}:	Preisindex des Privaten Verbrauchs, Wohnungsvermietung
uc_{51}:	Stückkostenindex in jeweiligen Preisen, Gebäude- und Wohnungswirtschaft
PBH:	Kaufwerte für baureifes Land
D91FF:	Dummyvariable (bis 1990 = 0, ab 1991 = 1)

Grundsätzlich ist ein ähnliches Vorgehen auch für den Unternehmensbereich vorstellbar. Dann könnten die Preise für Bauinvestitionen der einzelnen Produktionsbereiche auch von den Kaufwerten für Bauland abhängig gemacht werden. Allerdings stellt sich die Frage, ob die Baulandpreise tatsächlich für die Preise der Bauinvestitionen von Bedeutung sind und ob dieser Zusammenhang für die Vergangenheit messbar ist. Denn in den Bauinvestitionen sind Käufe von gebrauchtem Land nicht enthalten. Außerdem sind Gewerbeflächen von Städten und Gemeinden vielfach sehr günstig zur Verfügung gestellt worden. Auf die Abbildung dieser Zusammenhänge ist deshalb zunächst verzichtet worden.

In der Simulation wird das jährliche Lösungskriterium des Modells erweitert. Liegt die geplante Flächenzunahme über dem zugelassenen Flächenangebot, steigen die Baulandpreise solange an, bis der vorgegebene Flächenpfad, ein linearer Rückgang bis zum Jahr 2020 auf 30 ha/Tag, in diesem Jahr erreicht wird.

Abb. 5: Vorgabe des Zuwachses an Flächenangebot (PANTA RHEI, —— Basissimulation, - - - Simulation der Maßnahme)

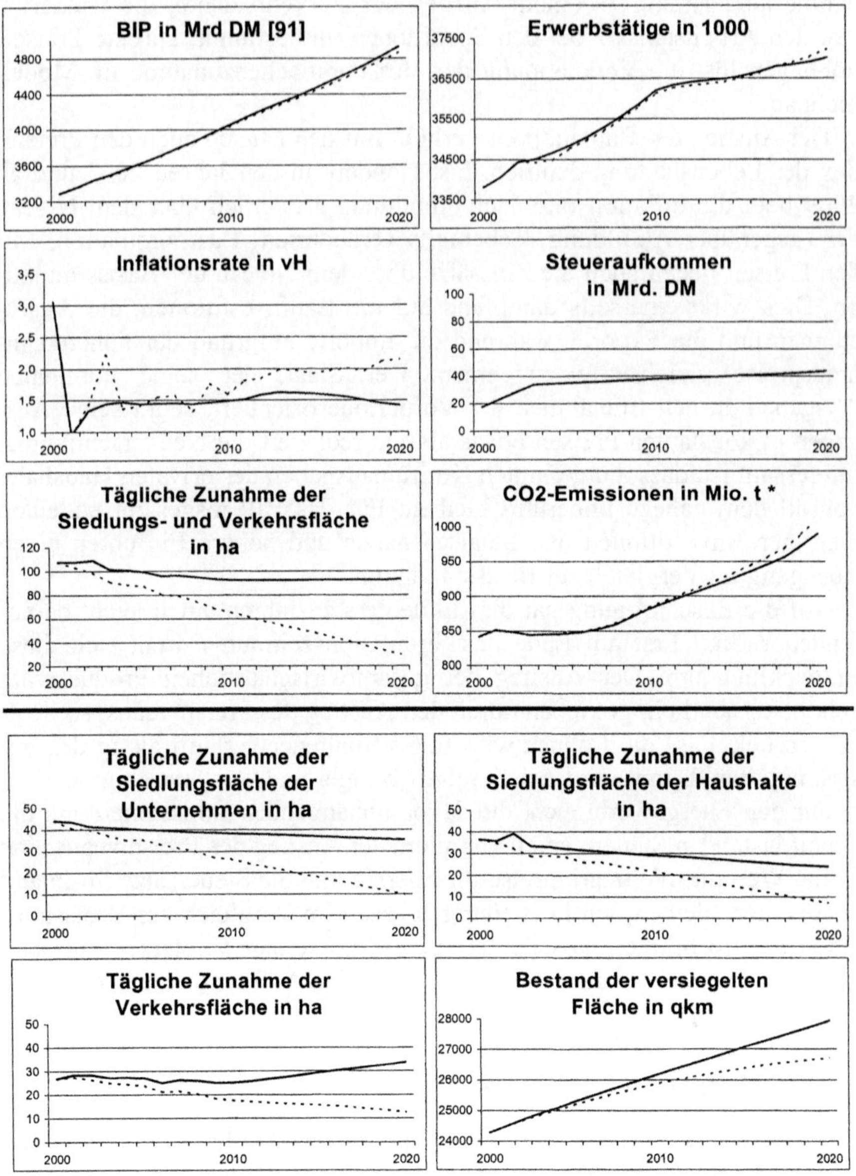

* Verlauf geschätzt ohne Berücksichtigung der nach Projektbeginn beschlossenen Maßnahmen des Klimaschutzprogramms 2000 und eventueller weiterer Maßnahmen, vgl. Abschn. 3.2.

Die Zunahme der Straßenfläche wird gleichfalls entsprechend den Vorgaben reduziert. Im Verkehrsbereich führt ein Rückgang der Flächenzunahme längerfristig zu einem Anstieg der Verkehrsdichte, die wiederum u.a. den Arbeitseinsatz bei den Speditionen mitbestimmt. Direkte Preiserhöhungen löst die Verknappung der Verkehrsflächenzunahme im Modell nicht aus.

Der Anstieg der Baulandpreise erhöht mit den Mieten auch den Preisindex der Lebenshaltung deutlich. Insbesondere in den Jahren 2003 und ab 2009 liegt die Inflationsrate nach Abbildung 5 deutlich über dem Niveau der (gegenüber Abbildung 4 ebenfalls veränderten) Basissimulation. Mit den Preisen liegen auch die Zinssätze über dem Niveau der Basissimulation. Dies wirkt einerseits dämpfend auf die Bauinvestitionen, die Ausrüstungen und die Exporte, während die Importe aufgrund der höheren Inlandspreise gleichzeitig zunehmen. Der Staat, der seine nominalen Ausgaben an den Einnahmen der Vorperiode orientiert, senkt seine Ausgaben in konstanten Preisen etwas ab und reduziert die Neuverschuldung. Interessant ist, dass die gesamten Konsumausgaben der privaten Haushalte von all dem nahezu unberührt bleiben. Für das BIP insgesamt bedeuten niedrigere Investitionen und Staatsausgaben und höhere Einfuhren einen Rückgang im Vergleich zur Basissimulation.

Auf die Beschäftigung hat dies in den ersten Jahren einen leicht dämpfenden Effekt. Erst am Ende des Simulationszeitraums dreht sich diese Entwicklung um. Der Anstieg der gesamtwirtschaftlichen Produktivität geht offensichtlich, getrieben durch den Anstieg des Preisniveaus, so deutlich zurück, dass die Lohnentwicklung verhaltener verläuft als in der Basissimulation. Damit wird Arbeit relativ billiger und verstärkt eingesetzt.

Für den Energieverbrauch, die davon abhängenden Emissionen und die darauf lastenden Steuern spielt vor allem der Anstieg des Preisniveaus eine Rolle. Weil die Weltmarktpreise für Energie und die Steuersätze im Inland unverändert bleiben, wird der Energieeinsatz im Vergleich zur Basissimulation relativ billiger. Fossile Energieträger werden verstärkt eingesetzt und als Folge steigen auch Emissionen und das Aufkommen aus der Ökosteuer leicht an.

4.1.2.4 Flächenerwerbsteuer

Die Flächenerwerbsteuer wird wie folgt in das Modell eingestellt: Die Steuer erhöht zunächst die Kaufwerte für Bauland. Gleichzeitig senken die Steuerzahlungen die Bruttowertschöpfung der einzelnen Produktionsbereiche. Die Steuerzahlungen der privaten Haushalte werden im Produktionsbereich Gebäude-/Wohnungswirtschaft gebucht. Die Zahlungen fließen dann dem Staat als zusätzliche Produktionssteuern zu. Schließlich senkt er mit dem zusätzlichen Steueraufkommen zu gleichen Teilen die Arbeitgeber- und Arbeitnehmerbeiträge zur Sozialversicherung.[35]

(187) PBU(t) = (1 + STSBU(t)) * PBU'(t)

PBU:	Kaufwerte für sonstiges Bauland einschließlich Politikmaßnahme in DM/qm
STSBU:	Aufschlagsatz der Flächenerwerbsteuer, Industrie
PBU':	Kaufwerte für sonstiges Bauland ohne Politikmaßnahme in DM/qm

(188) PBH(t) = (1 + STSBH(t)) * PBH'(t)

PBH:	Kaufwerte für baureifes Land einschließlich Politikmaßnahme in DM/qm
STSBH:	Aufschlagsatz der Flächenerwerbsteuer, private Haushalte
PBH':	Kaufwerte für baureifes Land ohne Politikmaßnahme in DM/qm

(189) STBU(t) = DSU(t) * PBU(t) * (STSBU(t)/(1+STSBU(t))

STBU:	Flächenerwerbsteuer in Mrd. DM, Unternehmen
DSU:	Flächenzunahme, Unternehmen in qm

(190) STBH(t) = DSH(t) * PBH(t) * (STSBH(t)/(1+STSBH(t))

STBH:	Flächenerwerbsteuer in Mrd. DM, private Haushalte
DSH:	Flächenzunahme, private Haushalte in qm

(191) STSBU(t) = STSBU(t)

exogen

(192) STSBH(t) = STSBH(t)

exogen

(193) STBG(t) = STBH(t) + STBU(t)

STBG:	Flächenerwerbsteuer, insgesamt in Mrd. DM

(194) $bwg_j(t) = bwg'_j(t) * (1 - STBU(t)/(BWG'(t) - bwg'_{51}(t)))$

bwg'_j:	Bruttowertschöpfung abzüglich Flächenerwerbsteuer des Sektors j in jew. Pr. in Mrd. DM
bwg_j:	Bruttowertschöpfung des Sektors j in jew. Preisen in Mrd. DM (ohne Politikmaßnahme)

---

[35] Die veränderte Schreibweise der Variablen PBU und weiterer Größen deutet an, dass die jeweilige Variable gegenüber der Modellierung in der Basissimulation (PBU') durch die Politikmaßnahme direkt beeinflusst und anders ermittelt wird. Das Gleichungssystem ist an diesen Stellen gegenüber der Darstellung oben bzw. in Meyer et al. (1999) abgeändert. Indirekt verändern sich natürlich auch alle anderen im Modellzusammenhang endogen bestimmten Variablen.

bwg'_{51}: Bruttowertschöpfung des Sektors 51 (Gebäude-/ Wohnungswirtschaft) in jew. Preisen in Mrd. DM (ohne Politikmaßnahme)

(195) $bwg_{51}(t) = bwg'_{51}(t) - STBH(t)$

bwg_{51}: Bruttowertschöpfung des Sektors 51 (Gebäude-/Wohnungswirtschaft) abzüglich Flächenerwerbsteuer in jew. Preisen in Mrd. DM

(196) $bwgr_j(t) = bwgr'_j(t) * (1 - STBU(t)/(BWGR'(t) - bwgr'_{51}(t)))$

$bwgr_j$: Bruttowertschöpfung abzgl. Flächenerwerbsteuer des Sektors j in Pr. v. 1991 in Mrd. DM

$bwgr'_j$: Bruttowertschöpfung des Sektors j in Preisen von 1991 in Mrd. DM (ohne Politikmaßn.)

$bwgr'_{51}$: Bruttowertschöpfung des Sektors 51 (Gebäude-/Wohnungswirtschaft) in Preisen von 1991 in Mrd. DM (ohne Politikmaßnahme)

(197) $bwgr_{51}(t) = bwgr'_{51}(t) - STBH(t)$

$bwgr_{51}$: Bruttowertschöpfung des Sektors 51 (Gebäude-/Wohnungswirtschaft) abzüglich Flächenerwerbsteuer in Preisen von 1991 in Mrd. DM

(198) $ZSE14(t) = ZSE14'(t) + STBG(t)$

ZSE14: Empfangene Produktionssteuern des Staates von Unternehmen, einschließlich zusätzlicher Flächenerwerbsteuer in Mrd. DM

ZSE14': Empfangene Produktionssteuern des Staates von Unternehmen (ohne Politikmaßnahme) in Mrd. DM

(199) $AGSOZ(t) = AGSOZ'(t) - 0{,}5 * STBG(t)$

AGSOZ: Arbeitgeberbeiträge zur Sozialversicherung nach Kompensation in Mrd. DM

AGSOZ': Arbeitgeberbeiträge zur Sozialversicherung ohne Kompensation in Mrd. DM

(200) $ANSOZ(t) = ANSOZ'(t) - 0{,}5 * STBG(t)$

ANSOZ: Arbeitnehmerbeiträge zur Sozialversicherung nach Kompensation in Mrd. DM

ANSOZ': Arbeitnehmerbeiträge zur Sozialversicherung ohne Kompensation in Mrd. DM

Die Flächenerwerbsteuer in Höhe von gut 4 Mrd. DM jährlich führt über die höheren Baulandpreise zu einem merklichen Rückgang des Verbrauchs an Siedlungsfläche. Bei nahezu unveränderten Bauinvestitionen wird jetzt verstärkt in die Höhe gebaut, wobei eine Preiselastizität von -1 unterstellt ist. Das bedeutet, dass bei einer Zunahme der Baulandpreise um 10 % für

Abb. 6: Flächenerwerbsteuer (PANTA RHEI, —— Basissimulation, - - - Simulation der Maßnahme)

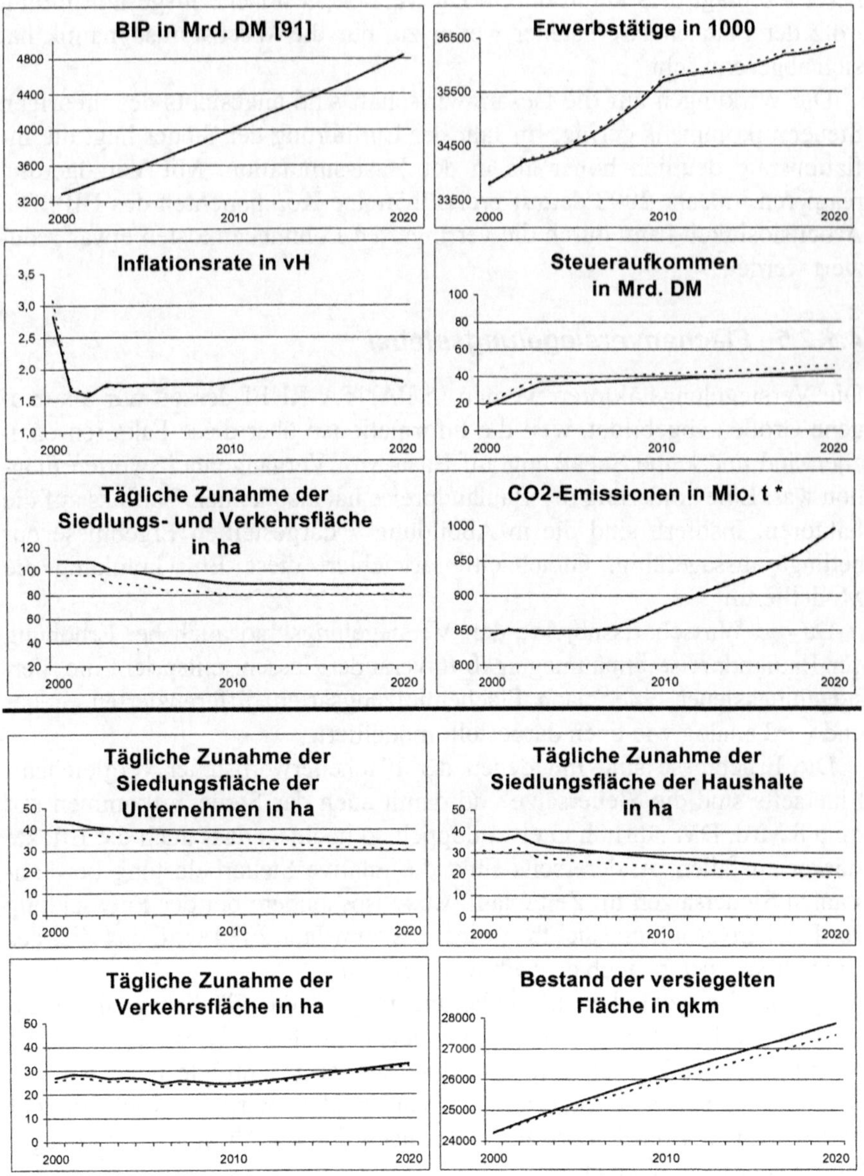

* Verlauf geschätzt ohne Berücksichtigung der nach Projektbeginn beschlossenen Maßnahmen des Klimaschutzprogramms 2000 und eventueller weiterer Maßnahmen, vgl. Abschn. 3.2.

die Bereitstellung der gleichen Wohnfläche 10 % weniger Fläche gebraucht wird als ohne Einführung der Steuer. Auf die Verkehrsfläche innerorts schlägt dies kaum durch. Die versiegelte Fläche insgesamt nimmt trotz der Flächenerwerbsteuer weiter zu, nur die Wachstumsdynamik hat sich abgeschwächt.

Die Wirkungen auf die Gesamtwirtschaft sind angesichts des niedrigen Steueraufkommens gering. Im Jahr der Einführung der Steuer liegt die Inflationsrate deutlich höher als in der Basissimulation. Mit Verzögerung reagieren im Jahr 2002 darauf preisabhängige Komponenten des BIP. Die Arbeitslosigkeit kann durch die verringerten Lohnnebenkosten etwas reduziert werden.

4.1.2.5 Flächenversiegelungssteuer

Die Versiegelungsfaktoren werden in PANTA RHEI derzeit nur als exogene Größen abgebildet, weil die Informationen über diese Faktoren unsicher sind und keine Schätzung auf Basis von Vergangenheitswerten möglich war. Eine Änderung der Baulandpreise hat also keinen Einfluss auf die Faktoren. Insofern sind die in Abbildung 7 dargestellten Ergebnisse nur bedingt aussagefähig. Gleichzeitig erleichtert diese Einschränkung die Modellierung.

Da die Wirtschaftssubjekte den Versiegelungsgrad auch bei Erhöhung der Baulandpreise annahmegemäß unverändert lassen, entspricht die Versiegelungssteuer einer nach Flächennutzungsarten differenzierten Steuer und wird analog wie oben dargestellt modelliert.

Die Ergebnisse sind mit denen der Flächenerwerbsteuer vergleichbar. Einerseits sind die Steuersätze und damit auch das Steueraufkommen mit rund 8 Mrd. DM jährlich in etwa doppelt so hoch, so dass auch die Effekte stärker ausfallen. Andererseits sinkt die relative Steuerbelastung bei konstanten Steuersätzen im Zeitablauf, was insbesondere bei der Entwicklung der Flächenverbräuche sichtbar wird. Bis zum Jahr 2020 wird das Ziel des Umweltbarometers auch deshalb weit verfehlt.

Aufgrund der gewählten Modellierung reagiert die Flächenzunahme unverzögert auf die Einführung der Versiegelungssteuer. Dies mag zunächst überraschen, weil zu erwarten ist, dass bereits genehmigte oder geplante Bauten trotz Steuer fertiggestellt werden. Insofern wird der Rückgang der Flächenzunahme in den ersten Jahren nach der Einführung der Versiegelungssteuer wohl überschätzt.

Bei der Inflationsrate, dem BIP, der Beschäftigung und den Emissionen fallen die Ausschläge in Abbildung 7 im Vergleich zu Abbildung 6 vor allem in den Anfangsjahren stärker aus. Richtung und Höhe richten sich aber weitgehend proportional nach den Steuersätzen.

Abb. 7: Flächenversiegelungssteuer (PANTA RHEI, —— Basissimulation, - - - Simulation der Maßnahme)

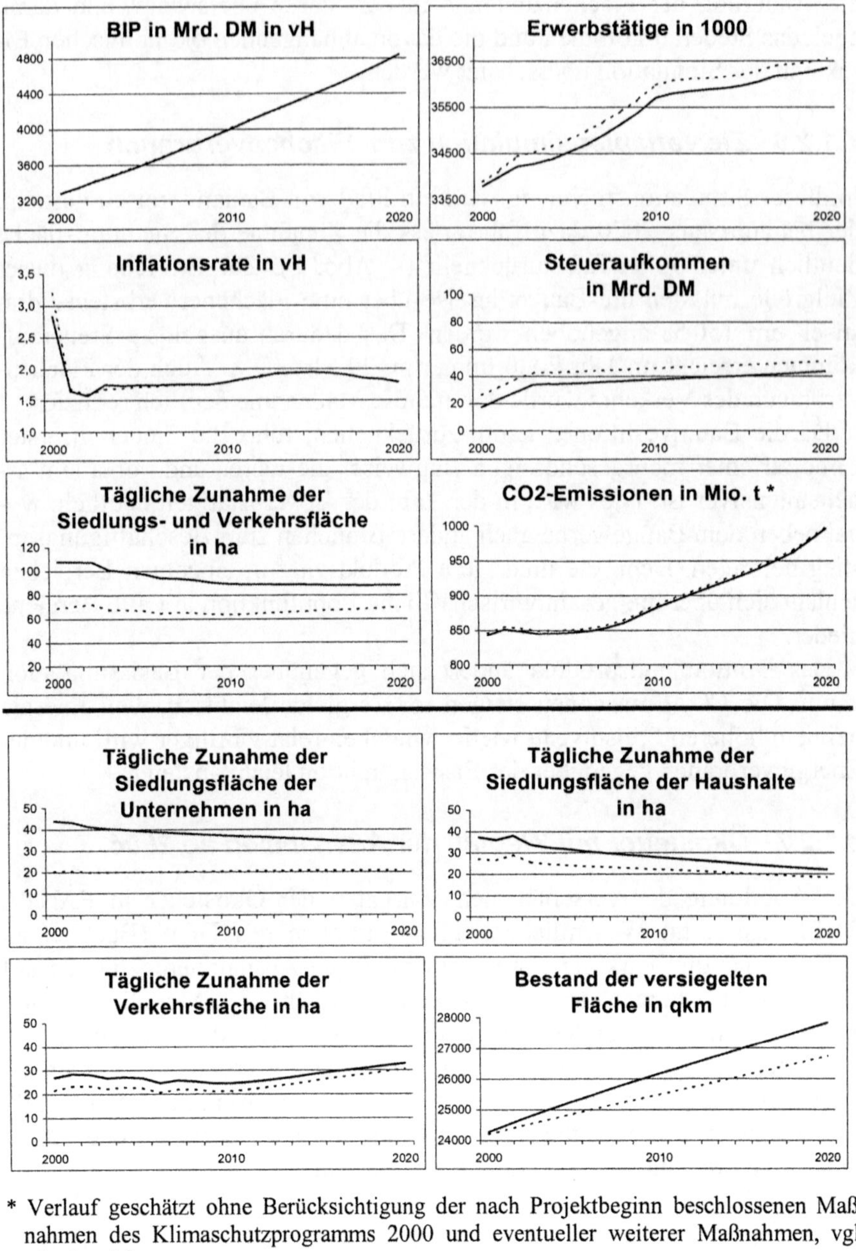

* Verlauf geschätzt ohne Berücksichtigung der nach Projektbeginn beschlossenen Maßnahmen des Klimaschutzprogramms 2000 und eventueller weiterer Maßnahmen, vgl. Abschn. 3.2.

Die einfache, aber bei deutlichen Preisänderungen unrealistische Annahme konstanter Versiegelungsfaktoren führt dazu, dass die Wirkung auf die Änderung der Flächenzunahme in der Stärke überschätzt und damit auch das Steueraufkommen und die davon abhängenden ökonomischen Effekte in der Simulation überschätzt werden.

4.1.2.6 Zielvariablensimulation zum Flächenverbrauch

In dieser Simulationsrechnung wird ein Pfad von Baulandpreisen gesucht, der bis zum Jahr 2020 dazu führt, dass die Zunahme der Siedlungsfläche deutlich unter 30 ha/Tag zurückgeht (s. Abb. 8). Zur Erreichung dieser Zielgröße müssten die Baulandpreise über eine Flächenerwerbsteuer drastisch um 150 % angehoben werden. Das dadurch ausgelöste Steueraufkommen erreicht im Jahr 2020 immerhin 20 Mrd. DM. Auch der Flächenverbrauch des Verkehrs würde durch diese Maßnahme deutlich reduziert.

Da die Bauinvestitionen kaum zurückgehen, führt die Steuer in erster Linie zu einer mehrgeschossigen Bauweise, die teurer und vor allem arbeitsintensiver ist. Dies wird in der Zahl der Erwerbstätigen deutlich, wobei neben dem Baugewerbe auch andere Branchen zum Beschäftigungsanstieg beitragen. Denn die niedrigere Produktivität in einzelnen Bereichen schlägt sich über die gesamtwirtschaftliche Lohnfunktion auf alle Bereiche nieder.

Das Bruttoinlandsprodukt ändert sich gegenüber der Basissimulation kaum. Die CO_2-Emissionen steigen im Vergleich leicht an, weil Energie bei dem höheren Preisniveau wieder wie oben relativ billiger wird und der Energieverbrauch gegenüber der Basissimulation leicht ansteigt.

4.1.2.7 Ökosteuer mit Wegfall der Ausnahmen ab 2004

Die Abbildung der verschiedenen Varianten der Ökosteuer in PANTA RHEI basiert im Wesentlichen auf Vorarbeiten des DIW (Bach et al. (2001)), das die Wirkungen der verschiedenen Ausnahmeregelungen auf die Steuerbelastungen der 58 Produktionsbereiche des Modells ermittelt hat. Sehr hilfreich ist außerdem, dass in PANTA RHEI die Energieeinsätze auch nach den spezifischen Einheiten ausgewiesen werden, auf die sich die Steuersätze beziehen. Im Weiteren ist je nach Simulation nur noch zu klären, ob die Ausnahmetatbestände in Zukunft weiter bestehen oder abgeschafft werden und wie hoch die Steuersätze sind.

Abb. 8: Zielvariablensimulation zum Flächenverbrauch (PANTA RHEI, —— Basissimulation, - - - Simulation der Maßnahme)

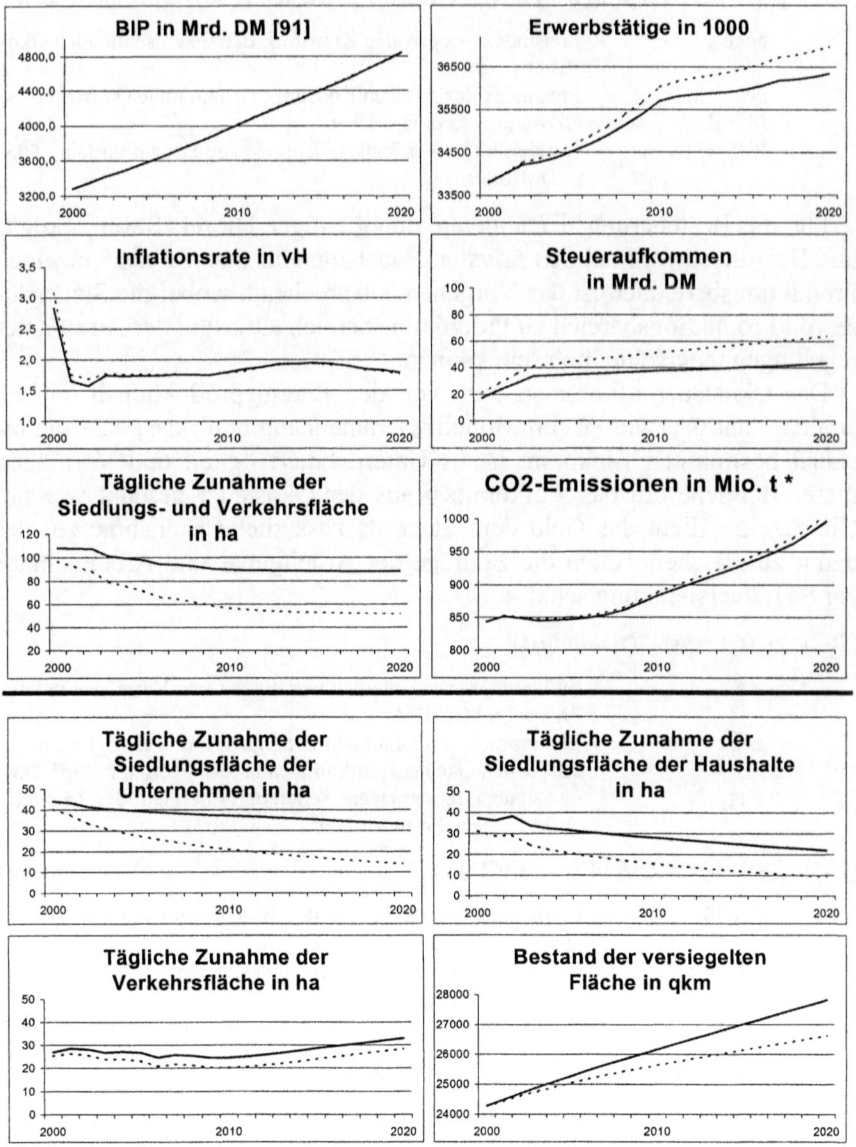

* Verlauf geschätzt ohne Berücksichtigung der nach Projektbeginn beschlossenen Maßnahmen des Klimaschutzprogramms 2000 und eventueller weiterer Maßnahmen, vgl. Abschn. 3.2.

Beispielhaft sei die Ermittlung des Preisaufschlags durch die Steuer am Benzinpreis der privaten Haushalte dargestellt:

(201) $pcge_{16}(t) = pcge'_{16}(t) * (1 +((MOEL(t)/PBENZIN(1998)) * pcge_{16}(1998)))$

$pcge_{16}$:	Preisindex des privaten Konsums, Benzin einschließlich Ökosteuer
$pcge'_{16}$:	Preisindex des privaten Konsums, Benzin ohne Ökosteuer
MOEL:	Ökosteuersatz in DM/Liter
PBENZIN:	Durchschnittlicher Tankstellenpreis von Benzin im Jahr 1998 in DM/Liter

Für die Besteuerung der anderen Energieträger Diesel, Strom, Erdgas und Heizöle sowohl bei den privaten Haushalten als auch in den einzelnen Produktionsbereichen ist das Vorgehen entsprechend, wobei die Steuersätze von Produktionsbereich zu Produktionsbereich aufgrund der Ausnahmeregelungen unterschiedlich sein können.

Das Ökosteueraufkommen wird von den Energieproduktionsbereichen an den Staat überwiesen. Im Modellzusammenhang heißt das, dass die residual bestimmten Einkommen aus Unternehmertätigkeit und Vermögen dieser Bereiche um das Aufkommen aus der Ökosteuer gesenkt werden. Gleichzeitig fließt das Geld dem Staat als zusätzliche Einnahme zu, der damit zu gleichen Teilen die Beiträge der Arbeitgeber und Arbeitnehmer zur Sozialversicherung senkt.

(202) $gsn_j(t) = gsn_j'(t) - entg_j(t)$

gsn_j:	Einkommen- aus Unternehmertätigkeit und Vermögen in jew. Preisen in Mrd. DM
gsn_j':	Einkommen- aus Unternehmertätigkeit und Vermögen einschließlich Ökosteueraufkommen in jew. Preisen in Mrd. DM
$entg_j$:	Ökosteueraufkommen aus gelieferten Energietr. des Produktionsb. j in jew. Pr. in Mrd. DM

(203) $ZSE14(t) = ZSE14'(t) + ENTG(t)$

ZSE14:	Empfangene Produktionsst. des Staates von Unternehmen einschl. der Ökosteuer in Mrd. DM
ZSE14':	Empfangene Produktionssteuern des Staates von Unternehmen ohne Ökosteuer in Mrd. DM
ENTG:	Gesamtes Ökosteueraufkommen in jew. Preisen in Mrd. DM

(204) $AGSOZ(t) = AGSOZ'(t) - 0{,}5 * ENTG(t)$

AGSOZ:	Arbeitgeberbeiträge zur Sozialversicherung nach Kompensation in Mrd. DM
AGSOZ':	Arbeitgeberbeiträge zur Sozialversicherung ohne Kompensation in Mrd. DM

(205) $ANSOZ(t) = ANSOZ'(t) - 0{,}5 * ENTG(t)$

ANSOZ: Arbeitnehmerbeiträge zur Sozialversicherung nach Kompensation in Mrd. DM

ANSOZ': Arbeitnehmerbeiträge zur Sozialversicherung ohne Kompensation in Mrd. DM

Abb. 9: Ökosteuer mit Wegfall der Ausnahmen ab 2004 (PANTA RHEI, — Basissimulation, - - - Simulation der Maßnahme)

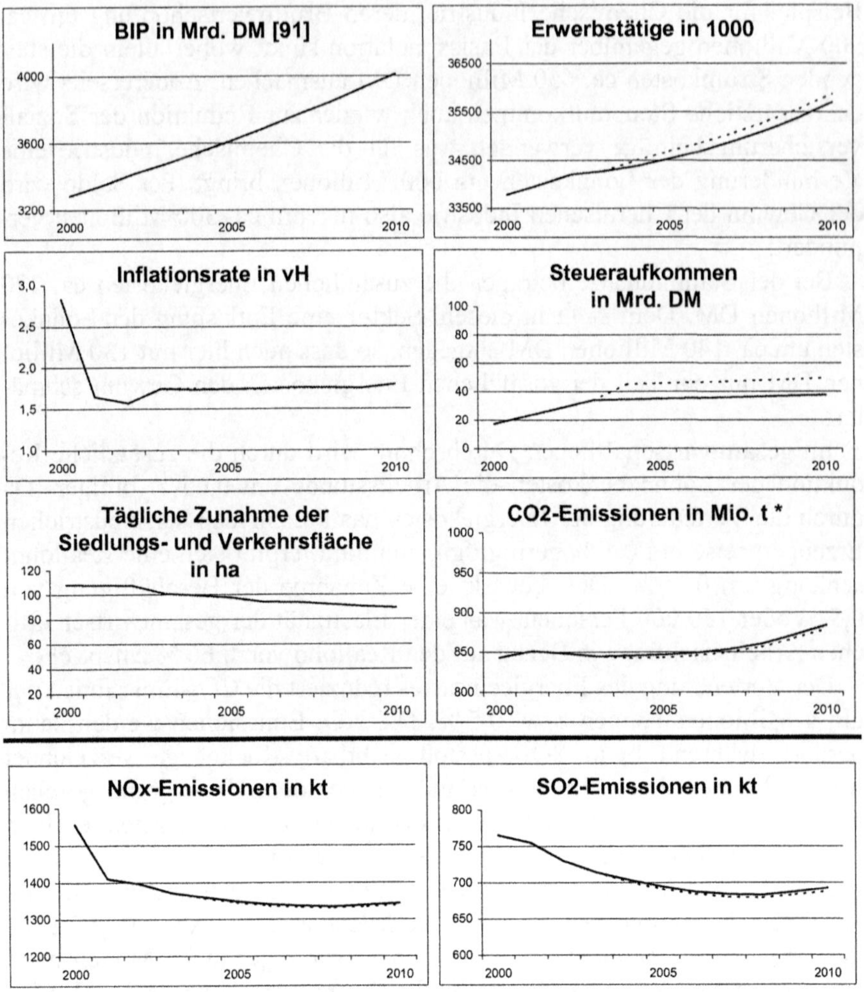

* Verlauf geschätzt ohne Berücksichtigung der nach Projektbeginn beschlossenen Maßnahmen des Klimaschutzprogramms 2000 und eventueller weiterer Maßnahmen, vgl. Abschn. 3.2.

Ausnahmeregelungen bestehen bei der Gesetzeslage zum Zeitpunkt der Simulation vor allem für energieintensive Unternehmen und Produktionsbereiche des Verarbeitenden Gewerbes. Besonders Strom können die Unternehmen billiger beziehen. Der Wegfall der Ausnahmeregelungen nach 2003 erhöht das Steueraufkommen gegenüber der heutigen Gesetzeslage um ca. 11 Mrd. DM. Einige Industriezweige, die bislang von der Besteuerung weitgehend verschont blieben, werden nun belastet. Dies gilt zum Beispiel für die Chemische Industrie, deren Bruttowertschöpfung um ca. 900 Millionen gegenüber der Basissimulation sinkt, wobei allein die steigenden Stromkosten ca. 650 Millionen DM ausmachen. Andererseits wird das zusätzliche Steueraufkommen auch wieder zur Reduktion der Sozialversicherungsbeiträge verwendet, was für die Chemische Industrie eine Verminderung der Lohnkosten um 600 Millionen bringt. Per Saldo wird der Gewinn der Chemischen Industrie also nur um ca. 300 Millionen vermindert.

Bei der Stahlindustrie betragen die zusätzlichen Energiekosten ca. 270 Millionen DM. Dem steht in diesem Sektor eine Entlastung der Lohnkosten um ca. 140 Millionen DM entgegen, so dass auch hier mit 130 Millionen DM nur ein Teil der zusätzlichen Energiekosten den Gewinn schmälert.

Im gesamtwirtschaftlichen Durchschnitt wird durch die zusätzliche Reduktion der Lohnnebenkosten die Arbeitsstunde um 0,65 % billiger. Da durch die Verteuerung der Energiekosten das Preisniveau der industriellen Erzeugerpreise um 0,1 % geringfügig zunimmt, ergibt sich eine Reallohnsenkung um 0,75 %. Dies bewirkt eine Zunahme der Beschäftigung von 0,5 % oder 150 000 Personen, was einer Elastizität der gesamtwirtschaftlichen Arbeitsnachfrage in Bezug auf den Reallohn von 0,66 % entspricht.

Der Verteuerung des Energieeinsatzes reduziert die CO_2-Emissionen nur um 4 Millionen Tonnen bzw. 0,5 %. Die NO_x-Emissionen werden kaum berührt, während beim SO_2-Ausstoß sichtbare Rückgänge verzeichnet werden können. Diese Ergebnisse müssen vor dem Hintergrund gesehen werden, dass die erzielten Energieeinsparungen nur von energieintensiven Sektoren des Verarbeitenden Gewerbes erzielt werden.

Zum Niveau der SO_2- und NO_x-Emissionen sei noch angemerkt, dass bei ihnen die gültige Gesetzgebung berücksichtigt ist. Allerdings ist die Spreizung der Mineralölsteuersätze nach Schwefelgehalt im Modell nicht einbezogen worden. Der drastische Rückgang der Niveaus bei beiden Luftschadstoffen gegenüber Mitte der 90er Jahre geht vor allem auf die Großfeuerungsanlagenverordnung bzw. die geregelten Katalysatoren zurück.

Die Wirkungen auf das Wachstum des Bruttoinlandsprodukts und die gesamtwirtschaftliche Inflationsrate sind vernachlässigbar. Offenbar heben sich gesamtwirtschaftlich der Kostendruck bei der Energie und die Kostenentlastung beim Faktor Arbeit weitgehend auf. Somit sind im Wesentlichen die Auswirkungen der Umverteilung von Lasten zwischen den energieintensiven und den anderen Sektoren zu beobachten.

4.1.2.8 Ökosteuer mit fortgesetztem Anstieg der Steuersätze

In dem nun zu betrachtenden Szenario werden die bisherigen Ausnahmeregelungen auch über 2003 hinaus beibehalten, aber es werden nun die Steuersätze der Ökosteuer auf Treibstoffe und Strom Jahr für Jahr um 6 Pf/Liter bzw. 0,5 Pf/kWh bis 2010 angehoben. Das Steueraufkommen verdoppelt sich dadurch gegenüber der Basissimulation bis 2010 um 35 Mrd. DM auf 72 Mrd. Gegenüber der Simulation „Wegfall der Ausnahmeregelungen" wird im Jahre 2010 eine etwa dreimal so starke Zunahme des Steueraufkommens im Vergleich zur Basissimulation erzielt. Die ökonomischen und ökologischen Wirkungen sind im Vergleich aber nicht mit diesem Faktor zu beschreiben, weil nun die nicht energieintensiven Wirtschaftszweige und die Haushalte die Steuerlast tragen.

Der Beschäftigungseffekt bleibt in der Größenordnung von 150.000 Personen, die wir auch in der vorausgegangenen Simulation festgestellt haben, ist also vergleichsweise niedrig. Die Erklärung liegt darin, dass bei der Simulation „Wegfall der Ausnahmeregelungen" energieintensive Wirtschaftszweige belastet und arbeitsintensive Unternehmen durch die Senkung der Lohnnebenkosten entlastet werden, was entsprechend kräftige Beschäftigungseffekte hat. Bei der jetzigen Simulation werden die arbeitsintensiven Wirtschaftszweige zwar auch entlastet durch die Senkung der Lohnnebenkosten, aber sie werden gleichzeitig auch durch höhere Energiekosten belastet.

Die ökologischen Wirkungen sind bei der Dynamisierung der Steuersätze infolge der besseren Lenkungswirkung wesentlich stärker als bei der vorausgegangenen Simulation. Dies zeigt sich bei den CO_2-Emissionen, die sich bis 2010 um 18 Millionen Tonnen (2,3 %) vermindern (gegenüber 4 Millionen Tonnen in der vorausgegangenen Simulation zum Wegfall der Ausnahmeregelungen). Aber auch die kräftige Senkung der NO_x-Emissionen um ca. 3 % zeigt, dass nunmehr das Besteuerungsprofil ein völlig anderes ist, bei dem etwa der Verkehr eine wichtige Rolle spielt.

Die Wirkungen auf das wirtschaftliche Wachstum bleiben auch hier kaum messbar. Die Inflationsrate liegt in den Jahren 2004 bis 2010 um 0,1 bis 0,2 Prozentpunkte über dem Niveau der Basissimulation. Auf die Flächennutzung hat die weitere Erhöhung der Ökosteuer kaum einen Einfluss. Allerdings ist dabei auch zu bedenken, dass beispielsweise Änderungen der Verkehrsflächenzunahme erst mit einiger Zeitverzögerung auftreten können.

Abb. 10: Ökosteuer mit fortgesetztem Anstieg der Steuersätze (PANTA RHEI, — Basissimulation, - - - Simulation der Maßnahme)

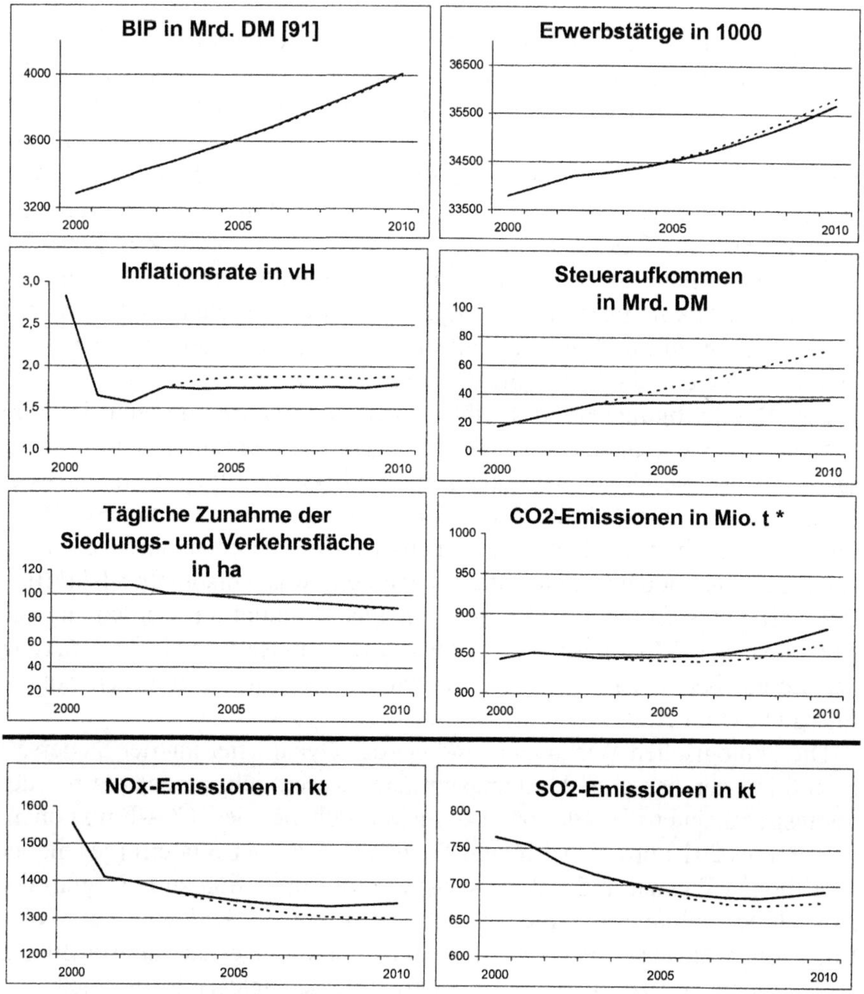

* Verlauf geschätzt ohne Berücksichtigung der nach Projektbeginn beschlossenen Maßnahmen des Klimaschutzprogramms 2000 und eventueller weiterer Maßnahmen, vgl. Abschn. 3.2.

4.1.2.9 Ökosteuer mit Wegfall der Ausnahmen ab 2004 und fortgesetztem Anstieg der Steuersätze

Bei einer Fortführung der Ökosteuer über 2003 hinaus, die den Wegfall der Ausnahmeregelungen und den weiteren Anstieg der Steuersätze einschließt (s. Abb. 11), fällt mit 56 Mrd. DM Steuererhöhung in 2010 im Vergleich zur Basissimulation ein größerer Betrag an als die Summe der Vergleichsziffern in den beiden vorausgegangenen Simulationen (11 + 35 Mrd. DM). Der Grund liegt darin, dass nun ja auch die Steuersätze der energieintensiven Branchen dynamisiert werden. Dies erklärt dann auch, warum die Stärke der Effekte auf die ökologischen und die ökonomischen Variablen größer ist als die jeweilige Summe der Effekte in den vorausgegangenen Simulationen. Die Qualität der Effekte ändert sich dadurch allerdings nicht.

4.1.2.10 CO_2-Steuer

In Abbildung 12 sind die Wirkungen einer CO_2-Steuer dargestellt, die ab dem Jahr 2004 auf die bestehende Ökosteuerregelung aufsetzt. Der CO_2-Ausstoß wird zunächst mit 10 DM/t belastet. In den Folgejahren steigt der Steuersatz um jeweils 10 DM/t an und erreicht im Jahr 2010 70 DM/t. Das Aufkommen aus Ökosteuer und CO_2-Steuer erreicht im Jahr 2010 zusammen ein Niveau von fast 94 Mrd. DM.

Die ökonomischen Effekte entsprechen weitgehend denjenigen früherer CO_2-Steuervarianten, die mit PANTA RHEI III durchgespielt wurden (vgl. Meyer et al. (1999), S. 123ff.). Das Bruttoinlandsprodukt wächst pro Jahr um knapp 0,2 Prozentpunkte weniger als in der Basissimulation. Während der Außenhandel kaum davon betroffen ist, liegen vor allem die inländischen Komponenten des BIP etwas niedriger. Der Beschäftigungseffekt durch die Entlastung der Lohnnebenkosten fällt deutlich positiv aus. Er ist aber schwächer als bei der Ökosteuersimulation mit einem vergleichbaren Steueraufkommen (vgl. Abb. 11).

Dagegen fallen die Emissionseffekte im Vergleich zur Ökosteuer erwartungsgemäß deutlicher aus. Die CO_2-Steuer belastet anders als die Ökosteuer alle Energieträger gemäß ihrem Kohlenstoffgehalt. Damit wird Kohle besonders belastet, während die CO_2-ärmeren Gase weniger belastet werden. Für den Strom bedeutet dies insbesondere in den ersten Jahren, dass bei hohem Kernenergieanteil die Belastung im Vergleich zur Ökosteuer geringer ausfällt. Auch Treibstoffe werden von der CO_2-Steuer weniger betroffen als von der Ökosteuer.

Abb. 11: Ökosteuer mit Wegfall der Ausnahmen ab 2004 und fortgesetztem Anstieg der Steuersätze (PANTA RHEI, — Basissimulation, - - - Simulation der Maßnahme)

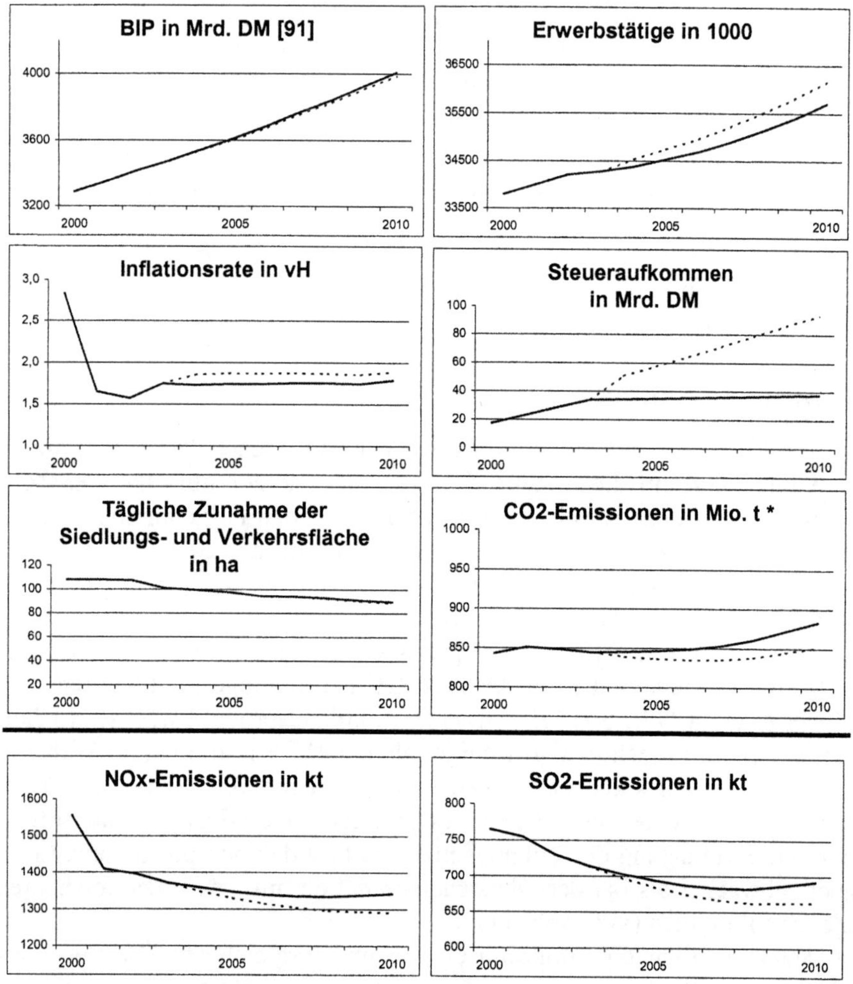

* Verlauf geschätzt ohne Berücksichtigung der nach Projektbeginn beschlossenen Maßnahmen des Klimaschutzprogramms 2000 und eventueller weiterer Maßnahmen, vgl. Abschn. 3.2.

Dagegen wird Heizenergie stärker betroffen. Allein aus Sicht des Klimaschutzes ist es ja auch unwichtig, aus welcher Quelle die Emissionen stammen. Im Ergebnis liegen die CO_2-, NO_x- und SO_2-Emissionen deutlich unter dem Niveau der Ökosteuer. Wird zusätzlich berücksichtigt, dass PANTA RHEI das Nationale Klimaschutzprogramm noch kaum abbildet,

Abb. 12: CO_2-Steuer (PANTA RHEI, — Basissimulation, - - - Simulation der Maßnahme)

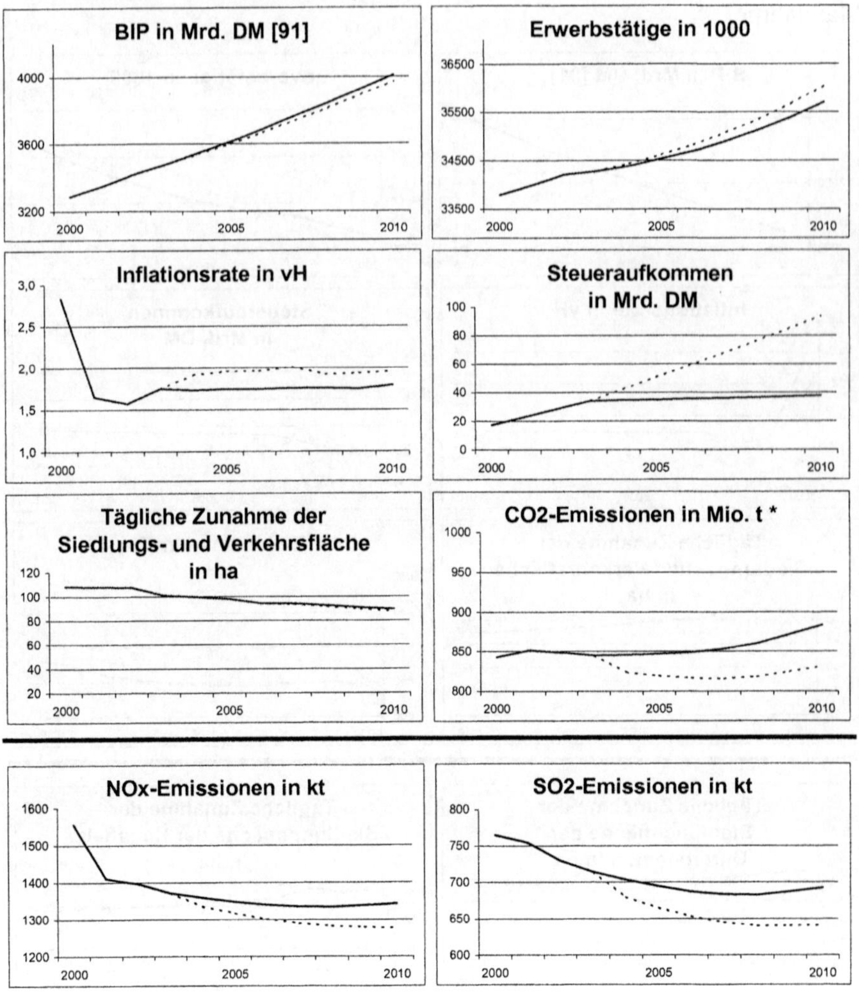

* Verlauf geschätzt ohne Berücksichtigung der nach Projektbeginn beschlossenen Maßnahmen des Klimaschutzprogramms 2000 und eventueller weiterer Maßnahmen, vgl. Abschn. 3.2.

rücken das nationale CO_2-Ziel für 2005 (-25 %) und das deutsche Ziel im Rahmen des EU-burdensharing in den Jahren 2008 bis 2012 (-21 %) in greifbare Nähe. Danach allerdings muss der Emissionsanstieg durch den Kernenergieausstieg durch ein umfassendes Maßnahmenpaket ausgeglichen werden.

Abb. 13: Flächenerwerbsteuer und Ökosteuer mit Wegfall der Ausnahmeregelungen (PANTA RHEI, —— Basissimulation, - - - Simulation der Maßnahme)

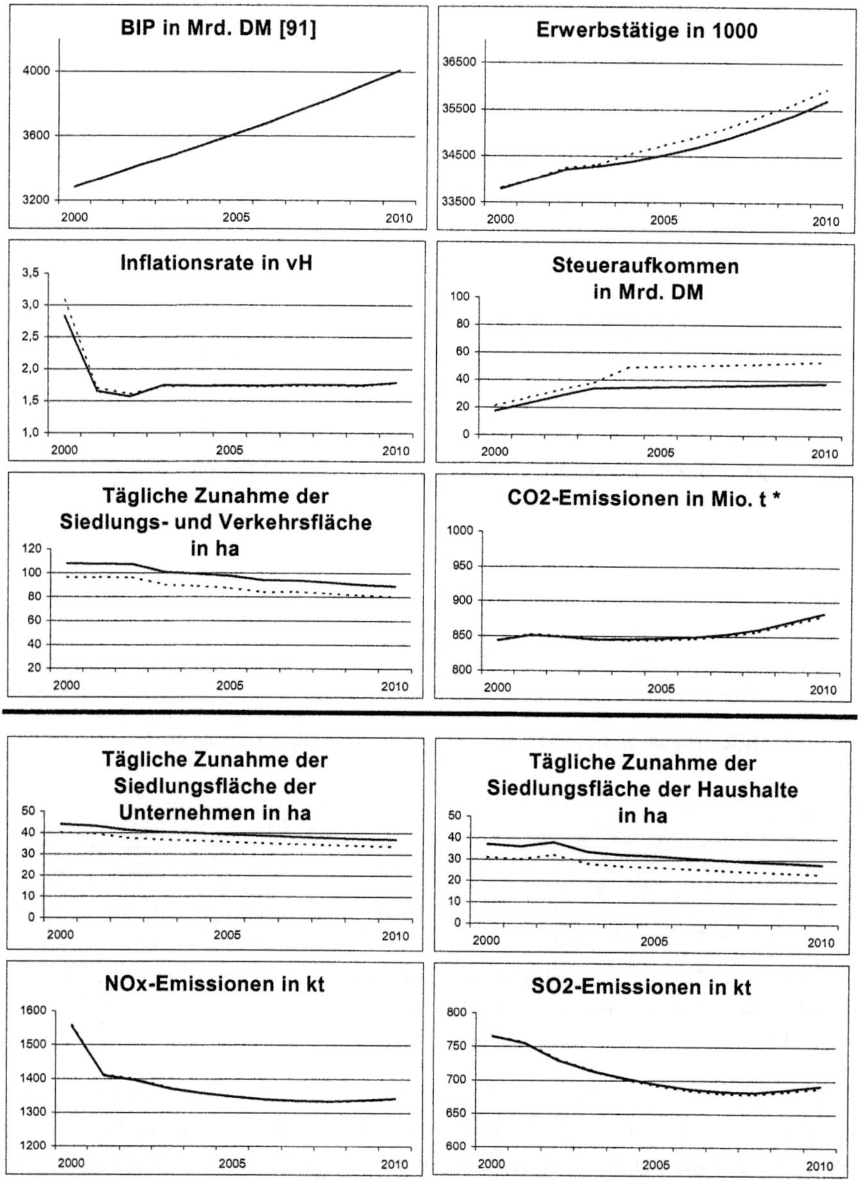

* Verlauf geschätzt ohne Berücksichtigung der nach Projektbeginn beschlossenen Maßnahmen des Klimaschutzprogramms 2000 und eventueller weiterer Maßnahmen, vgl. Abschn. 3.2.

Auf die Flächenzunahme hat die CO_2-Steuer zunächst keinen Einfluss. An dieser Stelle ist aber nochmals an den Zeitbedarf und die zeitliche Verzögerung von Änderungen z.B. der Verkehrsinfrastruktur zu erinnern. Außerdem führt die CO_2-Steuer ja eher zu einer stärkeren Belastung der Heiz- und Prozessenergie, während der Preisanstieg bei Treibstoffen relativ gering ausfällt.

4.1.2.11 Flächenerwerbsteuer und Ökosteuer mit Wegfall der Ausnahmeregelungen

Bei der Kombination von zwei Maßnahmen zeigen sich in Abbildung 13 sowohl die Flächenwirkungen und die geringen ökonomischen Effekte der Flächenerwerbsteuer als auch die ökonomischen und Emissionswirkungen des Wegfalls der Ausnahmen bei der Ökosteuer. Die Simulation soll in erster Linie verdeutlichen, dass auch viele Maßnahmenkombinationen im Modell abbildbar sind. Angesichts des geringen Steuervolumens der beiden Maßnahmen sind aber keine Effekte sichtbar, die über die reine Addition der Wirkungen der Einzelmaßnahmen hinausgehen. Bei stärkeren Maßnahmen wären solche joint-Effekte durchaus vorstellbar.

4.2 Modellsystem des RWI

4.2.1 Einstellung der Szenarien ins Modell

Da das Modell-Instrumentarium des RWI aus verschiedenen Teilsystemen aufgebaut ist, die unabhängig voneinander, aber natürlich auch im Verbund genutzt werden können, enthält jedes Teilsystem spezifische exogene Variablen, die sich aus der Architektur der einzelnen Modelle, ihrem jeweiligen Erklärungsziel und dem Detaillierungsgrad ergeben. Im sektoralen Strukturmodell werden – gegebenenfalls nach 60 Sektoren differenziert – insbesondere alle Steuersätze, Sozialversicherungstarife, ferner die Welthandelsentwicklung und die Importpreise einschließlich des Wechselkurses der D-Mark gegenüber dem Dollar exogen vorgegeben. Zu den wichtigsten exogenen Variablen des Energiemodells gehören insbesondere der Rohölpreis und die nach 15 Energieträgern differenzierten speziellen Verbrauchssteuersätze (Strom-, Mineralöl- und Erdgassteuer). Auch jene Kennziffern, die die technischen Merkmale spezieller Verbrauchs- oder Umwandlungsprozesse charakterisieren, sich jedoch einer modellendogenen Beeinflussung weitgehend entziehen wie etwa die Wärmedurchgangskoeffizienten der Wärmeschutzverordnung oder die Wirkungsgrade neu zu errichtender Kraftwerke, sind zu diesem Block zu rechnen. Im Umweltmodell werden insbesondere die spezifischen Emissionen differenziert nach einzelnen Techniken und Energieträgern exogen gesetzt.

Diese Konstruktionsmerkmale machen deutlich, dass für Prognosen und Simulationen außerhalb des Stützbereichs eine erhebliche Anzahl von exogenen Variablen bis zum Ende des Prognosezeitraums vorgegeben werden muss. Gleichzeitig bieten diese Variablen allerdings zusätzliche Möglichkeiten für Simulationen, da den exogenen Variablen selbstverständlich unterschiedliche Entwicklungen zugewiesen werden können. So können etwa die Auswirkungen eines per Gesetz (Stichwort Energiesparverordnung) beschleunigten Ersatzes von alten Heizungsanlagen im Bereich der privaten Haushalte auf die Schadstoffemissionen und insbesondere die CO_2-Emissionen simuliert werden, wobei die im Umweltmodell implementierten Kostenansätze garantieren, dass neben den ökologischen auch die ökonomischen Konsequenzen berücksichtigt werden.

Grundsätzlich sollten für die folgenden Simulationen möglichst alle bereits in Kraft getretenen oder in absehbarer Zeit zu erwartenden gesetzlichen Neuerungen berücksichtigt werden. Allerdings waren einzelne gesetzliche Regelungen (etwa zum forcierten Einsatz der Kraft-Wärme-Kopplung) bei der Durchführung der Modellprognosen noch in der politischen Beratungsphase und insoweit mit Unsicherheiten über ihre konkrete Ausgestaltung behaftet. Für diese exogenen gesetzlichen Vorgaben wurde daher der Stand der Gesetzgebung bis Ende 2000 berücksichtigt, wobei selbstverständlich im Gesetz vorgesehene Dynamisierungen in die Fortschreibung einbezogen sind. Da die Reform der gesetzlichen Rentenversicherung ebenfalls erst nach diesem Stichtag verabschiedet wurde, konnten die Auswirkungen auch dieser Reform nicht mehr berücksichtigt werden. Das gleiche gilt für die bald nach den Berechnungen zu erwartenden Maßnahmen der europäischen Union zur Reduktion der Klimagasemissionen (Stichwort: EU-weiter Emissionshandel).

4.2.2 Ergebnisse der einzelnen Simulationen

4.2.2.1 Historische Basissimulation

Den ersten Schritt zur Validierung eines ökonometrischen Modells stellt jeweils eine dynamische Ex-post-Prognose im Schätzzeitraum dar. Dieses Verfahren soll das Anpassungsverhalten des Gesamtsystems verdeutlichen. Im Folgenden werden daher die Resultate einer Ex-post-Prognose für den

Zeitraum 1986 bis 1996 für die alten Bundesländer und für 1995 bis 1998 für Deutschland vorgestellt und bewertet. Die Unterteilung des Gesamtzeitraumes in zwei Teilzeiträume und Gebietsstände soll den bereits in Abschnitt 2.2 dargestellten strukturellen Umbrüchen Rechnung tragen, die in den ersten Jahren der Wiedervereinigung zu beobachten waren. Die Prognosegüte des Modells insgesamt sowie der einzelnen Teilmodelle werden anhand folgender statistischer Prüfmaße beschrieben:

- mittlerer absoluter prozentualer Fehler (MAPE),
- mittlerer Fehler (MEAN),
- mittlerer absoluter Fehler (MAE) sowie
- die Wurzel aus dem mittleren quadratischen Fehler (RMSE).

Jedes dieser Fehlermaße hat zwar eine eigenständige Bedeutung und misst eine spezifische Eigenschaft des Modells; für eine qualifizierte Modellanalyse ist jedoch eine Gesamtbetrachtung der Maße erforderlich.

Der mittlere Fehler dient der Überprüfung von einseitigen Unter- oder Überschätzungen über den gesamten Prognosezeitraum. Ein hoher positiver Wert zeigt eine tendenzielle Über-, ein negativer Wert eine Unterschätzung an. Dabei ist allerdings die Dimension und Größenordnung der Variablen zu beachten. Der mittlere absolute prozentuale Fehler ist demgegenüber unabhängig von der Dimension der Variablen. Dennoch fällt dieses Fehlermaß häufig bei Zeitreihen, die um den Wert Null schwanken, vergleichsweise hoch aus, auch wenn die beobachtete Entwicklung durch das Modell angemessen nachgezeichnet wird. In solchen Fällen ist die Aussagekraft des mittleren absoluten Fehlers größer, während umgekehrt bei betragsmäßig großen Variablen ein hoher absoluter Fehler erst dann Hinweise auf eine nicht zufriedenstellende Modellanpassung liefert, wenn auch die absoluten prozentualen Abweichungen vergleichsweise hoch sind. Die Wurzel aus dem mittleren quadratischen Fehler sollte stets in Zusammenhang mit dem mittleren absoluten Fehler interpretiert werden. Da in dessen Berechnung die Fehler quadriert eingehen, werden große Abweichungen stärker bestraft als kleine Fehler; somit kann der Unterschied von MAE und RMSE als Anhaltspunkt dafür dienen, ob die Fehler relativ gleichmäßig über den gesamten Zeitraum verteilt sind oder ob einige extreme Ausreißer vorkommen: Je kleiner die Differenz, um so homogener ist die Fehlerstruktur. Wird die beobachtete Größe über den gesamten Zeitraum vom Modell über- bzw. unterschätzt, stimmen der mittlere und der mittlere absolute Fehler überein. Dieser Fehler kann auftreten, wenn definitorische Beziehungen im Modell nicht mit den definitorischen Beziehungen im Datensatz übereinstimmen, grundlegende Datenrevisionen erfolgt sind oder einzelne Gleichungen zum Teil oder vollständig außerhalb des überprüften Anpassungszeitraums geschätzt werden mussten.

Tabelle 13: Fehleranalyse des Modells – Ex-post-Prognose

Variable	Bezeichnung	MAE	RMSE	MEAN	MAPE
alte Bundesländer 1986 bis 1994					
BIP91	Bruttoinlandsprodukt	40,24	55,77	-19,48	1,54
EWT	Erwerbstätige	661,38	272,80	519,38	2,44
PCP91	Preisindex Privater Verbrauch	2,35	2,86	-0,48	2,39
SVFZHA	Zunahme der Siedlungs- und Verkehrsfläche, ha/Tag	1,88	2,12	0,64	2,40
CO_2	CO_2-Emissionen	29,95	34,35	29,37	4,42
SVVZHA	Zunahme der versiegelten Fläche, ha/Tag	2,33	2,91	0,85	6,71
SVF	Siedlungs- und Verkehrsfläche	97,82	98,14	97,82	0,32
SO_2	SO_2-Emissionen	78,50	96,17	78,50	6,46
NO_x	NO_x-Emissionen	113,40	123,00	113,40	5,40
Deutschland 1995 bis 1998					
BIP95	Bruttoinlandsprodukt	76,26	91,35	-76,26	2,05
EWT	Erwerbstätige	975,77	1045,69	68,59	2,72
PCP95	Preisindex Privater Verbrauch	1,25	1,54	-0,79	53,35
SVFZHA	Zunahme der Siedlungs- und Verkehrsfläche in ha/Tag	7,69	8,05	-1,84	6,30
CO_2	CO_2-Emissionen	29,00	37,84	27,50	3,35
SVVZHA	Zunahme der versiegelten Fläche, ha/Tag	4,09	4,80	-2,45	7,76
SVF	Siedlungs- und Verkehrsfläche	16,63	22,15	-13,18	0,04
SO_2	SO_2-Emissionen	18,00	24,82	16,59	1,43
NO_x	NO_x-Emissionen	19,75	25,77	4,25	1,10
Eigene Berechnungen.					

Gemessen an diesen Fehlermaßen kann das Anpassungsverhalten – zumindest für die hier ausgewählten Variablen – als zufriedenstellend bezeichnet werden. Der mittlere absolute prozentuale Fehler liegt in der Regel unter 5 vH, bei den Veränderungen der Flächennutzung nur geringfügig darüber (vgl. Tabelle 13). Hervorzuheben ist die gute Anpassung des Modells für Deutschland in den Jahren 1995 bis 1998. Lediglich die Anzahl der Erwerbstätigen wird mit durchschnittlich 68600 deutlich unterschätzt. Maßgeblich für diesen Fehler dürften allerdings weniger die sektoralen Arbeitsnachfragefunktionen als vielmehr die Revision der VGR bei der Umstellung auf das ESVG 1995 sein. Denn bei dieser Revision, die bislang im Strukturmodell nicht berücksichtigt werden konnte, wurde die Anzahl der geringfügig Beschäftigten um fast zwei Millionen erhöht. Insofern hat diese Abweichung für die Anpassungsgüte des Modells zwischen 1995 und 1998 nur eine begrenzte Aussagekraft.

Diese Feststellung wird von der Anpassungsgüte des Modells für die alten Bundesländer bestätigt; denn dort wird die Anzahl der Erwerbstätigen vom Modell relativ gut nachvollzogen (vgl. Abb. 14). Kritischer ist die Abweichung der im Deutschland-Modell ermittelten Inflationsrate von der tatsächlichen Entwicklung gegen Ende des Untersuchungszeitraumes zu sehen. Auch wenn nicht ausgeschlossen werden kann, dass Datenrevisionen am aktuellen Rand zu einer besseren Übereinstimmung von Modelllösung und empirischem Ausgangsmaterial führen können, überschätzt das Modell zum gegenwärtigen Zeitpunkt die Inflationsrate am aktuellen Rand deutlich (vgl. Abb. 15).

Im Hinblick auf die umweltrelevanten Indikatoren kann die Anpassungsgüte hingegen als zufriedenstellend bezeichnet werden, die Zunahme der Siedlungs- und Verkehrsfläche sowie der versiegelten Flächen wird in der Tendenz gut nachvollzogen. Dabei ist der Hinweis von Bedeutung, dass die Flächennutzungserhebung im Abstand von jeweils vier Jahren durchgeführt wird, die „tatsächlichen" Daten für die dazwischen liegenden Jahre durch Interpolation gewonnen werden mussten und insoweit nicht frei von Fehlern sein dürften.

4.2.2.2 Ex-ante-Basissimulation für die bestehende Gesetzeslage

Die Leistungsfähigkeit eines Modells entscheidet sich nicht nur nach dem Anpassungsverhalten innerhalb des Schätzzeitraumes, sondern auch nach den Prognoseeigenschaften und den Reaktionen des Modells auf exogene Impulse. Um diese Modelleigenschaften zu überprüfen, sollen im Folgenden sowohl die gesamtwirtschaftliche, sektorale und ökologische Entwicklung bis zum Jahr 2020 prognostiziert wie auch die Wirkungen verschiedener Instrumente auf wichtige makroökonomische und ökologische Größen simuliert werden. Die Simulationsstudien können dabei sowohl innerhalb als auch außerhalb des Stützzeitraumes durchgeführt werden.

Abb. 14: Historische Basissimulation – alte Bundesländer, 1986 bis 1994 (RWI,—— tatsächlicher Verlauf, - - - geschätzter Verlauf)

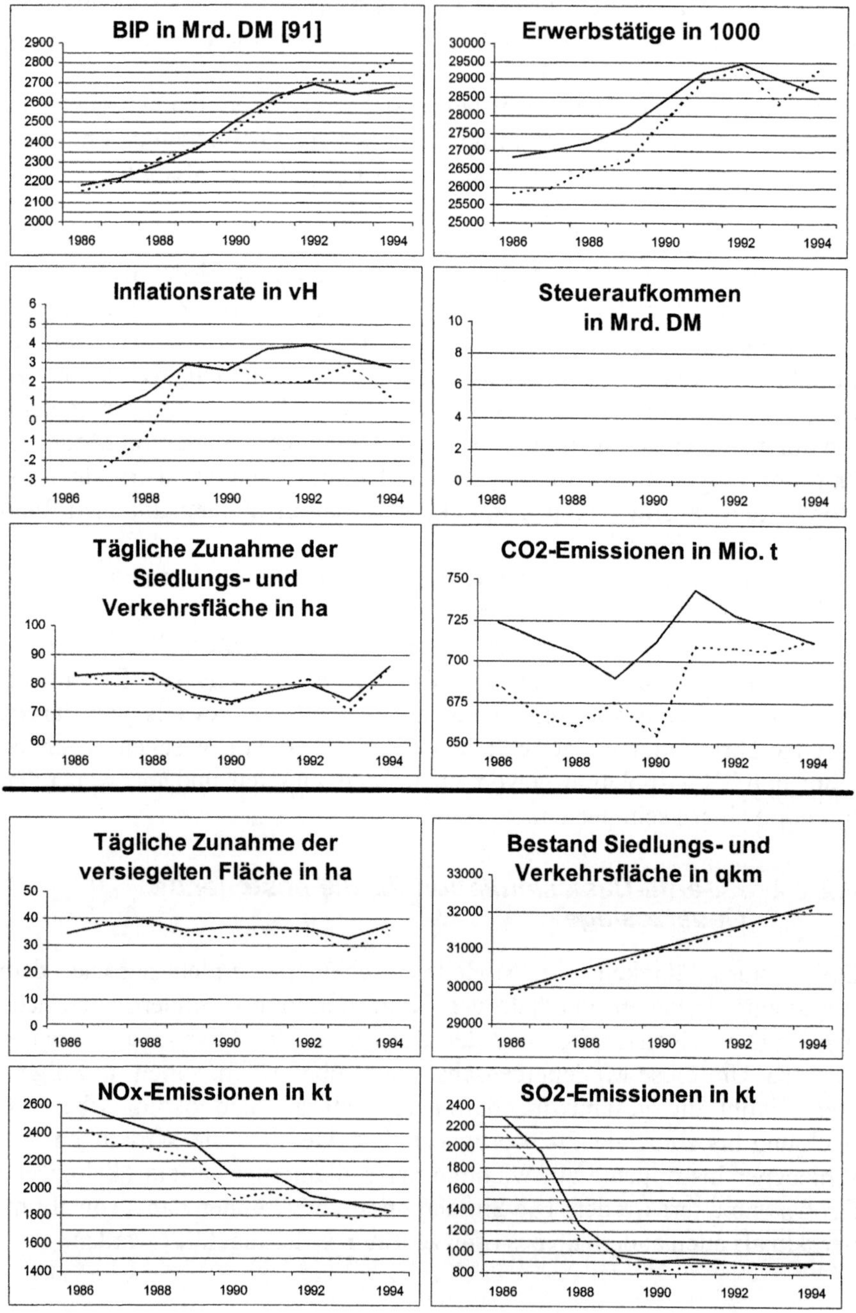

Abb. 15: Historische Basissimulation – Deutschland – 1995 bis 1998 (RWI, —— tatsächlicher Verlauf, - - - geschätzter Verlauf)

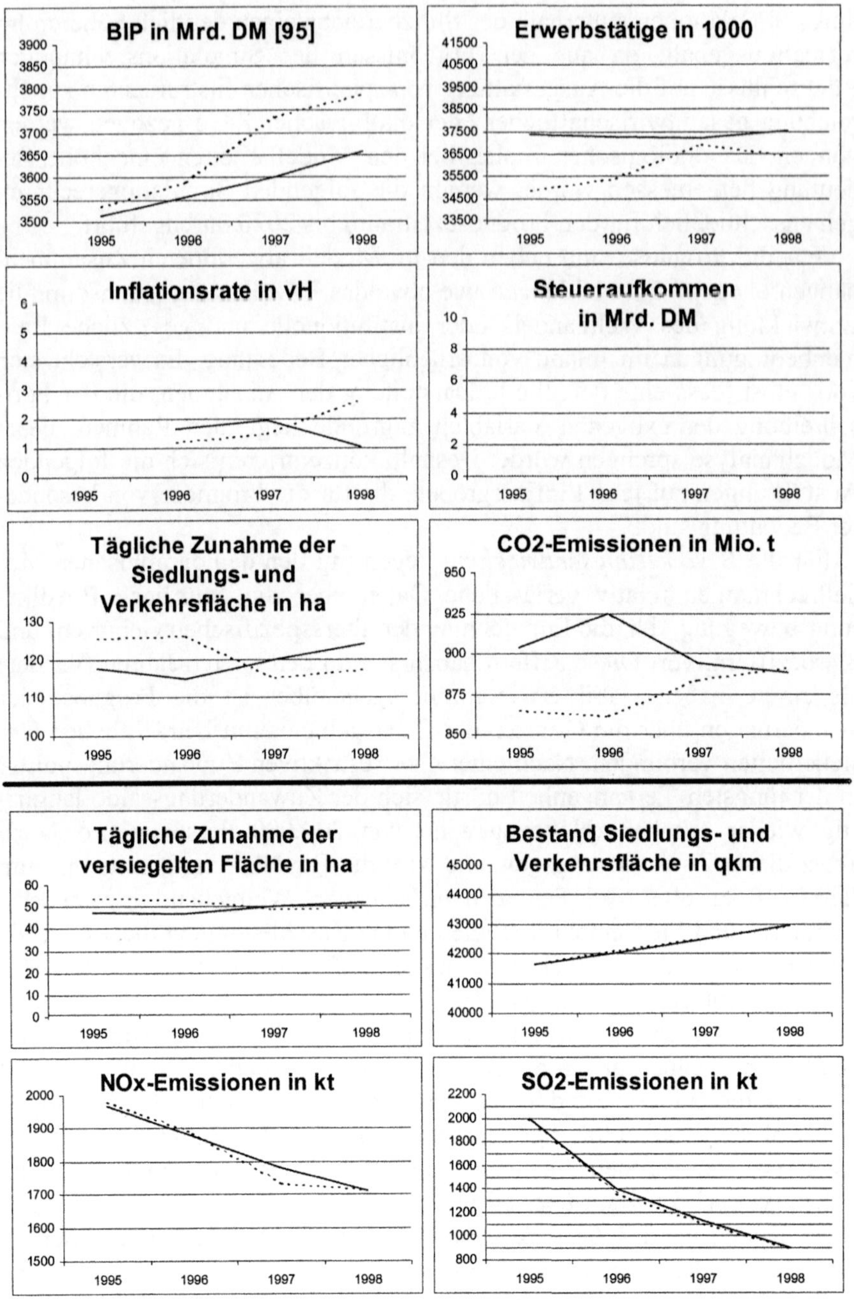

Aus Sicht der Modellkonstruktion ist die Wahl der Zeitachse beliebig, da sich die Modellreaktionen innerhalb und außerhalb des Stützzeitraumes nicht unterscheiden. Für handlungsorientierte Anwendungen haben allerdings Simulationen außerhalb des Stützbereichs einen deutlich höheren Informationsgehalt, da aus den Ergebnissen der Simulationsrechnungen Rückschlüsse auf die Ausgestaltung von spezifischen Instrumenten zur Erreichung gesamtwirtschaftlicher oder ökologischer Ziele gezogen werden können. Da ökologischen Zielen bei den Modellarbeiten eine hohe Bedeutung beigemessen wurde, werden die folgenden Simulationsrechnungen ausschließlich für den Prognosezeitraum bis 2020 durchgeführt.

Für die Prognose sind neben den im Modell abgebildeten Zusammenhängen exogene Entwicklungen wie etwa das Bevölkerungswachstum, die Entwicklung des Welthandels oder institutionelle und gesetzliche Rahmenbedingungen im Inland von erheblicher Bedeutung. Es versteht sich von selbst, dass eine detaillierte Darstellung der Annahmen, die der Fortschreibung der exogenen Variablen zugrunde liegt, den Rahmen dieser Modellanalyse sprengen würde. Deshalb konzentrieren sich die folgenden Ausführungen auf jene Einflussgrößen, die für die Prognose von besonderer Bedeutung sind.

Für die *Bevölkerungsentwicklung* liegen mit den demographischen Modellrechnungen relativ verlässliche Daten über die natürliche Bevölkerungsbewegung, d.h. die Entwicklung der altersspezifischen Geburten- und Sterbeziffern, vor. Diese Ziffern haben sich in den letzten Jahren (wieder) als einigermaßen stabil erwiesen; demgegenüber ist die Prognose der Wanderungen über die Grenzen des Staatsgebietes mit beträchtlichen Unsicherheiten verbunden. Nach einer eher restriktiven Zuwanderungspolitik in der jüngsten Vergangenheit dürfte sich der Zuwanderungssaldo langfristig wieder erhöhen (Nettozugewinn von 200.000 Personen pro Jahr). Trotz dieser Zuwanderungsgewinne wird die Bevölkerung bereits bis zum Jahr 2010 auf 80,9 Mill. Personen zurückgehen. Weitgehend unveränderte Geburten- und Sterberaten implizieren eine Beschleunigung dieses Trends im darauffolgenden Jahrzehnt, so dass in 2020 nur noch 78,5 Mill. Menschen in Deutschland leben werden.

Diese Bevölkerungsentwicklung wird – wie allgemein bekannt – von deutlichen Veränderungen der *Altersstruktur* begleitet: Bis zum Jahr 2020 wird der Jugendquotient, d.h. das Verhältnis der Zahl der unter 20jährigen zur Zahl der 20 bis 60jährigen auf etwa 31 vH sinken (2000: 39 vH); der Altenquotient, der den entsprechenden Anteil der über 60jährigen ausdrückt, von 41,5 vH auf über 50 vH steigen. Diese Entwicklung impliziert einen Rückgang des *Erwerbspersonenpotenzials*, der bei unverändertem Erwerbsverhalten von Erwerbspersonen in dieser Altersgruppe zu einem erheblichen Mangel an Arbeitskräften führen muss. Da eine Konstanz des

Erwerbsverhaltens allerdings unter diesen Umständen wenig wahrscheinlich ist, wird der Anteil der Erwerbspersonen im Alter von 20 bis 60 Jahren wie in der Vergangenheit weiter ansteigen. Da außerdem ein größerer Teil der über 60-jährigen noch im Erwerbsleben stehen wird, kann der demographisch bedingte Rückgang des Erwerbspersonenpotenzials durch diese Faktoren mehr als ausgeglichen werden. Per Saldo ergibt sich daraus ein Erwerbspersonenpotential von 39,9 Mill. Personen im Jahre 2010, von 41,8 Mill. Personen in 2020. Dennoch ist unverkennbar, dass die Demographie eine ernste Herausforderung für die zukünftige Verfassung des Arbeitsmarktes darstellt.

Die eher zurückhaltende Einschätzung der zukünftigen Wachstumsrate des *Welthandelsvolumens* mit langfristig nur noch 3 bis 4 vH lässt sich durch verschiedene Entwicklungstendenzen begründen: Grundsätzlich kann angenommen werden, dass es auch zukünftig auf dem Weltmarkt Tendenzen zur Abschottung und zum Protektionismus geben wird – insbesondere in Situationen schwacher Konjunktur und hoher Arbeitslosigkeit im Inland. Darüber hinaus treten sicherlich langfristig Sättigungseffekte ein, etwa infolge abnehmender Impulse durch weitere Marktöffnungen sowie der Verlangsamung des Bevölkerungswachstums. Ferner wird angenommen, dass das konsumgestützte Wirtschaftswachstum der USA sich mittelfristig abschwächen wird, so dass auch hier ein dämpfender Effekt auf das Welthandelsvolumen zu erwarten ist.

Für die Sozialversicherungssysteme sind in Deutschland recht unterschiedliche Entwicklungen zu erwarten. Der zunehmende Anteil älterer Menschen mit einem Anspruch auf Leistungen der gesetzlichen Rentenversicherung führt zu einer deutlichen Ausweitung der Rentenzahlungen. Untersuchungen zu den Auswirkungen der rechtlichen Rahmenbedingungen auf die gesetzliche Rentenversicherung zeigen, dass diese Leistungen nur mit steigenden Beitragssätzen zu finanzieren sind. Auch wenn das Aufkommen aus der ökologischen Steuerreform für die Erhöhung des Bundeszuschusses verwendet wird, reichen die zusätzlichen Einnahmen allenfalls aus, eine weitere Steigerung bis zum Jahr 2003 zu verhindern. Ohne weitere Reformen, die in dieser Prognose nicht im Einzelnen berücksichtigt werden konnten, ist eine weitere Steigerung um einen Prozentpunkt unausweichlich. Im Gegensatz dazu ist bei der gesetzlichen Arbeitslosenversicherung wegen der bereits geschilderten Entwicklung des Erwerbspersonenpotenzials eine deutliche Verringerung der Beitragsätze um knapp 2 Prozentpunkte zu erwarten. Die Entwicklung in der gesetzlichen Krankenversicherung lässt sich ohne normative Setzungen kaum exakt prognostizieren. Eine Steigerung der Ausgaben wird sich infolge des demographischen Wandels kaum vermeiden lassen. Andererseits zeigt die bisherige Entwicklung, dass die Beitragssätze sich nicht allein an den zu erwartenden Ausgaben orientieren. Vielmehr unterliegen auch die Ausgaben selbst einer staatlichen Kontrolle, so dass ein Anstieg der Beitragssätze über ein allgemein akzeptiertes Niveau hinaus bislang stets verhindert werden konnte. Für die folgende Prognose wird unterstellt, dass von diesem Verhaltensmuster auch in Zukunft nicht abgewichen wird, so dass der Beitragssatz zur gesetzlichen Krankenversicherung als konstant angenommen wird.

Über die makroökonomischen Rahmenbedingungen hinaus sind für die folgenden Analysen sektorspezifische Entwicklungen wichtig, die sich nicht als Ergebnis unternehmerischer Anpassungsprozesse an veränderte Nachfrage- oder Angebotsbedingungen darstellen, sondern auf gesetzliche Vorgaben zurückführen lassen. Insbesondere die Umweltpolitik hat in der Vergangenheit eine Vielzahl von gesetzlichen Regelungen geschaffen, die gerade nicht gesamtwirtschaftlich und damit sektorneutral, sondern in der Regel auf die Verringerung der Umweltbelastungen spezifischer Produktions- oder Verbrauchsprozesse zugeschnitten waren. Zu diesen Maßnahmen sind insbesondere die zur Steigerung der Energieeffizienz allgemein sowie zur Begünstigung regenerativer Energiequellen beschlossenen gesetzlichen Grundlagen zu rechnen.

Eine grundlegende Änderung der energierechtlichen Rahmenbedingungen stellt das am 29. April 1998 in Kraft getretene neue Energiewirtschaftsrecht dar. Mit diesem Gesetz sind die rechtlichen Voraussetzungen für die Liberalisierung der Strom- und Gasmärkte geschaffen. Seit Inkrafttreten dieses Gesetzes zeichnen sich gravierende Veränderungen in der Elektrizitäts- und Gasversorgung ab. Der Prozess hat inzwischen eine solche Eigendynamik entfaltet, dass schon Befürchtungen laut werden, die Elektrizitätswirtschaft stehe am Beginn eines ruinösen Preiswettbewerbs, der zu massiven Konzentrationen, dem Ausscheiden vieler Versorgungsunternehmen aus dem Markt und dem Überleben weniger Großkonzerne führe, während ökologische Ziele wie der weitere Ausbau der Kraft-Wärme-Kopplung oder die intensivere Nutzung regenerativer Energiequellen auf der Strecke blieben.

Um diesen ökologisch kontraproduktiven Entwicklungen zumindest teilweise entgegenzuwirken, ist das Gesetz zum Einstieg in eine ökologische Steuerreform verabschiedet und zum 1. April 1999 in Kraft gesetzt worden. Mit diesem Gesetz sowie der seit dem 1. Januar 2000 gültigen Fortführung wird der Energieverbrauch einer zusätzlichen Steuer unterworfen. Der Steuersatz für den Stromverbrauch beträgt 20 DM je MWh und steigt bis zum Jahr 2003 auf 40 DM/MWh an. Für Nachtspeicherheizungen, die vor dem Inkrafttreten des Gesetzes installiert wurden, sowie für den Fahrstromverbrauch des Schienenverkehrs gelten auf die Hälfte des Regelsatzes reduzierte Steuersätze. Für Unternehmen der Land- und

Forstwirtschaft und des Produzierenden Gewerbes gilt bis zu einem Verbrauch von 50 MWh je Unternehmen der Regelsatz, darüber hinaus ein um 80 vH reduzierter Steuersatz, der beim Einstieg in die Reform im April 1999 noch 4 DM/MWh betrug, nach Abschluss der Reform im Jahr 2003 bei 8 DM/MWh liegen soll. Für Kraftstoffe sind ähnliche Steigerungen vorgesehen: Der Eingangssteuersatz von 6 Pf/Liter erhöht sich zu Beginn jeden Jahres um 6 Pf/Liter, so dass nach fünf Schritten der Steuersatz bei 30 Pf/Liter liegt. Die Steuersätze für Heizöl und Erdgas bleiben demgegenüber bis 2003 konstant, so dass auch später die Eingangssätze von 4 Pf/Liter bzw. 3,20 DM/MWh noch gültig sind.

Um Wettbewerbsnachteile energieintensiver Grundstoffindustrien zu vermeiden, sieht das Gesetz Steuererstattungen für Unternehmen des Produzierenden Gewerbes vor. Die Erstattung wird allerdings nur für die in einem Unternehmen über 1000 DM hinausgehenden Belastungen gewährt. Darüber hinaus hält der Gesetzgeber eine Zusatzbelastung dann für zumutbar, wenn die Stromsteuer die Entlastung über die Senkung der Arbeitgeberbeiträge zur Rentenversicherung um nicht mehr als 20 vH übersteigt. Ähnliche Regelungen gelten für die Änderungen des Mineralölsteuergesetzes.

Nahezu parallel zur Einführung und Fortführung der ökologischen Steuerreform wurden auch die Regelungen zur Absetzbarkeit der Fahrkosten im Rahmen der Einkommensteuer geändert. An die Stelle einer auf die spezifische Nutzung des Pkw zugeschnittenen Kilometer-Pauschale wurde eine verkehrsmittelunabhängige Entfernungspauschale eingeführt, die für jeden Entfernungskilometer zwischen Wohnung und Arbeitsplatz 80 Pf beträgt.

Über die Wirksamkeit von zusätzlichen Steuern und Abgaben auf den Verbrauch von Energie entscheidet allerdings nicht allein das nationale Besteuerungssystem, sondern vor allem auch die Entwicklung der Energiepreise auf den Weltenergiemärkten. In dieser Prognose wird angenommen, dass der Weltrohölpreis nach dem Anstieg im letzten Jahr sich auf einem Niveau von real etwa 25 Dollar/Barrel einpendelt und auf diesem Niveau bis 2010 verharrt. Erst nach dem Jahr 2010 ist mit dem wieder größeren Einfluss der OPEC und dem Auslaufen wichtiger Förderquellen in Europa und Nordamerika ein realer Preisanstieg möglich, der allerdings seine Grenzen in den Förderkosten alternativer Gewinnungstechniken wie Ölschiefer oder Teersande findet und daher bis zum Ende des Untersuchungszeitraumes 30 Dollar/Barrel kaum überschreiten wird.

Dieser Preispfad prägt mit geringen Abweichungen auch die Entwicklung der Preise bei allen übrigen Importenergien. Der Preisanstieg bei Importkohle wird ähnlich verlaufen wie beim Erdöl. Der bereits realisierte Ausbau von Gruben, deren Förderung überwiegend zum Export bestimmt ist, sowie die konkrete Planung und die Untersuchung neuer Projekte lassen erwarten, dass zumindest bis weit nach der Jahrtausendwende die Weltmarktpreise real konstant bleiben. Auch nach dem Jahr 2010 dürften Preissteigerungen auf dem Weltkohlemarkt im Vergleich zum Erdöl geringer ausfallen, da durch die nominale Entwicklung bereits genügend Anreize zur weiteren Ausweitung des Angebots gegeben sind. In dieser Untersuchung wird daher angenommen, dass die Importkohlepreise nominal von rund 78 DM/t im Jahr 2000 über 105 DM/t im Jahre 2010 auf 140 DM/t im Jahre 2020 ansteigen.

Die Importpreise für Erdgas bilden sich bislang nach dem Prinzip der Anlegbarkeit, der Erdgaspreis orientiert sich also an den Preisen der Konkurrenzenergien mit Zuschlägen für Handhabungsvorteile, größere Umweltfreundlichkeit u.a.m. In dieser Untersuchung wird grundsätzlich davon ausgegangen, dass das Anlegbarkeitsprinzip auch in Zukunft gültig bleibt. Modifikationen ergeben sich nur insoweit als für das in Kraftwerken eingesetzte Erdgas in Zukunft nicht mehr schweres Heizöl, sondern zunehmend Importkohle als Konkurrenzenergie berücksichtigt wird. Für die übrigen Abnehmergruppen bleibt auch in Zukunft der Preis für leichtes Heizöl alleiniger Maßstab für die Entwicklung der Erdgaspreise.

Die Preise der im Inland gewonnen Primärenergieträger, vor allem Stein- und Braunkohle, in geringen Mengen und mit abnehmender Bedeutung auch Erdgas, bilden sich hingegen nach den Förderkosten. Diese Gesetzmäßigkeiten sind für die heimischen Energieträger solange unproblematisch, wie die Weltmarktpreise für Primärenergieträger eine Überwälzung dieser Förderkosten auf die nachgelagerten Stufen der Energieumwandlung und des Energieverbrauchs zulassen. Diese Voraussetzungen sind für Steinkohle seit mehr als 25 Jahren nicht mehr gegeben, sie gelten auch für die übrigen Energieträger seit dem Verfall der Energiepreise Mitte der achtziger Jahre nur noch begrenzt. Um daher im Wettbewerb mit Importenergien bestehen zu können, sind zum Teil drastische Reduktionen der Förderkosten unausweichlich. Gegenwärtig sind diese Zwänge bei Braunkohle zu beobachten. Insofern ist der dargestellte reale Preisrückgang bei Braunkohle nicht Ausdruck von neu aufzuschließenden, kostengünstigeren Lagerstätten, sondern allein dem harten Wettbewerb mit Importsteinkohle und Erdgas zuzuschreiben.

Der bereits angesprochene strukturelle Umbruch in der Elektrizitätswirtschaft erschwert eine zuverlässige Aussage über die Entwicklung der Strompreise. Grundsätzlich dürfte jedoch unstrittig sein, dass Überkapazitäten, die gegenwärtig und in naher Zukunft in der Stromerzeugung auf den Markt drängen, eine an den langfristigen Grenzkosten orientierte Preisbildung kaum zulassen. Vielmehr dürften sich die Preise eher an den kurzfristigen Grenzkosten ausrichten, wobei im Einzelfall erhebliche

Spielräume für die Preisfindung bestehen können. Da sowohl in der Stromerzeugung als auch in der Verteilung mehr als 40 vH der Gesamtkosten Fixkosten darstellen, könnte dieser Prozess im Extremfall Preisnachlässe in ähnlicher Größenordnung induzieren. Dabei dürften jene Unternehmen, deren Erzeugung gegenwärtig noch mit erheblichen Kapitalkosten belastet ist, besonders schwierige Anpassungsprozesse zu bewältigen haben. Es liegt auf der Hand, dass eine solche Preisbildung nicht von Dauer sein kann, da ein großer Teil der in neue Kraftwerke, in Transport- und Verteilungsanlagen, aber auch in Umweltschutzeinrichtungen investierten Mittel unwiederbringlich verloren zu gehen droht („stranded investments"). Aus diesem Grunde werden sich nach Abschluss dieses Bereinigungsprozesses die Strompreise wieder nach langfristigen Grenzkosten bilden, die zudem eine angemessene Verzinsung des eingesetzten Kapitals gewährleisten. Unklar ist allerdings, wie viel Zeit dieser Anpassungsprozeß in Anspruch nehmen wird und welche Strukturen sich dabei herausbilden. Für die folgende Untersuchung wird angenommen, dass der Übergang auf eine an den langfristigen Grenzkosten orientierte Preisbildung dann erfolgt, wenn neue Anlagen zur Stromerzeugung errichtet werden müssen. Dieser Zeitpunkt dürfte nicht vor Mitte des nächsten Jahrzehnts erreicht werden.

Energiepreise und -steuern sind für die zukünftige Belastung durch Luft- und Klimaschadstoffe von erheblicher Bedeutung. Steuern auf den Flächenerwerb und die Flächennutzung dürften demgegenüber bislang einen deutlich geringeren Einfluss auf die Flächennutzung gehabt haben. Wichtiger erscheinen in diesem Zusammenhang die rechtlichen Regelungen zur Förderung des Wohneigentums. Für die gesetzlichen Grundlagen zur Förderung des Wohneigentums gelten seit dem 1. Januar 1996 vom Einkommen unabhängige Zulagen, die beim Neubau von Ein- oder Zweifamilienhäusern über einen Zeitraum von acht Jahren bis zu 5 000 DM jährlich erreichen können. Darüber hinaus wird pro Kind eine Zulage in Höhe von 1 500 DM je Jahr, über acht Jahre kumuliert also ein Zuschlag von 12 000 DM gewährt. Insgesamt wird daher der Neubau bei einem Kind mit maximal 52 000 DM gefördert. Bei Altbauten erreicht die Förderung bei sonst gleichen Voraussetzungen nur 32 000 DM. Für die Prognose wird angenommen, dass diese Förderbeträge bis zum Jahr 2020 unverändert gültig sind.

Auch für die Grunderwerbsteuer und die Grundsteuer werden bis 2020 unveränderte Steuer- und Hebesätze angenommen. Für die Grunderwerbsteuer gilt daher ein seit 1997 unveränderter Steuersatz von 3,5 vH. Da als Bemessungsgrundlage für diese Steuer der Kaufpreis des Gebäudes einschließlich Grund und Boden dient, nimmt allein infolge steigender Grundstücks- und Baukosten auch die Steuerbelastung je Quadratmeter

Grundstücksfläche zu. Da auch bei unveränderter Gesetzeslage die Baukosten und die Kosten des Grunderwerbs in den nächsten zwanzig Jahren noch zunehmen, steigt bereits in diesem Szenario die steuerliche Belastung des Flächenerwerbs deutlich an. Für den Erwerb von Einfamilienhäusern beispielsweise liegt die Steuerbelastung im Jahr 2020 mit 44 DM/qm knapp doppelt so hoch wie in 1997. Ähnliches gilt für Zweifamilienhäuser (47 DM/qm) und für Mehrfamilienhäuser (rund 66 DM/qm Grunderwerbsteuer). Auch bei der Grundsteuer steigt die Steuerbelastung je Quadratmeter genutzter Grundstücksfläche kontinuierlich an, obwohl die Hebesätze selbst als konstant angenommen werden. Für Einfamilienhäuser beispielsweise nimmt die Belastung je Quadratmeter Grundstücksfläche von 0,67 in 2000 auf 0,97 DM, für Zweifamilienhäuser von 0,85 auf 1,20 DM, bei Mehrfamilienhäusern von 1,10 auf 1,35 DM zu. Dabei ist der Hinweis von Bedeutung, dass die Grunderwerbsteuer nur im Augenblick des Erwerbs, die Grundsteuer hingegen über den gesamten Zeitraum der Nutzung anfällt.

Unter diesen exogenen Vorgaben ergibt sich für die Wirtschaft in Deutschland von 2000 bis 2020 eine Wachstum von jahresdurchschnittlich 1,4 vH, wobei in einzelnen Jahren dieser Durchschnitt unter- oder überschritten werden kann. Dieses Wachstum wird überwiegend von den Ausrüstungsinvestitionen getragen (mit 4 bis 5 vH jahresdurchschnittlicher Veränderung); die Bauinvestitionen werden dagegen auch im Prognosezeitraum das gesamtwirtschaftliche Wachstum eher bremsen (mit 1 vH Wachstum), wobei dafür vor allem die Wohnungsbauinvestitionen verantwortlich sind, da diese insbesondere nach 2010 kaum noch zunehmen. Maßgeblich hierfür dürfte die demographische Entwicklung sein, da bei schrumpfender Bevölkerung der Neubau von Wohnungen nur dann notwendig ist, wenn Ersatzbedarf geschaffen werden muss. Dominierende Nachfragekomponente bleibt freilich der private Verbrauch (mit einem Anteil am Bruttoinlandsprodukt von mehr als 55 vH und einer dem gesamtwirtschaftlichen Wachstum entsprechenden realen Zunahme von durchschnittlich 1,5 vH), während der Staatsverbrauch deutlich geringer wächst (0,8 vH). Für die gesamtwirtschaftlichen Exporte wird ein Wachstum in den einzelnen Jahren von 3,6 bis 4,8 vH, für die Importe von 2,7 bis 3,8 vH prognostiziert. Dies impliziert, das die hohe außenwirtschaftliche Verflechtung der deutschen Wirtschaft auch in Zukunft im Wesentlichen erhalten bleiben wird; der Außenbeitrag, der – nach dem vereinigungsbedingten Einbruch zu Beginn der neunziger Jahre – zuletzt wieder auf 60,5 Mrd. DM (1998) oder 1,7 vH des Bruttoinlandsprodukts gestiegen war, dürfte im Prognosezeitraum anteilsmäßig nicht geringer als im Durchschnitt der Jahre 1996 und 1997 ausfallen.

Angesichts des eher bescheidenen Wachstums erscheinen Hoffnungen auf eine kurzfristige Wende am Arbeitsmarkt und einen raschen Abbau der Arbeitslosigkeit verfrüht. Zwar ist für die Zukunft eher mit einer Verlangsamung als mit einer weiteren Beschleunigung des Produktivitätsfortschritts zu rechnen. Nach wie vor aber bleiben die Wachstumsraten von realer Produktion und Beschäftigung hinter den Produktivitätsraten zurück, so dass die „Beschäftigungsschwelle", also jene gesamtwirtschaftliche Wachstumsrate, die überschritten werden muss, damit wieder neue Arbeitsplätze geschaffen werden[36], verfehlt wird. Insgesamt ist bis zum Jahre 2010 mit einem Sockel an Arbeitslosen von etwa 2,5 Mill. Personen zu rechnen. Erst mit dem Rückgang der Bevölkerung sinkt die Zahl der Arbeitslosen und erreicht im Jahr 2020 etwa 1,4 Mill.

Für die hier berücksichtigten Umweltindikatoren zeigt sich in den nächsten zwanzig Jahren ein differenziertes Bild (vgl. Abb. 16). Für die Flächennutzung kann eine leichte Entlastung festgestellt werden, die Zunahme der Siedlungs- und Verkehrsfläche sinkt von gegenwärtig 125 auf 95 ha/Tag. Maßgeblich hierfür ist vor allem die abnehmende Neubautätigkeit, die allein ein Viertel dieses Rückgangs verursacht. Zwar wird auch in Zukunft der Anteil der flächenintensiveren Ein- und Zweifamilienhäuser am Wohnungsbestand insgesamt noch wachsen, allerdings bei gleichzeitig sinkenden durchschnittlichen Grundstücksgrößen (bis 2020 rund 80 qm). Der Trend zur Suburbanisierung wir allerdings auch in den nächsten zwanzig Jahren anhalten: In 2020 werden mehr als 90 vH der Ein- und Zweifamilienhäuser und rund 80 vH der Mehrfamilienhäuser in ländlichen Gebieten errichtet.

Diese Tendenz trägt wesentlich dazu bei, dass der Individualverkehr auch in Zukunft gegenüber dem öffentlichen Verkehr dominieren wird. Die Verkehrsleistungen insgesamt werden bis zum Jahr 2020 auf 1136 Mrd. Pkm anwachsen; dies entspricht einer Steigerung um knapp 38 vH. Von dieser Verkehrsleistung entfallen 907 Mrd. Pkm auf den motorisierten Individualverkehr (MIV), 102 Mrd. Pkm auf den ÖSPV, 66 Mrd. Pkm auf die Eisenbahn und 203 Mrd. Pkm auf den Luftverkehr. Während das DIW bis zum Jahr 2010 beim MIV (902 Mrd. Pkm), beim ÖSPV

[36] Für die Ermittlung der Zahl der Erwerbstätigen und Erwerbspersonen wird hier noch die alte VGR-Konzeption und nicht die des Europäischen Systems Volkswirtschaftlicher Gesamtrechnungen (ESVG) 1995 zugrundegelegt. Auch die Zahl der Arbeitslosen wird nach altem Konzept und nicht nach den Definitionen der Internationalen Arbeitsorganisation (ILO) erfasst. Nach diesen Konzepten würde die Zahl der Erwerbstätigen höher ausfallen (im Jahr 1998 bspw. um 2,5 vH-Punkte) und die Zahl der Arbeitslosen (um 1,8 vH-Punkte) geringer.

(103 Mrd. Pkm) und bei der Eisenbahn (68 Mrd. Pkm) zu ähnlichen Ergebnissen kommt[37], sind die Unterschiede beim Luftverkehr erheblich: Während in der vorliegenden Prognose 203 Mrd. Pkm erwartet werden, erwartet das DIW lediglich 33 Mrd. Pkm. Diese Unterschiede resultieren aus der unterschiedlichen Abgrenzung des Flugverkehrs: Während das DIW lediglich den Flugverkehr über dem Bundesgebiet[38] betrachtet, basiert die RWI-Prognose auf dem Destinationsprinzip, d.h. es werden alle von der Bundesrepublik ausgehenden Flüge bis zum nächsten Zielflughafen zu den Luftverkehrsleistungen gerechnet.[39] Auf diesem Wege lässt sich die Verkehrsleistung über staatenfreiem Terrain sowie insbesondere der Trend zu ferneren Urlaubszielen besser abbilden. Dieser Sachverhalt trägt wesentlich dazu bei, dass die NO_x-Emissionen in den nächsten zwanzig Jahren nicht weiter sinken werden, obwohl in diesem Zeitraum die strengen Abgasnormen für PKW-Motoren vollständig umgesetzt werden.

Der spezifische Verbrauch der Pkw-Flotte ist in den letzten 20 Jahren kontinuierlich gesunken. Dieser Effekt lässt sich im Einzelnen anhand der spezifischen Verbräuche neu zugelassener Pkw erklären. Allerdings ist gerade bei den Neuzulassungen seit Mitte der achtziger Jahre eine Stagnation zu erkennen. Der Durchschnittsverbrauch für Otto-Motoren liegt im Drittel-Mix seit mehr als fünf Jahren bei etwa 8 Liter/100 km, für Dieselfahrzeuge bei rund 7,5 Liter/100km. Diese relative Stagnation ist das Ergebnis entgegengesetzter Entwicklungen. Technische Verbesserungen haben auch in den letzten Jahren zu einer Verringerung des spezifischen Verbrauchs beigetragen; der Trend zu größeren und leistungsstärkeren Fahrzeugen hat diesen Rückgang jedoch kompensiert. Insbesondere im Bereich der Diesel-Pkw ist eine steigende Zahl neuzugelassener Gelände-Pkw zu beobachten, die mit der Gestaltung von Freizeit und Ferien zusammenhängt. Dieser Trend wird sich bei unveränderten Rahmenbedingungen auch in Zukunft fortsetzen. Folglich sinkt der spezifische Verbrauch der Fahrzeugflotte insgesamt in den nächsten 25 Jahren bei Otto-Motoren nur um 1,5 auf 6,5 Liter/100 km, bei Dieselmotoren auf 5,5 Liter/100 km, obwohl durch die ökologische Steuerreform der Preis für Kraftstoffe in den nächsten Jahren bereits deutlich steigt.

---

37 Vgl. Kloas u. Kuhfeld (1994).

38 Binnenflüge sowie grenzüberschreitende Ab- und Anflüge über dem Gebiet der Bundesrepublik.

39 Binnenflüge sowie alle Abflüge bis zum nächsten Zielflughafen. Grenzüberschreitende Ankünfte werden dem Herkunftsland zugeschrieben und nicht berücksichtigt.

Abb. 16: Ex-ante-Basissimulation für die bestehende Gesetzeslage (RWI)

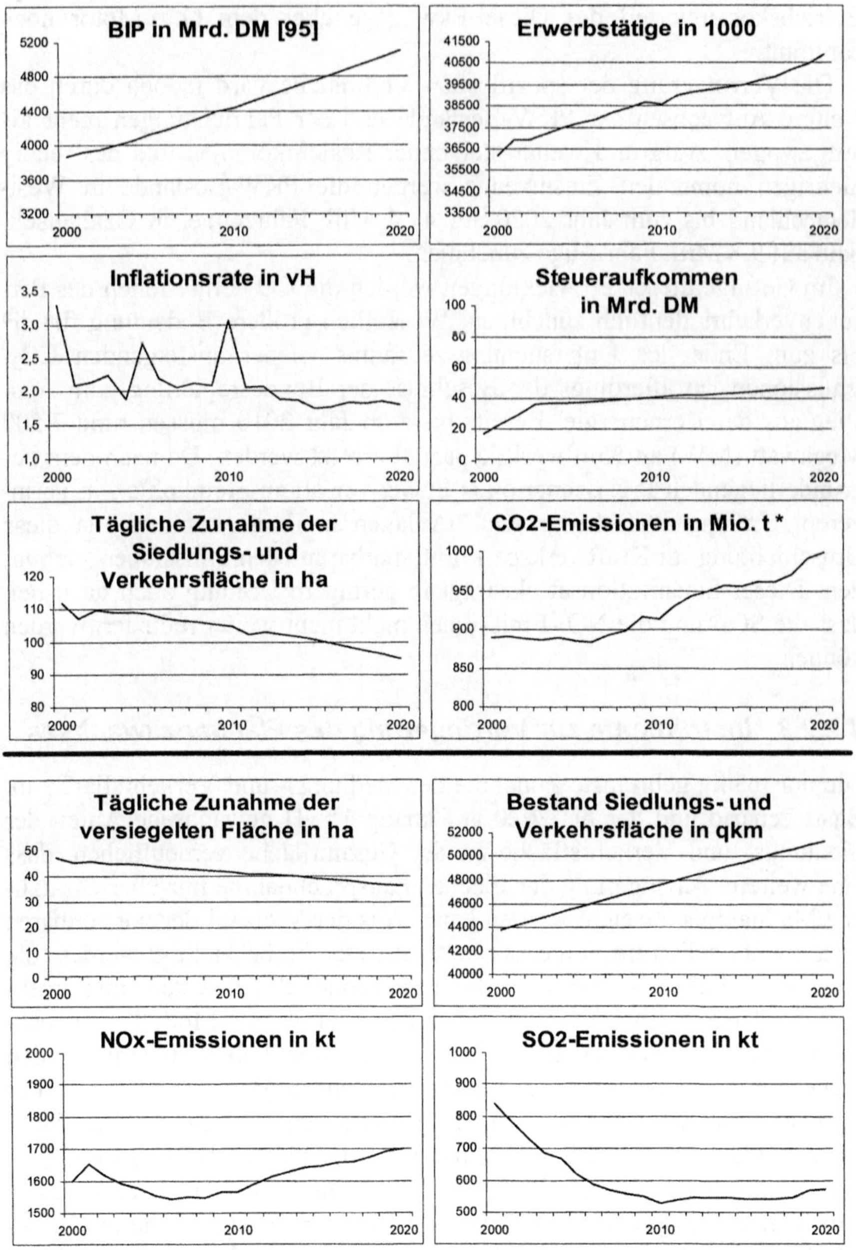

* Verlauf geschätzt ohne Berücksichtigung der nach Projektbeginn beschlossenen Maßnahmen des Klimaschutzprogramms 2000 und eventueller weiterer Maßnahmen, vgl. Abschn. 3.2.

Die Antriebsstruktur wird sich weiterhin zugunsten des Dieselantriebs verschieben, da aufgrund der nominal steigenden Mineralölsteuersätze der Betriebskostenvorteil des Diesel-Pkw gegenüber dem Otto-Motor noch zunimmt.

Die Verringerung der spezifischen Verbräuche wird jedoch durch das weitere Anwachsen der PKW-Bestände und der Fahrleistungen mehr als aufgewogen. Aufgrund weiter steigender Realeinkommen und des relativ niedrigen nominalen Zinsniveaus werden die PKW-Bestände in Westdeutschland bis zum Jahr 2020 auf 41,4 Mill. Fahrzeuge, in Ostdeutschland auf 9,8 Mill. Fahrzeuge zunehmen.

Im Gefolge dieser Entwicklungen werden die CO_2-Emissionen des Personenverkehrs deutlich zunehmen. Wesentlich größere Bedeutung für die bis zum Ende des Untersuchungszeitraums wieder ansteigenden CO_2-Emissionen hat allerdings der Beschluss der Bundesregierung zum Ausstieg aus der Kernenergie. Bereits bis zum Jahr 2010 müssen rund 7 500 Megawatt (MW) an Kraftwerkskapazität ersetzt werden. Da nach dem zugrunde liegenden Preisszenario als Ersatz vor allem Steinkohle-, in geringerem Umfang auch Erdgas-GuD-Anlagen in Frage kommen, ist diese Umschichtung im Kraftwerkspark mit spürbaren Mehremissionen verbunden. Dieser Substitutionseffekt trägt in geringem Umfang auch dazu bei, dass die SO_2- und die NO_x-Emissionen nicht mehr weiter reduziert werden können.

4.2.2.3 Instrumente zur Verringerung des Flächenzuwachses

Die nur mäßig gebremste Zunahme der Siedlungs- und Verkehrsfläche im Basisszenario und der bis 2020 auf knapp 15 vH gewachsene Anteil der Siedlungs- und Verkehrsfläche an der Gesamtfläche verdeutlichen, dass eine weitere Verringerung der Flächeninanspruchnahme nur über zusätzliche Maßnahmen erreicht werden kann. Aus der Vielzahl der vorstellbaren Instrumente sollen im Folgenden zwei Ansätze berücksichtigt werden, die ohne zusätzlichen Aufwand in das bestehende Modellsystem implementiert werden können: eine Mengenbegrenzung mit vom Modell zu berechnenden Preiseffekten sowie die Einführung zusätzlicher Steuern auf den Flächenerwerb mit vom Modell zu bestimmenden Mengenreaktionen. Für beide Maßnahmen werden jeweils zwei Varianten betrachtet: für die Steuern eine Flächenerwerbsteuer, die den Preis der Flächennutzung für Unternehmen um bis zu 20 vH, für Haushalte um bis zu 10 vH verteuert sowie eine Versiegelungssteuer, die jede zusätzlich versiegelte Fläche mit bis zu 100 DM/qm belastet. Für die Mengenbegrenzung wird in der ersten Variante eine kontinuierliche Reduktion des zusätzlichen Flächenangebots analysiert, die zur Folge hat, dass die für Siedlungs- und Verkehrszwecke geplante Fläche am Ende des Untersuchungszeitraumes um 20 vH unter dem Wert im Basisszenario liegt. Eine erheblich weiter gehende Reduktion wird in der zweiten Variante untersucht, in der durch planerische Maßnahmen das Angebot soweit reduziert wird, dass der Zuwachs an Siedlungs- und Verkehrsfläche am Ende des Untersuchungszeitraumes auf 30 ha/Tag zurückgeführt werden kann. Während mit den Mengenbegrenzungen eine kontinuierliche Reduktion des Flächenverbrauchs bis zum Jahr 2020 simuliert wird, ist für die Flächensteuern nur ein Anstieg bis 2010 vorgesehen.

Auch wenn Mengen- und Preissteuerung sich vom Ansatz her unterscheiden, sind die Wirkungsmechanismen im Modell ähnlich: Während Steuern auf den Flächenerwerb den Preis für Grund und Boden unmittelbar erhöhen, geschieht dies bei der Mengensteuerung über den Marktmechanismus. Die auf den Preisimpuls folgenden weiteren Reaktionen bei der Flächennutzung sind, sieht man von den unterschiedlichen Wirkungen infolge der verschiedenen Ausgestaltungen der Mengen- bzw. Preissteuerung ab, weitgehend identisch. Für die sektoralen und makroökonomischen Effekte ist darüber hinaus allerdings zu berücksichtigen, dass bei zusätzlichen Steuern ein erhöhtes Steueraufkommen entsteht, das je zur Hälfte zur Senkung der Arbeitgeber- und Arbeitnehmerbeiträge zur gesetzlichen Rentenversicherung verwendet wird.

4.2.2.4 Flächenerwerbsteuer

Die in diesem Abschnitt zu untersuchende Flächenerwerbsteuer soll den Preis für privat genutzte Flächen bis 2010 um 10 vH, für gewerbliche Flächen um 20 vH erhöhen. Eine exakte Implementierung dieses Preisimpulses in das RWI-Modell ist insofern mit Schwierigkeiten verbunden, als über den Preis für baureifes Land hinaus die Preise nach unterschiedlichen Nutzungskategorien (Industrieland, Verkehrsflächen, Freiflächen und sonstige Zwecke), für Gebäude- und Freiflächen zusätzlich nach ländlichen und städtischen Gebieten differenziert werden. Außerdem reagiert der Preis für baureifes Land nicht nur auf Angebots-, sondern auch auf Nachfrageveränderungen und kann insbesondere bei deutlichen Nachfragereaktionen den ursprünglichen Preisimpuls zum Teil kompensieren. Schließlich enthält die Bemessungsgrundlage für die Grunderwerbsteuer die auf den Flächenerwerb aufgeschlagene Flächenerwerbsteuer, so dass der tatsächliche Preisimpuls über diesen Mechanismus verstärkt wird. Insofern ist eine genaue Erhöhung der Preise um 10 bzw. 20 vH kaum möglich. Aufgrund dieser Schwierigkeiten wird als Instrumentvariable für die zusätzliche Flächenerwerbsteuer die bereits im Modell enthaltene Grunderwerbsteuer genutzt und der Steuersatz kontinuierlich von 3,5 auf 6 vH bis 2010 erhöht.

Dadurch kann der gewünschte Preisimpuls für gewerblich genutzte Flächen von 20 vH und für privat genutzte Flächen um 10 vH im Durchschnitt realisiert werden.

Da der Flächenerwerb u.a. auch von den Grundstückspreisen abhängt, hat eine zusätzliche Besteuerung unmittelbare Auswirkungen auf den Flächenverbrauch. Die Intensität der Reaktion ist jedoch abhängig vom zukünftigen Nutzungszweck und der Art der Flächen. Die relativ und absolut größten Einsparungen sind bei den Gebäude- und Freiflächen zu erwarten und hier insbesondere bei den Grundstücken für den Bau von Wohnungen. So verringern sich die spezifischen Grundstücksflächen für Einfamilienhäuser von 523 auf 478 qm, für Zweifamilienhäuser auf 720 auf 690 qm und für Mehrfamilienhäuser von 1260 auf 1230 qm. Die steigenden Grundstückskosten haben gleichzeitig zur Folge, dass auch die spezifischen Wohnflächen der Ein- und Zweifamilienhäuser im Vergleich zum Basisszenario kleiner ausfallen, bei Einfamilienhäusern um etwa fünf, bei Zweifamilienhäusern um rund einen Quadratmeter je Wohnung. Insgesamt verringert sich dadurch die Zunahme der Siedlungs- und Verkehrsfläche um bis zu 1,6 ha/Tag. Für die gewerblich genutzten Flächen ist der Effekt deutlich geringer ausgeprägt und erreicht mit 0,6 ha/Tag nur ein Drittel der Wirkungen, die bei den Gebäude- und Freiflächen für Wohnungen zu erwarten sind. Offensichtlich ist die Preisreagibilität des Flächenerwerbs im gewerblichen Bereich deutlich niedriger als bei privater Nutzung.

Im Gegensatz zu den Gebäude- und Freiflächen nehmen die Verkehrsflächen bei Einführung einer isolierten Flächenerwerbsteuer noch zu – auch wenn die Zunahme mit knapp 0,1 ha/Tag relativ gering ist. Ursächlich hierfür ist die über das Basisszenario hinausgehende Suburbanisierung: Um den steigenden Kosten des Grunderwerbs auszuweichen, werden noch mehr Flächen in ländlichen Gebieten in Anspruch genommen.

Diese Entwicklung erweist sich nicht nur im Hinblick auf die zusätzliche Versiegelung von Flächen, sondern vor allem wegen der implizierten zusätzlichen Schadstoffemissionen als problematisch (vgl. Abb. 17). Denn mit der weiter zunehmenden Suburbanisierung steigen zugleich die durchschnittlichen Entfernungen zwischen Arbeitsstätte und Wohnungen, woraus eine Zunahme der Verkehrsleistungen im Personenverkehr um knapp 60 Mrd. Pkm resultiert. Da bei derart dispersen Siedlungsstrukturen der öffentliche Verkehr im Vergleich zum Individualverkehr kaum wettbewerbsfähig ist, entfällt der größte Teil der zusätzlichen Verkehrsleistungen auf den Pkw. Folglich steigen bei sonst unveränderten Rahmenbedingungen die Kraftstoffverbräuche und damit auch die Schadstoffemissionen – bei CO_2 bis zu 2,3 vH bzw. 32 Mill. t, bei NO_x um bis zu 3,8 vH bzw. knapp 80 000 t.

Abb. 17: Flächenerwerbsteuer (RWI, —— Basissimulation, - - - Simulation der Maßnahme)

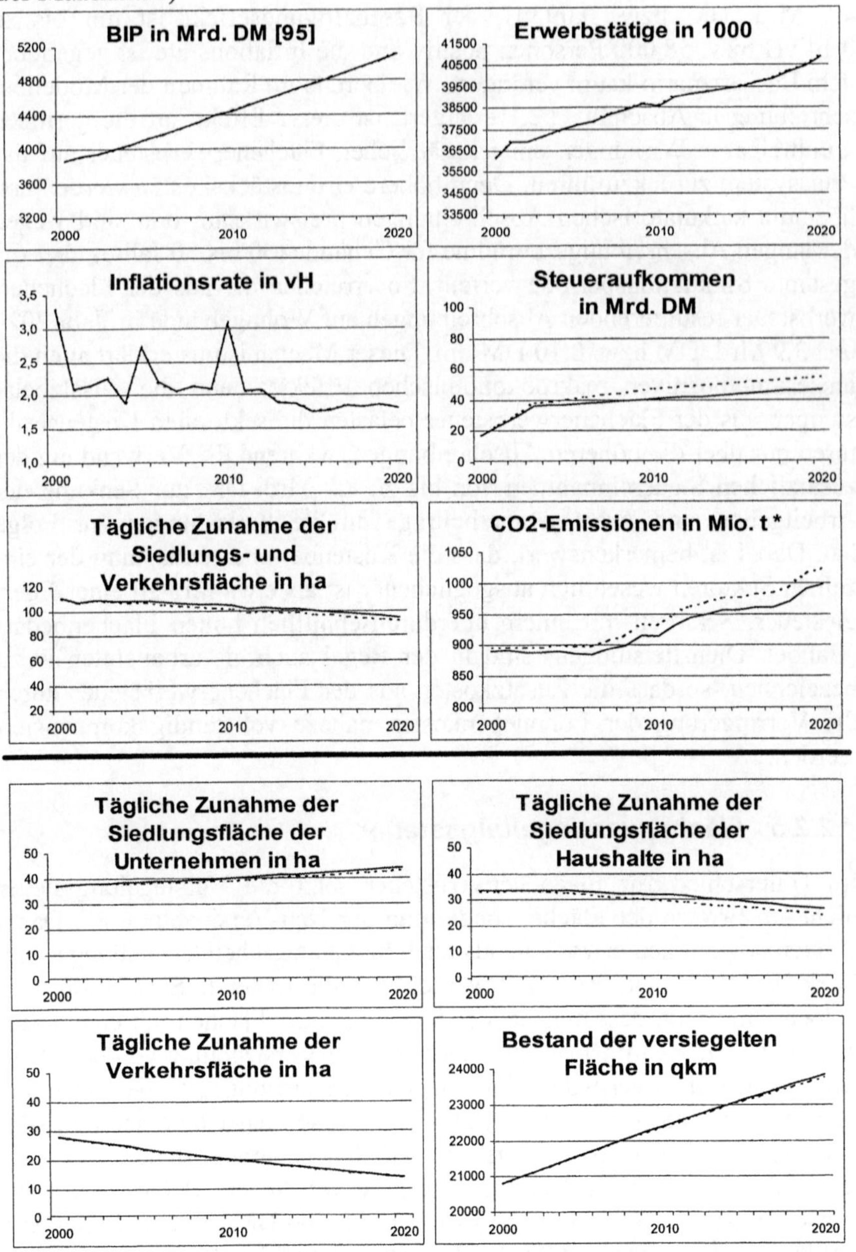

* Verlauf geschätzt ohne Berücksichtigung der nach Projektbeginn beschlossenen Maßnahmen des Klimaschutzprogramms 2000 und eventueller weiterer Maßnahmen, vgl. Abschn. 3.2.

Die makroökonomischen Effekte sind demgegenüber insgesamt zwar positiv, jedoch relativ bescheiden: Das Bruttoinlandsprodukt steigt um bis 4,5 Mrd. DM bzw. 0,09 vH, der Beschäftigungseffekt ist mit bis zu 0,14 vH bzw. 58 000 Personen positiv und die Inflationsrate ist gegenüber dem Basisszenario kaum verändert. Wie bereits im Rahmen der Modellbeschreibung in Abschnitt 2.2.1 erläutert, ist dieser Effekt auf die geringen unmittelbaren Wirkungen einer zusätzlichen Flächenerwerbsteuer auf das Preissystem zurückzuführen. Denn höhere Grundstückskosten werden erst über die kalkulatorischen Abschreibungen preiswirksam und sind wegen der langen Abschreibungszeiträume für Gebäude (30 bis 50 Jahre) über die gesamte Simulationsperiode verteilt. So erreichen die aus der Flächenerwerbsteuer resultierenden Abschreibungen auf Wohngebäude im Jahr 2020 erst 3,9 Mrd. DM bzw. 0,10 DM/qm. Dieser Mechanismus erklärt auch die insgesamt positiven makroökonomischen Effekte; denn die Zusatzbelastungen aus der Flächenerwerbsteuer belasten die sektoralen Kostenstrukturen nur über die höheren Abschreibungen, während die Verwendung der zusätzlichen Steuereinnahmen von bis zu 8,2 Mrd. DM zur Senkung der Arbeitgeber- und Arbeitnehmerbeiträge direkte Entlastungen zur Folge hat. Dabei ist bemerkenswert, dass die Kostenbe- und -entlastung der einzelnen Sektoren wesentlich ausgeglichener ist als etwa im Fall einer Energiesteuer. Sektoren mit einem überdurchschnittlich hohen Flächenbedarf (Handel, Dienstleistungen) sind in der Regel auch als arbeitsintensiv zu bezeichnen, so dass die Zusatzkosten aus der Flächenerwerbsteuer durch die Verringerung der Lohnnebenkosten nahezu vollständig kompensiert werden.

4.2.2.5 Flächenversiegelungssteuer

Im Unterschied zur Flächenerwerbsteuer setzt die Versiegelungssteuer nicht am Erwerb der Fläche, sondern an der Neu-Versiegelung an. Dabei können sowohl neu erworbene als auch bereits bestehende Siedlungs- und Verkehrsflächen neu versiegelt werden. Für die folgende Simulation wird jedoch unterstellt, dass nur die Versiegelung neuer Flächen mit einer Steuer belegt wird, da Informationen über die Neu-Versiegelung von bestehenden Flächen nicht verfügbar sind. Da der Versiegelungsgrad der einzelnen Flächen sehr unterschiedlich ist, impliziert diese Steuer eine deutlich stärkere Spreizung der Bodenpreise als die Flächenerwerbsteuer. Für Verkehrsflächen mit einem Versiegelungsgrad von 90 bis 100 vH beispielsweise induziert eine Versiegelungssteuer von 100 DM/qm eine Steigerung der Preise von mehr als 360 vH. Für Gebäude- und Freiflächen, deren Versiegelungsgrad weniger als 40 vH, für Wohngebäude sogar nur 25 vH beträgt, hat die Versiegelungssteuer unmittelbar eine geringere Preiswirkung

Abb. 18: Flächenversiegelungssteuer (RWI, — Basissimulation, - - - Simulation der Maßnahme)

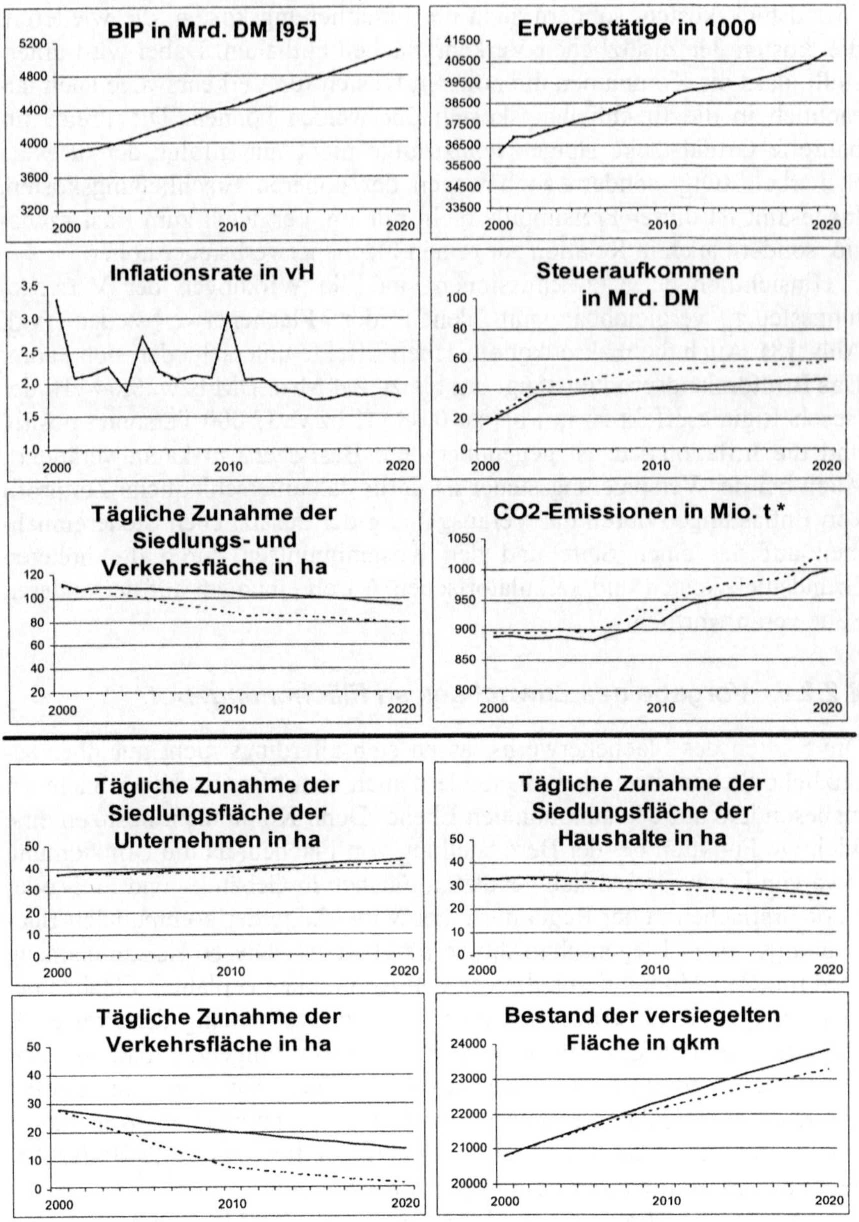

* Verlauf geschätzt ohne Berücksichtigung der nach Projektbeginn beschlossenen Maßnahmen des Klimaschutzprogramms 2000 und eventueller weiterer Maßnahmen, vgl. Abschn. 3.2.

als die im vorigen Abschnitt behandelte Flächenerwerbsteuer. Allerdings umfassen die Kosten des Erwerbs von Grund und Boden nicht allein die Grundstückskosten, sondern auch die Erschließungskosten, die wiederum die Kosten der zusätzlichen Verkehrsflächen enthalten. Dabei wird unterstellt, dass die Kommunen die höheren Kosten für Verkehrswege auch tatsächlich in die Erschließungskosten überwälzen können. Die Preise für baureife Grundstücke steigen demzufolge nicht nur infolge der direkten Steuerbelastung, sondern auch wegen der höheren Erschließungskosten. Insgesamt ist dieser Preisimpuls nicht nur im Vergleich zum Basisszenario, sondern auch in Relation zur reinen Flächenerwerbsteuer höher.

Hinsichtlich der CO_2-Emissionen sind die Wirkungen der Versiegelungssteuer vergleichbar mit denen der Flächenerwerbsteuer (vgl. Abb. 18). Auch die makroökonomischen Effekte unterschieden sich kaum: Das Bruttoinlandsprodukt steigt um bis zu 2,4 Mrd. DM bzw. 0,04 vH, der Beschäftigungseffekt ist mit bis zu 0,08 vH bzw. 37 000 Personen positiv und die Inflationsrate ist gegenüber dem Basisszenario kaum verändert. Auch bei der Versiegelungssteuer ist dafür das unterschiedliche Zeitprofil von Entlastungen durch die Verausgabung der zusätzlichen Steuereinnahmen auf der einen Seite und den Kostenimpulsen durch die höheren Grundstückskosten und kalkulatorischen Abschreibungen auf der anderen Seite verantwortlich.

4.2.2.6 Vorgabe des Zuwachses an Flächenangebot

Die Kosten des Flächenerwerbs lassen sich allerdings nicht nur über zusätzliche Steuern beeinflussen, sondern auch über planerische Maßnahmen insbesondere auf der kommunalen Ebene. Denn Kommunen besitzen eine wichtige Funktion bei der Bereitstellung von Flächen, da die Umwidmung etwa von landwirtschaftlich genutzten Flächen in Gebäude- und Frei- oder Verkehrsflächen in der Regel nur unter Mitwirkung der kommunalen Bauordnungs- oder Liegenschaftsämter möglich ist. Dieser Zusammenhang wird im RWI-Modell durch die von den Kommunen geplanten Flächen berücksichtigt, die als Angebotselement in die Bestimmung der Preise für baureifes Land aufgenommen wurden; er soll im Folgenden dazu genutzt werden, eine kontinuierliche Reduktion des Flächenangebots zu simulieren. Konkret wird dabei angenommen, dass die Kommunen ihr Angebot an nutzbaren Flächen kontinuierlich verringern, so dass im Jahr 2020 das Angebot um 20 vH niedriger ist als in der Basisvariante.

Dabei ist der Hinweis von Bedeutung, dass das Flächenangebot eine Planungsgröße darstellt, die sich an der vermuteten Bedarfsentwicklung der nächsten fünf bis zehn Jahre, möglicherweise sogar darüber hinaus,

Abb. 19: Vorgabe des Zuwachses an Flächenangebot
(RWI, — Basissimulation, - - - Simulation der Maßnahme)

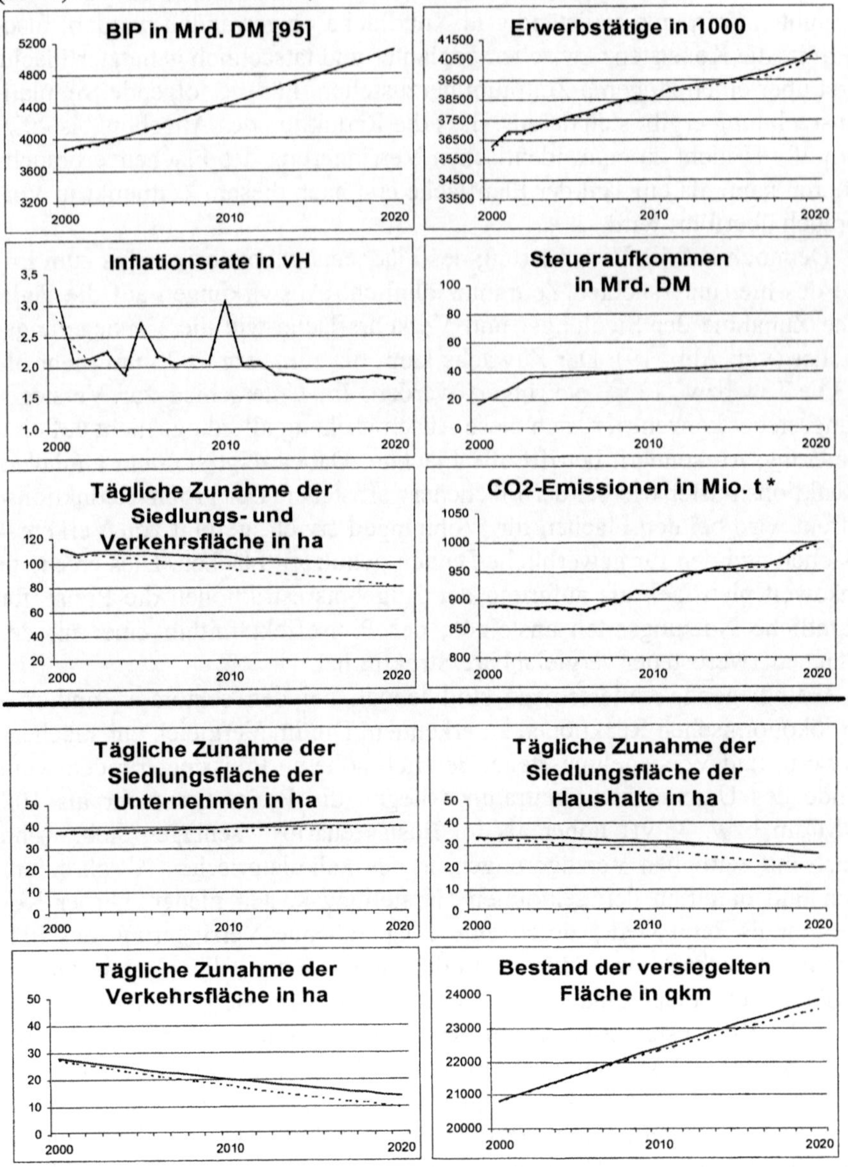

* Verlauf geschätzt ohne Berücksichtigung der nach Projektbeginn beschlossenen Maßnahmen des Klimaschutzprogramms 2000 und eventueller weiterer Maßnahmen, vgl. Abschn. 3.2.

orientiert. Durch den Flächenverbrauch in den einzelnen Jahren kann diese Plangröße zwar verringert, in der Regel jedoch nicht bis zu einem bestimmten Zeitpunkt vollständig in Nutzfläche umgewandelt werden. Insofern ist die Konsistenz zwischen geplanter und tatsächlich genutzter Fläche erst über einen längeren Zeitraum herzustellen. Für die folgende Simulationsrechnung ergibt sich daraus, dass die Reduktion des Angebots bis 2020 um 20 vH nicht zu einer identischen Verringerung des Flächenverbrauchs führen kann, da ein Teil der Planfläche erst nach diesem Zeitpunkt in Verbrauch überführt wird.

Dennoch hat die Verringerung des Flächenangebots bereits bis zum Ende des hier untersuchten Zeitraums ähnliche Auswirkungen auf die tägliche Zunahme der Siedlungs- und Verkehrsfläche wie die Versiegelungssteuer (vgl. Abb. 19). Der Zuwachs kann bis zum Jahr 2020 um mehr als 13 ha/Tag bzw. 17 vH verringert werden. Im Unterschied zur Versiegelungssteuer konzentriert sich diese Abschwächung allerdings nicht auf eine Nutzungsart, sondern betrifft alle Flächen. Dabei zeigt sich ein ähnliches Reaktionsmuster wie bei der Flächenerwerbsteuer: Der größte Reduktionseffekt wird bei den Flächen für Wohnungen erzielt, gefolgt von Verkehrsflächen und den für gewerbliche Bauten genutzten Flächen. Dies erscheint insoweit plausibel, als aufgrund der Angebotsrestriktionen die Preise für sämtliche Nutzungsarten ansteigen, der Preiseffekt mithin eine mit der Flächenerwerbsteuer vergleichbare Struktur hat.

Grundlegende Unterschiede sind jedoch bei den sektoralen und makroökonomischen Reaktionen zu erkennen. Die im Vergleich zur Flächenerwerb- und Versiegelungssteuer deutlich höheren Preissteigerungen – am Ende des Untersuchungszeitraumes liegen die Preise um mehr als 100 DM/qm bzw. 35 vH höher als im Basisszenario – schlagen sich, wenn auch mit zeitlichen Verzögerungen, in den kalkulatorischen Abschreibungen und damit in den sektoralen Herstellungskosten nieder. Dieser Kostenimpuls kann weder durch eine entsprechende Verringerung des Flächenverbrauchs noch durch Entlastungen über die Verausgabung zusätzlicher Steuereinnahmen neutralisiert werden. Besonders ausgeprägt sind die Kostensteigerungen bei den Wohnungsmieten: Während im Basisszenario die Abschreibungen im Jahr 2020 bei 10,30 DM/qm liegen, erreichen sie nunmehr 11,40 DM/qm. Gleichzeitig liegen die Bauinvestitionen infolge der geringeren spezifischen Nutz- bzw. Wohnflächen deutlich unter dem Niveau im Basisszenario (im Jahr 2020 real um knapp 7 Mrd. DM bzw. 3 vH). Dieser kontraktive Effekt mit einem Verlust an Arbeitsplätzen (2020 rund 234 000) kann auch durch moderatere Lohnerhöhungen nicht aufgefangen werden, auch wenn dadurch die Inflationsrate insgesamt geringfügig langsamer ansteigt als im Basisszenario.

4.2.2.7 Zielvariablensimulation zum Flächenverbrauch

Noch gravierender sind die sektoralen und makroökonomischen Konsequenzen bei einer Reduktion des Zuwachses an Siedlungs- und Verkehrsflächen in Richtung des im Umweltbarometer anvisierten Ziels von 30 ha/Tag (vgl. Abb. 20). In diesem Szenario gehen bis zum Jahr 2020 knapp 280 000 Arbeitsplätze verloren, die realen Bauinvestitionen verringern sich gegenüber dem Basisszenario um knapp 25 Mrd. DM und die Preise für Bauland steigen um bis zu 335 DM/qm bzw. knapp 190 vH. Dennoch kann die Zunahme der Siedlungs- und Verkehrsfläche nicht genau auf das anvisierte Ziel von 30 ha/Tag reduziert werden, sondern stagniert bei 48 ha/Tag im Jahr 2020.Grundsätzlich könnte zwar eine weitere Steigerung der Preise für Bauland und der spezifischen Flächenreduktion im Modell abgebildet werden; die Reaktionen im Bodenmodell lassen jedoch erkennen, dass mit der Verdreifachung der Preise gegenüber dem Basisszenario die Grenzen der Simulationsfähigkeit erreicht sind. So verringert sich beispielsweise in dem hier beschriebenen Szenario die Grundstücksfläche für ein Einfamilienhaus von 523 auf weniger als 150 qm, für Zweifamilienhäuser von 723 auf 460 qm und für Mehrfamilienhäuser von 1260 auf weniger als 1000 qm; gleichzeitig tendiert der Zuwachs bei den Verkehrsflächen gegen null. Aus diesem Grund wurde auf eine Simulation, bei der das anvisierte Reduktionsziel exakt erreicht wird, verzichtet. Dennoch lassen die dargestellten Modellergebnisse den Schluss zu, dass bei einer massiven Verteuerung von Grund und Boden gravierende Konsequenzen sowohl für die Flächennutzung selbst als auch für die sektorale und gesamtwirtschaftliche Entwicklung zu erwarten sind.

4.2.2.8 Instrumente zur Verringerung der Luft- und Klimaschadstoffe

Im zweiten Teil der Simulationsstudien sollen zusätzliche Instrumente zur Verringerung der Luftschadstoffemissionen und der Freisetzung von Klimagasen näher untersucht werden. Aus der Fülle der bislang eingesetzten und in Zukunft noch zu erwartenden Instrumente wird eine zusätzliche Steuer auf den Energieverbrauch bzw. die CO_2-Emissionen berücksichtigt. Ordnungsrechtliche Ge- und Verbote bleiben daher ebenso außer Betracht wie Mengenvorgaben, die insbesondere mit Blick auf die Verringerung der CO_2-Emissionen gegenwärtig auf europäischer Ebene intensiv diskutiert werden. Als konkretes Modell für eine Energiesteuer wird die seit dem 1. April 1999 geltende Ökosteuer einschließlich der bis 2003 gesetzlich fixierten Fortschreibungen zugrunde gelegt und in verschiedenen Varianten analysiert. Diese Wirkungen werden mit einer reinen CO_2-Steuer vergli-

Abb. 20: Zielvariablensimulation zum Flächenverbrauch (RWI, —— Basissimulation, - - - Simulation der Maßnahme)

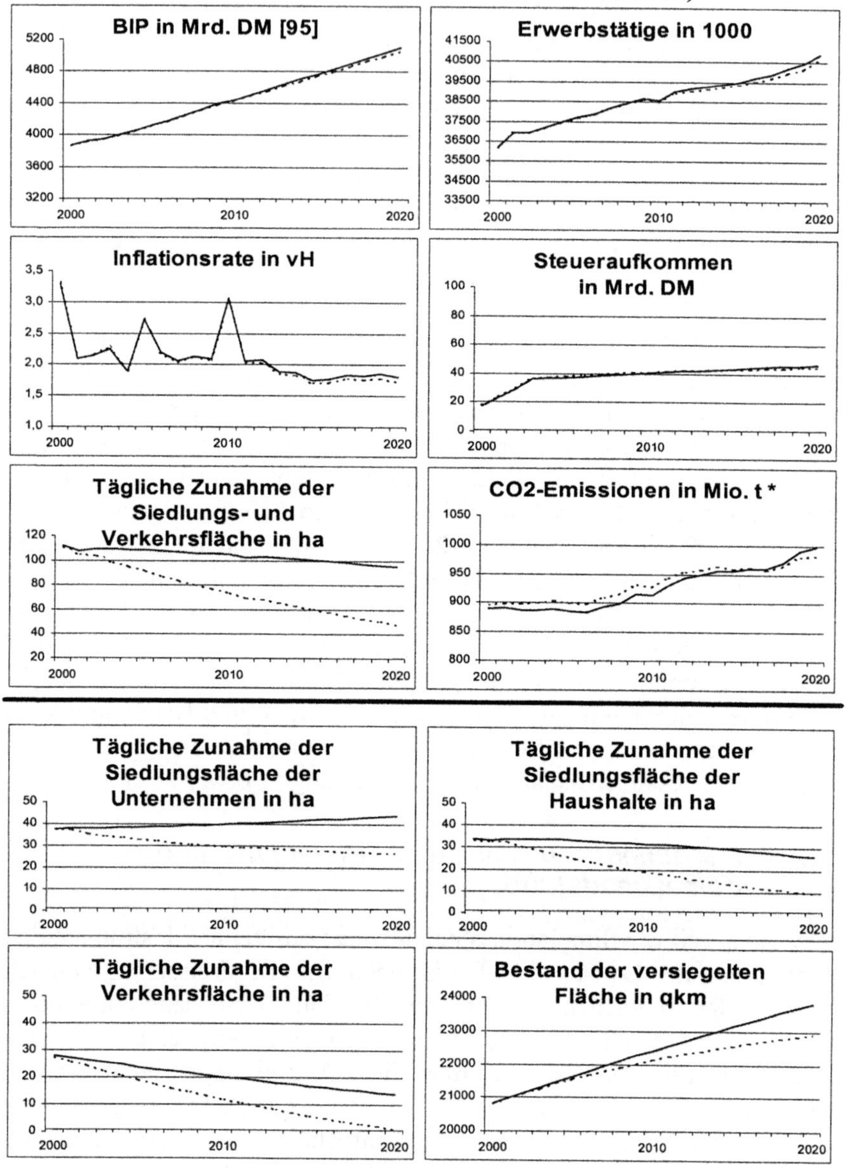

* Verlauf geschätzt ohne Berücksichtigung der nach Projektbeginn beschlossenen Maßnahmen des Klimaschutzprogramms 2000 und eventueller weiterer Maßnahmen, vgl. Abschn. 3.2.

chen, bei der die zusätzliche Steuerbelastung ausschließlich nach dem Kohlenstoffgehalt des jeweiligen Energieträgers festgelegt wird. Schließlich wird die mildeste der analysierten Ökosteuer-Varianten in Kombination mit der oben untersuchten Flächenerwerbsteuer simuliert.

Grundsätzlich sind die hier untersuchten Varianten als nationale Steuern konzipiert, eine EU-weite Besteuerung von Energie oder CO_2 wird im Folgenden nicht untersucht. Auch mögliche Konflikte mit einer Harmonisierung der nationalen Steuersysteme im Rahmen der EU bleiben außer Betracht.

Die sektoralen und makroökonomischen Folgen der einzelnen Ökosteuer-Varianten werden mit Hilfe des sektoralen Strukturmodells berechnet, die sektoralen Be- und Entlastungen entsprechend der Gliederung dieses Modells für 60 Gütergruppen ermittelt. Dabei wird unterstellt, dass die einzelnen Gütergruppen homogene Produktionseinheiten darstellen, die im Modell berechneten Effekte daher die tatsächlichen Produktions- und Nachfragebedingungen der einzelnen Sektoren zutreffend erfassen. Inhomogenitäten innerhalb eines Sektors, die durch zum Teil sehr unterschiedliche Kosten- und Nachfragestrukturen der in einem Sektor zusammengefassten Produktionsprozesse bedingt ein können, gehen bei der Aggregation verloren und können daher im Folgenden nicht berücksichtigt werden. Insofern können die folgenden Simulationen eine detaillierte Analyse der Wirkungen von Ökosteuern nicht ersetzen, bei der diese Unterschiede zu beachten wären und die unter Umständen auch andere Schlussfolgerungen hinsichtlich der sektoralen und makroökonomischen Effekte nahe legen könnten.

4.2.2.9 Ökosteuer mit Wegfall der Ausnahmen ab 2004

Um Wettbewerbsnachteile für die heimische Wirtschaft zu vermeiden, enthält das Gesetz zum Einstieg und zur Fortführung der ökologischen Steuerreform eine doppelte Sicherung: zum einen gelten für Unternehmen des produzierenden Gewerbes gegenüber den Regelsteuersätzen um 80 vH reduzierte Steuersätze, zum anderen wird diesen Unternehmen jener Teil der Steuer erstattet, der um mehr als 20 vH über den Entlastungen liegt, die durch die Senkung der Arbeitgeberbeiträge zur Rentenversicherung zu erwarten sind. Die EU-Kommission hat dieser Regelung zunächst nur bis zum 31. März 2002 zugestimmt, über eine Verlängerung der Frist wird gegenwärtig zwischen der Bundesregierung und der EU-Kommission verhandelt, eine Entscheidung ist bislang noch nicht gefallen. Angesichts dieser Unsicherheiten erscheint es naheliegend, mit Hilfe einer Modellsimulation die ökologischen und wirtschaftlichen Folgen einer Anhebung der Steuersätze für das produzierende Gewerbe auf die Regelsteuersätze zu untersuchen, wobei über die Vereinheitlichung der Steuersätze hinaus auch die bislang gültigen Belastungsgrenzen aufgehoben werden.

Tabelle 14: Be- und Entlastungen in der Chemie nach Produktgruppen, Mill. DM

Produktgruppe	Energie-steuer	Erstattungen	Kompensa-tion	Saldo
Endstufe mit reduzierten Steuersätzen, einschl. Kappungsgrenzen				
Grundstoffe	141,8	46,2	79,8	15,8
darunter:				
Industriegase	13,6	11,8	1,4	0,5
Anorganika	14,2	4,4	7,6	2,1
Organika	44,8	0,0	40,1	4,7
Primärkunststoffe	59,1	23,8	27,6	7,7
Lacke, Farben	4,0	0,0	13,6	- 9,6
Pharmazeutika	6,9	0,0	31,5	- 24,7
Waschmittel u.a.	5,3	0,0	16,4	- 11,1
Chemiefasern	9,2	1,6	5,9	1,7
Übrige Chemie	13,8	0,0	16,2	- 2,4
Chemie insgesamt	181,5	47,8	165,0	-31,3
Endstufe mit Regelsteuersätzen, ohne Kappungsgrenzen				
Grundstoffe	1711,9	0,0	259,7	1452,2
darunter:				
Industriegase	135,5	0,0	4,4	131,0
Anorganika	178,6	0,0	24,9	153,8
Organika	613,4	0,0	130,6	482,8

Tabelle 14: (Fortsetzung)

Produktgruppe	Energie-steuer	Erstattungen	Kompensa-tion	Saldo
Primärkunststoffe	693,7	0,0	90,0	603,6
Lacke, Farben	29,7	0,0	44,5	-14,9
Pharmazeutika	70,1	0,0	102,7	-32,6
Waschmittel u.a.	61,4	0,0	53,3	8,1
Chemiefasern	106,2	0,0	19,4	86,8
Übrige Chemie	68,5	0,0	51,8	16,8
Chemie insgesamt	2052,0	0,0	536,0	1516,0

Eigene Berechnungen.

Dabei ist – wie bereits zu Beginn erwähnt – zu beachten, dass sich die hier unterschiedenen 60 Gütergruppen aus unter Umständen sehr heterogenen Produktionsprozessen zusammensetzen, die sich nicht nur hinsichtlich ihrer Faktoreinsätze, sondern auch der Absatzbedingungen zum Teil erheblich unterscheiden. So sind etwa in der chemischen Industrie energieintensive, aber arbeitsextensive Prozesse mit energieextensiven, jedoch arbeitsintensiven vermischt, so dass die Be- und Entlastungen für die in einer Gütergruppe zusammengefassten Teilsegmente erheblich voneinander abweichen können (vgl. Tabelle 14). Verschärfungen des gegenwärtig geltenden Ökosteuer-Gesetzes etwa in der Form, dass die Kappungsgrenzen entfallen und für alle Unternehmen einheitliche Regelsteuersätze gelten, induzieren nicht nur für die Chemie insgesamt zusätzliche Kostenbelastungen, sondern auch eine deutlich ausgeprägtere Spreizung der Be- und Entlastungen innerhalb dieses Sektors. Ähnliche Tendenzen lassen sich auch für andere energieintensive Produktionssegmente ableiten. Dieses Ergebnis dürfte kaum überraschen, da der Wegfall der Ausnahmeregelungen die Belastungen der energieintensiven Produktionssegmente durch die Energiesteuer kräftig ansteigen lässt, ohne gleichzeitig entsprechend hohe Entlastungen über die Kompensation der Beiträge zur Rentenversicherung zu schaffen.

Von besonderer Bedeutung etwa für die makroökonomischen Wirkungen ist jedoch die im Vergleich zur gegenwärtigen Regelung deutlich geringere Entlastung der arbeitsintensiven Sektoren des Verarbeitenden Gewerbes. Allein in den Investitionsgütersektoren verringert sich die

Entlastung um knapp 1 Mrd. DM, Verbrauchsgüter und Nahrungs- und Genussmittel sind in diesem Fall sogar eindeutige Nettozahler (vgl. Tabelle 15). Der Wettbewerbsvorteil, der bei der gegenwärtigen Ausgestaltung der Ökosteuer gerade den arbeitsintensiven Sektoren des Verarbeitenden Gewerbes zugute kommt, wird dadurch erheblich abgeschwächt oder sogar in einen Nachteil umgewandelt. Deshalb dürfte es kaum überraschen, dass die makroökonomischen Wirkungen derart modifizierter

Tabelle 15: Be- und Entlastungen der Sektoren durch die Ökosteuer im Jahr 2003, Mill. DM

Produktgruppe	Energiesteuer	Erstattungen	Kompensation	Saldo
reduzierte Steuersätze einschl. Kappungsgrenzen				
Investitionsgüter	749,6	0,0	2464,3	-1714,7
Verbrauchsgüter	526,8	5,6	742,8	-221,6
Nahr.- u. Genussmittel	451,9	3,5	311,8	136,6
Bau	794,0	0,0	1244,4	-450,4
Handel, Verkehr	5820,4	0,0	3048,6	2771,8
Dienstleistungen	1702,5	0,0	3226,2	-1523,7
Staat	1547,0	0,0	4453,5	-2906,5
Regelsteuersätze ohne Kappungsgrenzen				
Investitionsgüter	2254,9	0,0	3 039,3	-784,4
Verbrauchsgüter	1471,2	0,0	916,1	555,1
Nahr.- u. Genussmittel	1032,4	0,0	384,6	647,8
Bau	868,7	0,0	1710,3	-841,6
Handel, Verkehr	5953,8	0,0	4190,0	1763,7
Dienstleistungen	1907,9	0,0	4434,1	-2526,2
Staat	1 918,5	0,0	6 121,0	-4202,5
Eigene Berechnungen.				

Abb. 21: Ökosteuer mit Wegfall der Ausnahmen ab 2004 (RWI, —— Basissimulation, - - - Simulation der Maßnahme)

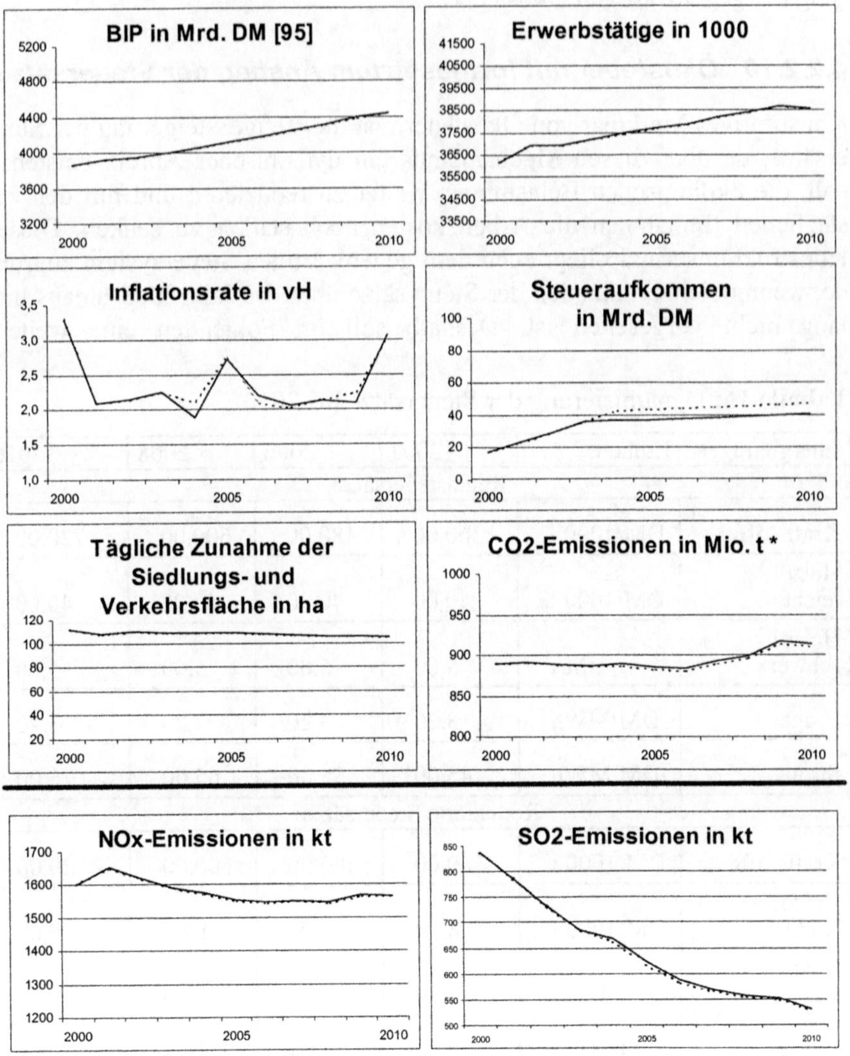

- Verlauf geschätzt ohne Berücksichtigung der nach Projektbeginn beschlossenen Maßnahmen des Klimaschutzprogramms 2000 und eventueller weiterer Maßnahmen, vgl. Abschn. 3.2.

Steuerkonzepte insgesamt negativ sind (vgl. Abb. 21): im Durchschnitt der Jahre 2005 bis 2010 fällt das Bruttoinlandsprodukt gegenüber dem unverändert bis 2010 geltenden gegenwärtigen System um knapp 5 Mrd. DM geringer aus, die Arbeitmarktbilanz ist zwar gegenüber einem System ohne

Ökosteuern immer noch positiv, verschlechtert sich jedoch im Durchschnitt um 25 000 Arbeitsplätze gegenüber einer unveränderten Fortführung der gegenwärtigen Ökosteuer.

4.2.2.10 Ökosteuer mit fortgesetztem Anstieg der Steuersätze

Konstitutives Merkmal von Ökosteuern ist die stetige Steigerung der Steuersätze, da über diesen Mechanismus ein dynamischer Anreiz entstehen soll, die ökologischen Belastungen weiter zu reduzieren und mit den zusätzlichen Einnahmen die Arbeitskosten noch stärker zu senken. Dieses Konstruktionsprinzip liegt auch dem gegenwärtigen Steuersystem zugrunde, wenngleich ein Anstieg der Steuersätze über das Jahr 2003 hinaus bislang nicht vorgesehen ist. Deshalb soll im Folgenden eine weitere

Tabelle 16: Dynamisierung der Steuersätze bis 2010

Energieträger	Einheit	2004	2006	2008	2010
Regelsteuersätze					
Kraftstoffe	DM/1000 l	360,00	480,00	600,00	720,00
Heizöl, leicht	DM/1000 l	40,00	40,00	40,00	40,00
Heizöl, schwer	DM/t	5,00	5,00	5,00	5,00
Erdgas	DM/MWh	3,20	3,20	3,20	3,20
Strom	DM/MWh	45,00	55,00	65,00	75,00
Reduzierte Steuersätze					
Kraftstoffe	DM/1000 l	360,00	480,00	600,00	720,00
Heizöl, leicht	DM/1000 l	8,00	8,00	8,00	8,00
Heizöl, schwer	DM/t	5,00	5,00	5,00	5,00
Erdgas	DM/MWh	0,64	0,64	0,64	0,64
Strom	DM/MWh	900	11,00	13,00	15,00
Eigene Berechnungen.					

Dynamisierung der Steuersätze untersucht werden, die analog zum gegenwärtigen Gesetz jährliche Steigerungen für Kraftstoffe und Strom bis zum Jahr 2010 vorsieht und am Ende des Prognosezeitraums zusätzliche Steuern auf diese Energieträger in Höhe der in Tabelle 16 ausgewiesenen Sätze induziert. Ähnlich wie im gegenwärtigen Ökosteuergesetz gelten mit Ausnahme der Kraftstoffe auch in dieser Variante für das produzierende Gewerbe reduzierte Steuersätze.

Auch wenn die Dynamik der Steuersätze auf die Kraftstoffe und den Strom begrenzt ist, so lassen sich mit dieser Fortführung weitere CO_2-Minderungen erzielen (vgl. Abb. 22), die zum überwiegenden Teil aus Einspar- und Substitutionseffekten im Personenverkehr resultieren: die höheren Kraftstoffkosten begünstigen eine weitere Substitution von Otto- durch Dieselfahrzeuge, verringern zugleich die im Individualverkehr erbrachten Verkehrsleistungen und tragen zu einer Verbesserung der Wettbewerbsfähigkeit öffentlicher Verkehrssysteme bei. Die Verlagerung vom Individual- zum öffentlichen Verkehr könnte noch ausgeprägter sein, wenn für diese Systeme ähnlich reduzierte Steuersätze gelten würden wie für das produzierende Gewerbe.

Im Vergleich zum Personenverkehr sind die CO_2-Minderungen im Güterverkehr von untergeordneter Bedeutung, da die Preiselastizität der Verkehrsnachfrage im Güterverkehr generell deutlich niedriger ist als im Personenverkehr und die Wettbewerbsvorteile des Lkw gegenüber der Bahn nicht allein auf Energiekostenvorteile zurückzuführen sind. Außerdem wird die Bahn durch die Dynamisierung der Steuersätze auf Strom ebenfalls zusätzlich belastet.

Die geringen Substitutionseffekte im Güterverkehr sind eine wichtige Ursache für die zusätzlichen Kostenimpulse, die eine weitere Dynamisierung der Steuersätze in den sektoralen Produktionsprozessen hervorruft. Davon betroffen sind insbesondere die transportintensiven Segmente des verarbeitenden Gewerbes, da die Kappungsgrenze bekanntlich nicht für die Kraftstoffe gilt. Hinzu kommt, dass die privaten Haushalte bereits bei der geltenden Regelung Nettozahler der Reform sind und eine weitere Dynamisierung dieses Ungleichgewicht noch weiter verstärken würde. Ursächlich für diese asymmetrische Wirkung sind sowohl die unterschiedlichen Steuersätze, Erstattungsmöglichkeiten und Belastungsgrenzen als auch die implizite Erhöhung der Steuersätze durch die Umsatz- bzw. Mehrwertsteuer. Zwar werden die Arbeitgeber- und Arbeitnehmerbeiträge zur gesetzlichen Sozialversicherung um den gleichen Prozentsatz gesenkt, der größere Teil des zusätzlichen Steueraufkommens wird jedoch von den Arbeitnehmern erbracht.[40]

---

[40] Auf die zusätzliche Problematik, dass eine nicht vernachlässigbare Zahl von Haushalten, wie etwa Rentner-, Beamten- und Selbständigenhaushalte von der Entlastung der Arbeitnehmerbeiträge zur gesetzlichen Sozialversicherung erst mit Verzögerung oder gar nicht begünstigt werden, kann an dieser Stelle nur hingewiesen werden.

Abb. 22: Ökosteuer mit fortgesetztem Anstieg der Steuersätze (RWI, — Basissimulation, - - - Simulation der Maßnahme)

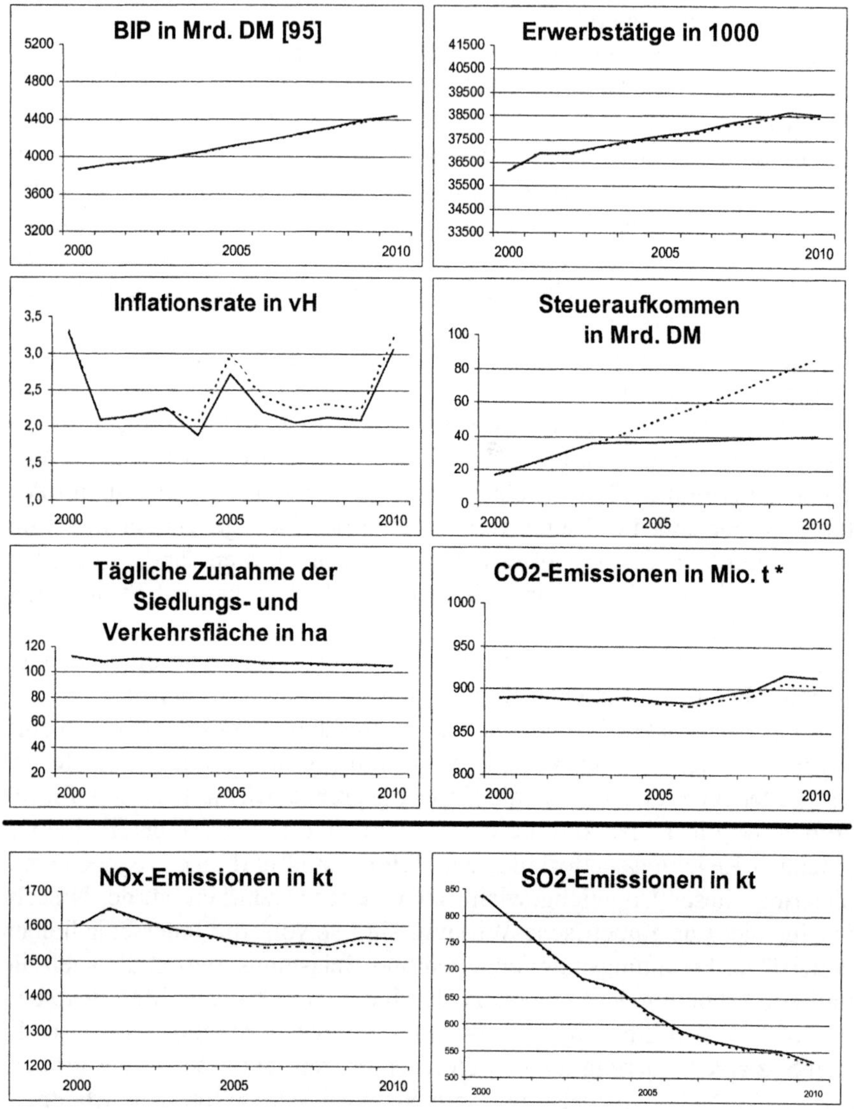

* Verlauf geschätzt ohne Berücksichtigung der nach Projektbeginn beschlossenen Maßnahmen des Klimaschutzprogramms 2000 und eventueller weiterer Maßnahmen, vgl. Abschn. 3.2.

Folglich tragen die privaten Haushalte nicht nur den größeren Teil der zusätzlichen Steuerlast, sondern leisten damit auch einen nicht zu vernachlässigenden Beitrag zur Verringerung der Zusatzkosten im Unternehmenssektor. Dieser Umverteilungseffekt kann jedoch nicht ohne Folgen für die Realeinkommen der privaten Haushalte und den privaten Verbrauch bleiben, zumal ein Teil der Kostenentlastungen im produzierenden Gewerbe über den Export an das Ausland abfließt und deshalb nicht in Form von Preissenkungen bei nichtenergetischen Konsumgütern an die Haushalte weitergegeben wird. Folglich muss auch in dieser Variante mit weniger positiven makroökonomischen Effekten gerechnet werden als bei einer unveränderten Fortsetzung der gegenwärtigen Besteuerung.

4.2.2.11 Ökosteuer mit Wegfall der Ausnahmen ab 2004 und fortgesetztem Anstieg der Steuersätze

Die unterschiedliche Behandlung von privaten Konsumenten und gewerblichen Verbrauchern ist bei einer Fortsetzung des Anstiegs der Steuersätze demnach ein wichtiger Grund für die insgesamt negativen makroökonomischen Effekte. Um diese unerwünschten Nebenwirkungen zu vermeiden, könnten analog zu der bereits diskutierten Modifikation des bestehenden Ökosteuergesetzes die Ausnahmeregelungen für den gewerblichen Bereich aufgegeben und durch einheitliche Steuersätze für alle Verbrauchergruppen ersetzt werden. Darin eingeschlossen wäre auch der Wegfall der Kappungsgrenzen.

Eine derartige Modifikation hat allerdings zur Folge, dass – wie in Abschnitt 4.2.2.9 bereits im einzelnen gezeigt – die im internationalen Wettbewerb stehenden energieintensiven Sektoren zusätzliche Kostensteigerungen zu erwarten haben. Dem stehen allerdings noch deutlich ausgeprägtere Entlastungen der arbeitsintensiven Sektoren gegenüber, die eine weitere Verbesserung der Wettbewerbsfähigkeit dieser Sektoren bedeuten.[41] Folglich wird durch die Dynamisierung der Steuersätze und den Wegfall der Ausnahmeregelungen eine weiter zunehmende Spreizung der Produktionskosten hervorgerufen, die über die erwünschten ökologischen Wirkungen hinaus den sektoralen Strukturwandel beschleunigt, in dessen Folge umweltintensive Produktionssegmente zugunsten arbeitsintensiver zurückgedrängt werden. Dieser Wandel hat im Vergleich zum gegenwärtig geltenden Gesetz per Saldo negative makroökonomische Wirkungen (vgl. Abb. 23), da energieintensive Grundstoffprodukte eine relativ große Bedeutung innerhalb der deutschen Wirtschaftsstruktur einnehmen.

---

[41] Ob damit implizit der Tatbestand einer unzulässigen Beihilfe im Sinne des EG-Vertrages erfüllt ist, kann an dieser Stelle nicht weiter analysiert werden. Immerhin zeigen die Prüfungen der EU-Kommission im Rahmen der Renotifizierung des gegenwärtigen Ökosteuersystems, dass die EU-Kommission diesen Sachverhalt mit Sicherheit genauer überprüfen würde.

Abb. 23: Ökosteuer mit Wegfall der Ausnahmen ab 2004 und fortgesetztem Anstieg der Steuersätze (RWI, — Basissimulation, - - - Simulation der Maßnahme)

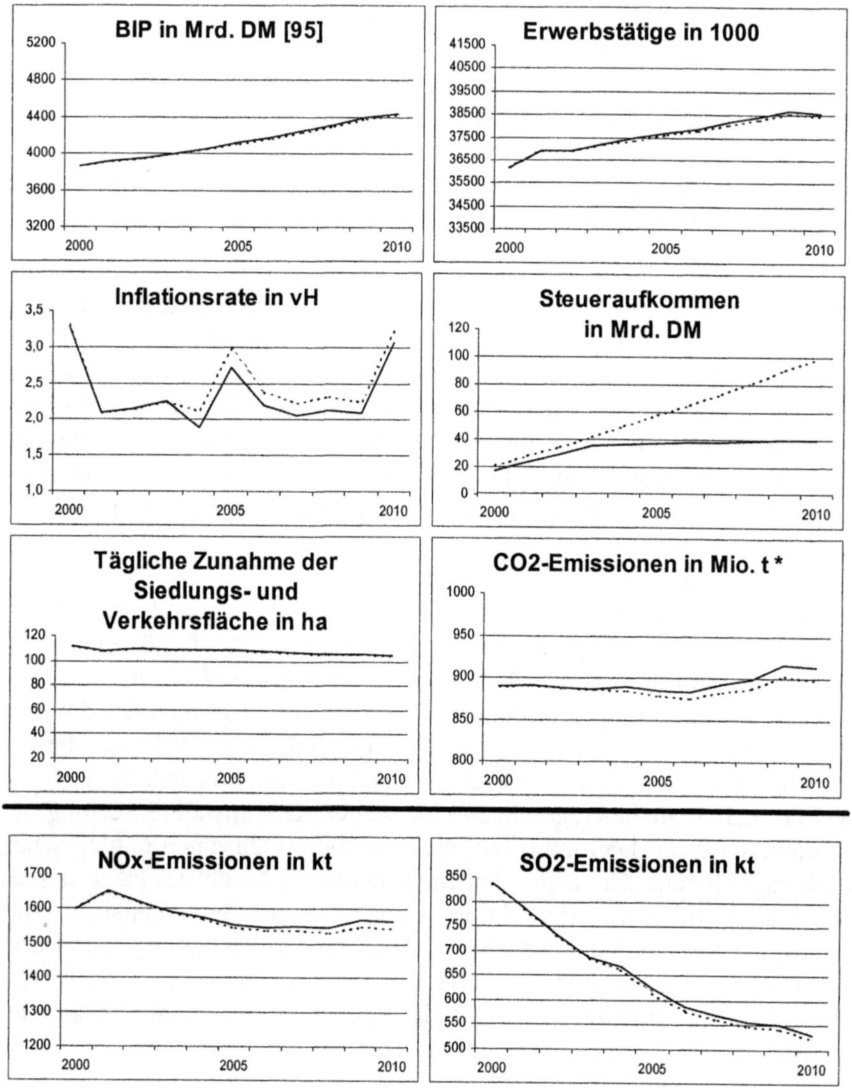

* Verlauf geschätzt ohne Berücksichtigung der nach Projektbeginn beschlossenen Maßnahmen des Klimaschutzprogramms 2000 und eventueller weiterer Maßnahmen, vgl. Abschn. 3.2.

4.2.2.12 CO_2-Steuer

In den bisherigen Simulationen wurden die Grundsätze der Besteuerung aus dem Gesetz zur Einführung und Fortführung der ökologischen Steuerreform übernommen und in verschiedene Richtungen weiterentwickelt. Gemessen an der grundsätzlichen Idee einer ökologischen Steuerreform, den Verbrauch natürlicher Ressourcen generell über zusätzliche Abgaben zu verteuern und damit einen Teil der externen Kosten zu internalisieren, stellt dieses Gesetz mit seiner Einschränkung allein auf den Endverbrauch von Energie ein vergleichsweise enges Konzept dar. Außerdem wird nur ein Teil des Endverbrauchs zusätzlich besteuert und dynamisch fortgeschrieben. Deshalb erscheint es zweckmäßig, alternative Steuermodelle zu untersuchen, die sich stärker an den ökologischen Zielen ausrichten, die mit der Einführung einer zusätzlichen Abgabe erreicht werden sollen. Wichtige Ziele der nationalen Klimaschutzpolitik sind zum einen die Verringerung der CO_2-Emissionen um 25 vH bis zum Jahr 2005, zum anderen die Minderungsverpflichtungen Deutschlands im Rahmen des Kyoto-Protokolls bzw. des EU-burden-sharing.

Unter allen denkbaren Steuermodellen dürfte eine reine CO_2-Steuer am ehesten geeignet sein, diese Ziele möglichst kostengünstig zu erreichen. Deshalb sollen im Folgenden die Auswirkungen einer reinen CO_2-Steuer auf die CO_2-Emissionen einerseits sowie die sektoralen und makroökonomischen Entwicklungsperspektiven andererseits simuliert werden. Die Steuer wird mit Beginn des Jahres 2004 eingeführt, wird dann in Jahresschritten um jeweils 10 DM/t CO_2 erhöht und erreicht im Jahr 2010 das Niveau von 70 DM/t CO_2.

Da die einzelnen Energieträger sich nach ihrem Kohlenstoffgehalt erheblich voneinander unterscheiden, führt diese Steuer zu einer deutlichen Spreizung des Energiepreissystems. Die höchsten Zuschläge haben Braun- und Steinkohle zu erwarten, relativ geringe Aufschläge gelten für Erdgas. Strom bleibt als Verbrauchsenergie steuerfrei, wird allerdings über den Brennstoffeinsatz zusätzlich belastet. Bemerkenswert ist dabei, dass die relativen Preiseffekte, die für die ökonomischen Implikationen von besonderer Bedeutung sind, für Energieträger mit einem gegenwärtig niedrigen Preisniveau wesentlich größer sind als bei solchen Energieträgern, die bereits heute ein vergleichsweise hohes Preisniveau erreicht haben oder mit zusätzlichen Verbrauchssteuern belegt sind. So erreicht der Preisimpuls bei Kraftstoffen am Ende des Untersuchungszeitraumes nur jenes Niveau, das im Rahmen des gegenwärtigen Ökosteuergesetzes bereits für das Jahr 2003 zu erwarten ist. Bei Stein- und Braunkohle hingegen führt die CO_2-Steuer bis 2010 zu einer Verdreifachung des Preises. Da Stein- und Braunkohle vor allem in der Stromerzeugung sowie in Kraft-Wärme-Kopplungsanlagen eingesetzt werden, sind von einer reinen CO_2-Steuer die größten Effekte in diesen Bereichen zu erwarten.

Dabei sind kurz- und langfristige Wirkungen zu unterscheiden: Kurzfristig, d.h. bei unverändertem Kraftwerkspark kann die Einführung einer CO_2-Steuer die Preise der eingesetzten Brennstoffe so beeinflussen, dass sich die Rangfolge der eingesetzten Kraftwerke („merit order") nachhaltig verändert. Bei den gegenwärtigen Preisdifferenzen zwischen Stein- und Braunkohle auf der einen und Erdgas auf der anderen Seite in Höhe von etwa 30 DM /MWh wird dieser Substitutionseffekt sich einstellen, wenn die CO_2-Steuer die Schwelle von 86 DM/t CO_2 übersteigt.

Die kurzfristigen Substitutionseffekte sind jedoch limitiert durch die Struktur des bestehenden Kraftwerksparks. Erst durch den Bau neuer und die Stilllegung alter Kraftwerke kann eine CO_2-Steuer ihre vollständige Wirkung entfalten. Dabei ist zu berücksichtigen, dass bereits gegenwärtig der Bau neuer Erdgas-GuD-Anlagen zumindest für den Bereich der Mittellast wirtschaftlich ist, mithin durch eine kohlenstofforientierte Belastung des eingesetzten Brennstoffs nicht zusätzlich gefördert wird.

Tabelle 17: Preisimpulse einer CO_2-Steuer bis 2010

Energieträger	Einheit	2004	2006	2008	2010
Braunkohle	DM/tSKE	32,82	98,46	164,1	229,74
Steinkohle	DM/tSKE	27,25	81,75	136,25	190,75
Motoren-benzin	DM/1000 l	42,36	127,09	211,81	296,54
Dieselkraft-stoff	DM/1000 l	37,85	113,55	189,25	264,96
Heizöl, leicht	DM/1000 l	37,85	113,55	189,25	264,96
Heizöl, schwer	DM/t	32,00	96,01	160,02	224,03
Erdgas	DM/MWh	2,02	6,05	10,08	14,11
Eigene Berechnungen.					

Dies gilt nicht für den Bereich der Grundlast: dort ist der Neubau von Stein- und Braunkohle kostengünstiger als der von Erdgas-GuD-Anlagen. Allerdings liegt hier die Kostendifferenz wegen der relativ niedrigen Kapitalkosten einer Erdgas-GuD-Anlage bei nur 6,0 bis 13 DM/MWh. Folglich wird der Bau neuer Erdgas-GuD-Anlagen auch für die Grundlast bereits dann wirtschaftlich, wenn der Steuersatz die Schwelle von 24 DM/t CO_2 übersteigt. Da dieser Satz bereits nach drei Jahren erreicht wird, ist im Bereich der Stromerzeugung mittel- und langfristig eine massive Verdrängung von Stein- und Braunkohle durch Erdgas zu erwarten. Zwar gilt auch hier, dass bis 2010 ein vollständiger Ersatz dieser Altanlagen nicht zu erwarten ist. Bei einer durchschnittlichen Lebensdauer von 35 Jahren wird jedoch rund die Hälfte der gegenwärtig installierten Leistung auf Steinkohlebasis durch Erdgas-Neuanlagen ersetzt.

Der Kraft-Wärme-Kopplung wird eine tragende Rolle im nationalen Klimaschutzprogramm zugemessen. Die Emissionsminderungen werden bis 2005 auf etwa 10 Mill.t, bis 2010 auf 23 Mill. t CO_2 geschätzt. Maßgeblich für diese erwarteten Minderungserfolge sind technische Änderungen in der gekoppelten Strom- und Wärmeerzeugung, insbesondere die Verdrängung reiner Dampf- durch kombinierte Gas- und Dampfturbinen (GuD-Technik). Durch die Kombination von Gas- und Dampfturbine lässt sich bei gleicher Wärmeerzeugung die Stromerzeugung mehr als verdoppeln, wobei die höhere Stromausbeute nur zum geringen Teil auf Effizienzverbesserungen, zum überwiegenden Teil auf eine Erhöhung der installierten Leistung zurückzuführen ist.

Eine zusätzliche CO_2-Steuer wird die Wirtschaftlichkeit dieser Technik noch erheblich steigern. Ähnlich wie in der Elektrizitätswirtschaft sind dabei nicht nur die kurzfristigen, sondern auch die langfristigen Grenzkosten zu betrachten. Bei diesem Vergleich ist darüber hinaus von Bedeutung, dass die Modernisierung einer Dampfturbine etwa auf Steinkohlebasis zwar die Effizienz insgesamt erhöht, der Prozess selbst jedoch keine Änderungen erfährt. Dies gilt insbesondere für die Stromausbeute. Im Gegensatz dazu erlaubt der Neubau den Übergang von der Dampf- zur Gas- und Dampfturbinentechnik, der insbesondere mit einer signifikanten Erhöhung der Stromerzeugung verbunden ist.[42]

---

[42] Bei den folgenden Berechnungen wird für die Dampfturbine eine Feuerungswärmeleistung von 100 MW, ein Gesamtwirkungsgrad von 90 vH und eine Stromkennziffer von 0,45 angenommen. Die maximale Wärmeauskoppelung beträgt demnach 45 MW. In einem GuD-Prozess mit identischer Wärmeauskoppelung und gleichem Gesamtwirkungsgrad erreicht die Feuerungswärmeleistung knapp 170 MW, wobei für die Gasturbine ein Wirkungsgrad von 38 vH angenommen wurde. Die elektrische Leistung von Gas- und Dampfturbine summiert sich zu 83 MW, die Stromkennziffer liegt folglich bei 1,85. Die übrigen Kosten sind aus dem Vergleich der Stromerzeugungskosten übernommen worden, wobei die spezifischen Grössen auf die hier zugrunde liegende Anlagengrösse von 100 MW angepasst wurden.

Abb. 24: CO_2-Steuer (RWI, —— Basissimulation, - - - Simulation der Maßnahme)

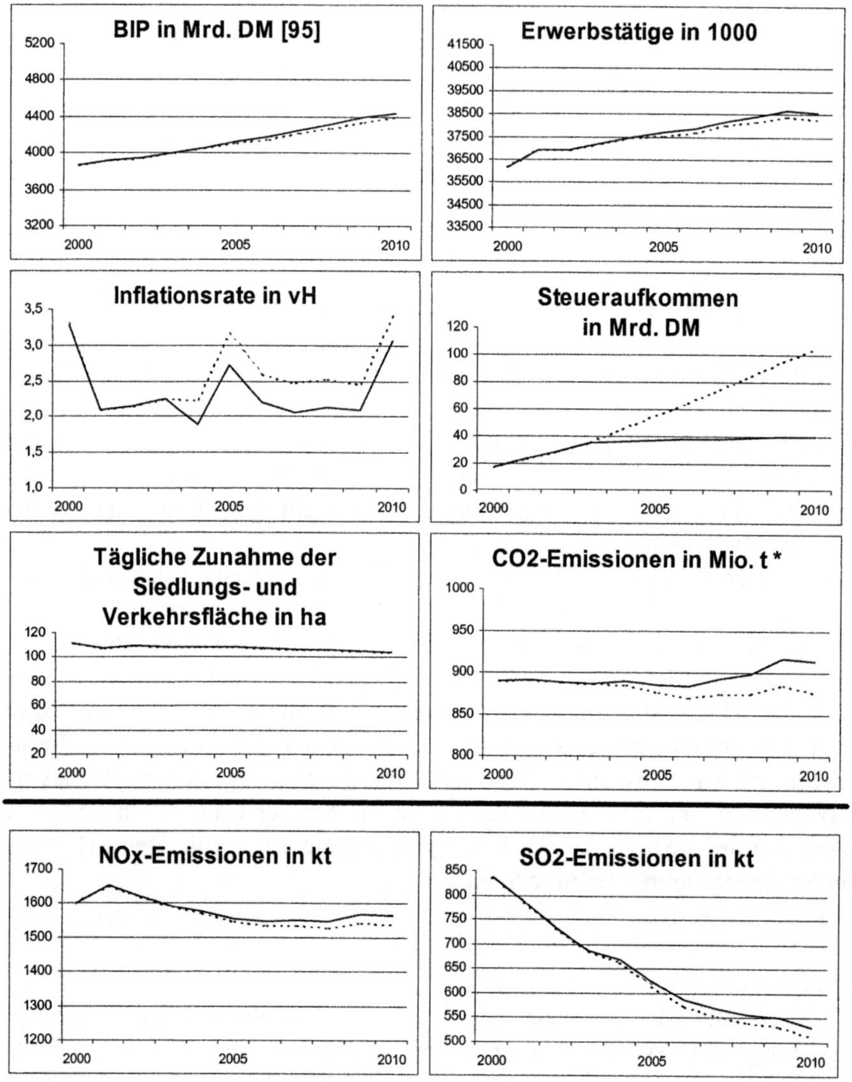

* Verlauf geschätzt ohne Berücksichtigung der nach Projektbeginn beschlossenen Maßnahmen des Klimaschutzprogramms 2000 und eventueller weiterer Maßnahmen, vgl. Abschn. 3.2.

Bei neuen Anlagen sind GuD-Techniken auf Erdgasbasis in allen Lastbereichen kostengünstiger als KWK-Anlagen auf Stein- und Braunkohlebasis. Ursächlich dafür sind die im Vergleich zu Stein- und Braunkohle nur halb so hohen Investitionsausgaben für die GuD-Technik auf Basis Erdgas. Die niedrigen Kapitalkosten wirken sich insbesondere bei Ausnutzungsdauern von weniger als 4000 Stunden zum Nachteil von Stein- und Braunkohle aus. Bei Benutzungsstunden von 2000 Stunden im Jahr, wie sie gegenwärtig für öffentliche KWK-Anlagen durchaus charakteristisch sind, verursacht der Bau eines Heizkraftwerks auf Stein- oder Braunkohlebasis fast doppelt so hohe Kosten wie der eines GuD-Heizkraftwerks auf Erdgasbasis. Folglich wird im Zuge von Ersatzinvestitionen Erdgas in der öffentlichen Fernwärmeversorgung eine stetig wachsende Bedeutung gewinnen. Dies gilt erst Recht, wenn im Rahmen einer CO_2-Besteuerung der Kohlenstoffgehalt eines Energieträgers zusätzlich kostenwirksam wird. Allein diese Substitutionseffekte in der Strom- und Wärmeerzeugung sind ausschlaggebend dafür, dass die CO_2-Steuer von allen hier untersuchten Steuervarianten den höchsten Lenkungseffekt hat (vgl. Abb. 24).

Die Wirkungen im Endverbrauch von Energie hängen naturgemäß von der Struktur des Energieeinsatzes ab, sie sind besonders ausgeprägt bei jenen Sektoren, die ihren Energiebedarf über den Einsatz überdurchschnittlich kohlenstoffhaltiger Festbrennstoffe decken. Dazu gehören in Deutschland insbesondere die Stahlerzeugung auf Basis des Oxygenverfahrens und die Zementproduktion. Diese Sektoren haben mit deutlich höheren Kostensteigerungen zu rechnen, die letztlich dazu führen können, dass im Inland erzeugte Produkte in zunehmendem Umfang durch Importe ersetzt werden (Leakage-Problem). Diese Verdrängungseffekte sind letztlich maßgeblich für die doch erheblichen kontraktiven makroökonomischen Effekte.

4.2.2.13 Flächenerwerbsteuer und Ökosteuer mit Wegfall der Ausnahmeregelungen

Die bisherigen Simulationen waren dadurch gekennzeichnet, dass die untersuchten Steuersysteme jeweils isoliert entweder die Flächennutzung oder den Energieverbrauch und die damit verbundenen Schadstoffemissionen beeinflussen sollten. Dennoch wurde bereits bei der Modellkonzeption auf die zwischen Flächennutzung und Energieverbrauch bestehenden Interdependenzen hingewiesen. So erklärt sich die Zunahme disperser Siedlungsstrukturen u.a. auch durch die relativ kostengünstige Überwindung der Entfernungen zwischen Wohnung und Arbeitstätte. Aufgrund dieser Interdependenzen liegt es nahe, die bislang unabhängig voneinander konzipierten Öko- und Flächenerwerbsteuern miteinander zu kombinieren, so dass im Idealfall die ökologische Lenkungswirkung der Maßnahmenkombination erkennbar größer ist als die Summe der isolierten Einzelsteuern. Um diese optimale Kombination der beiden Instrumente herauszufinden,

Abb. 25: Flächenerwerbsteuer und Ökosteuer mit Wegfall der Ausnahmeregelungen (RWI, —— Basissimulation, - - - Simulation der Maßnahme)

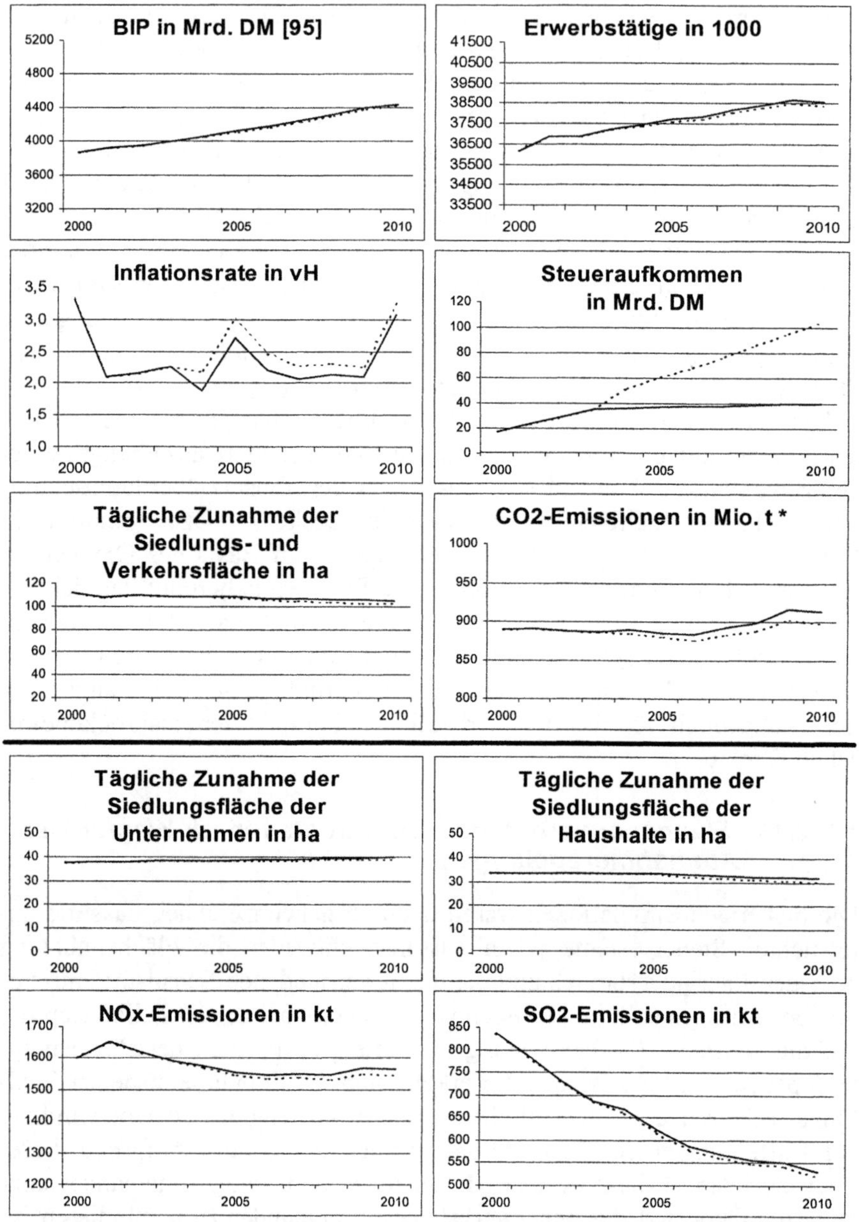

* Verlauf geschätzt ohne Berücksichtigung der nach Projektbeginn beschlossenen Maßnahmen des Klimaschutzprogramms 2000 und eventueller weiterer Maßnahmen, vgl. Abschn. 3.2.

müssten alle bislang untersuchten Ökosteuervarianten mit allen Flächensteuervarianten in ihren Wirkungen analysiert werden. Diese Maßnahmenpermutationen würden jedoch den Rahmen dieser Untersuchung sprengen. Daher wird aus der Vielzahl der Kombinationsmöglichkeiten allein die Ökosteuer mit Wegfall der Ausnahmen (vgl. Abschn. 4.2.2.9) mit einer Flächenerwerbsteuer (vgl. Abschn. 4.2.2.4) kombiniert.

Diese Kombination erweist sich allerdings unter ökologischen Aspekten als wenig wirksam, da die Emissionsminderungen sich nahezu vollständig aus der Addition der beiden Einzelmaßnahmen ergeben, synergetische Effekte also nicht eintreten (vgl. Abb. 25). Eine wechselseitige Unterstützung der Lenkungswirkungen wäre allerdings auch überraschend, denn in der hier angenommene Ökosteuervariante werden nur die Ausnahmeregelungen für das produzierende Gewerbe aufgehoben, die Steuersätze selbst jedoch nicht weiter dynamisiert. Erst eine Dynamisierung insbesondere der Steuern auf Kraftstoffe könnte die Wirkungen einer Flächenerwerbsteuer zusätzlich erhöhen, da dann parallel zu den höheren Kosten des Grunderwerbs auch die Transportkosten etwa zwischen Wohnung und Arbeitsstätte ansteigen würden und dadurch eine Zunahme der durchschnittlichen Fahrstrecke im Berufs- und Ausbildungsverkehr vermieden werden könnte.

5 Vergleich

5.1 Vergleich der Modelle

Beide Modelle sind dem Typ „disaggregierte makroökonometrische Modelle“ zuzuordnen: In beiden Modellen ist sowohl der Produktionsbereich (nach Wirtschaftssektoren) als auch die Nachfrage (nach Ausgaben-Kategorien) disaggregiert. Es sei an dieser Stelle noch einmal besonders darauf hingewiesen, dass in die Dokumentation nur aggregierte Größen aufgenommen werden konnten. Simulationsergebnisse für disaggregierte Größen (z.B. für einzelne Sektoren) sind auf Nachfrage bei den Modellbauern erhältlich.

Ausgehend von einer Abbildung der ökonomischen Zusammenhänge sind beide Modelle – zum größten Teil im Rahmen des Projekts – um die Umweltbereiche Flächennutzung, Wasser sowie Luft und Klima erweitert worden. Beide Modelle sind außergewöhnlich gut empirisch fundiert (explizite Berücksichtigung institutioneller, gesetzlicher und technischer Gegebenheiten) und lassen die Einstellung auch sehr detaillierter politischer Maßnahmen zu. Sie unterscheiden sich durch den Grad der Disaggregation in den verschiedenen Modellbereichen, die Betonung bestimmter Teilaspekte, sowie unterschiedliche theoretische Annahmen. Im Folgenden werden einige Aspekte herausgegriffen, anhand derer die Eigenschaften der Modelle gegenübergestellt werden.

Eine grundsätzliche Vorbemerkung ist noch zu machen: Weiter unten wird auch die unterschiedliche Spezifikation zentraler Modellteile diskutiert. Dabei kann jeweils nur auf die unmittelbare Gleichungsfestlegung der betrachteten Variablen eingegangen werden. Es ist jedoch zu betonen, dass sich Veränderungen endogener Variablen auf Grund von Veränderungen exogener Variablen nicht über eine Partialbetrachtung einzelner Gleichungen „erklären“ lassen: Hier ist immer die Gesamtbetrachtung des Modells erforderlich.

Struktur der Modelle

Beim PANTA-RHEI-Modell fällt seine Geschlossenheit auf. Alle Teile sind miteinander integriert, wobei der Anknüpfungspunkt grundsätzlich eine niedrige Aggregationsebene ist. Das RWI-Modell hingegen ist durch seine Modulstruktur gekennzeichnet: Das ursprüngliche Modell (ohne Boden und Wasser) besteht aus den Bausteinen „Energiemodell", „Strukturmodell" und „Emissionsmodell". Diese sind in weitere Untermodule aufgeteilt.

Im PANTA RHEI existiert eine interdependente Verschränkung von Ökonomie- und Umwelt-Modellteilen. Das RWI-Modell weist ebenfalls enge Verbindungen zwischen den einzelnen Modellteilen auf. Diese sind allerdings so konstruiert, dass auch Teilmodelle unabhängig vom Gesamtmodell genutzt werden können.

Dimension der Modelle

Das PANTA RHEI besteht aus ca. 45000 Modellgleichungen, wenn sämtliche Matrixoperationen mitgezählt werden. Davon sind etwa 3500 geschätzte Gleichungen. Für jeden der 58 Sektoren existieren ca. 250 Variablen, aus denen dann wiederum Aggregate gebildet werden.

Das mit 60 Sektoren arbeitende Strukturmodell des RWI enthält ca. 3300 Gleichungen, das Energiemodell ca. 1600 Gleichungen, das Emissionsmodell 767 Gleichungen und das Modell zur Flächennutzung 283 Gleichungen.

Einsatz für Simulationen und Prognosen

Beide Modelle sind bereits für Simulationsrechnungen gesamtwirtschaftlicher Art und speziell zur Umweltpolitik eingesetzt worden. Mit dem RWI-Modell und dem PANTA RHEI wurden Prognosen bis zum Jahr 2030 erstellt. Innerhalb dieser Studie war der längste Prognosehorizont für beide Modelle das Jahr 2020.

Gebietsstand und Stützzeitraum

Für den Gesamtdatensatz gilt von 1978 bis 1990 beim PANTA-RHEI-Modell der Gebietsstand von Westdeutschland, ab 1991 werden Daten für Gesamtdeutschland benutzt. Bei der Schätzung des Modells werden die mit der Wiedervereinigung zusammenhängenden Strukturbrüche mit additiven und multiplikativen Dummy-Variablen erfasst. Der Stützzeitraum ist 1978 bis 1996.

Beim RWI-Modell ist der Stützzeitraum uneinheitlich und hängt von der Datenverfügbarkeit ab. Grundsätzlich liegen den Schätzungen des Modells Zeitreihen von 1978 bis 1998 zugrunde. Bei diesen Zeitreihen beziehen sich die Größen von 1978 bis 1994 auf die alten Bundesländer und von

1995 bis 1998 auf Gesamtdeutschland. Der Bruch von 1994 auf 1995 wird in den Schätzungen durch entsprechende Dummies berücksichtigt. Als Begründung für die Auswahl des Jahres 1995 als Zeitpunkt des Gebietsstandswechsels innerhalb der Zeitreihen wird angeführt, dass die Entwicklung in den alten Bundesländern von 1990 bis 1994 der langfristigen Entwicklung in Deutschland eher entspricht als die gesamtdeutsche Entwicklung von 1990 bis 1994. Dies wird wiederum darauf zurückgeführt, dass die ostdeutsche Entwicklung in diesen fünf Jahren durch einmalige untypische Verwerfungen gekennzeichnet war, so dass die gesamtdeutsche Entwicklung in diesem Zeitraum nicht repräsentativ für spätere Zeiträume ist. In Teilen des Strukturmodells basieren die Schätzungen allerdings auf Daten, die lediglich bis zum Jahr 1991 reichen. Im Energiemodell ist zum Großteil bis zum Jahr 1998 geschätzt worden.

Schätzverfahren

Obwohl in beiden Modellen Interdependenzen zwischen den Gleichungen auftreten, werden die Modelle mit dem Verfahren der Kleinsten Quadrate (OLS) geschätzt. Per Konstruktion bietet dieses Verfahren gegenüber anderen – wenn man jede Gleichung für sich betrachtet – die beste Anpassung an die Daten im Sinne des Kleinstquadrate-Kriteriums, führt aber zu inkonsistenten Schätzern. Systemschätzer sind beim RWI-Modell ausprobiert aber verworfen worden, da die geschätzten Parameter zu Instabilitäten bei Prognosen führten. Für PANTA RHEI ist für die Zukunft die Anwendung eines zweistufigen Schätzverfahrens geplant.

Lösung des Modells

Das Gesamtmodell PANTA RHEI kann mit Standardalgorithmen gelöst werden, wie sie typischerweise bei der Lösung makroökonometrischer Modelle zur Anwendung kommen. Da das Energieangebot im RWI-Modell über einen Optimierungsansatz berechnet wird, kann dieses Modell nicht mit einem solchen Standardverfahren gelöst werden. Vielmehr müssen die Ergebnisse des Moduls, in dem die Optimierung stattfindet, und die des übrigen Modells in iterativer Weise aufeinander abgestimmt werden.

Exogene und endogene Variablen

Beide Modelle sind in großem Maße endogenisiert, d.h. nur wenige Variablen werden exogen vorgegeben. Beim PANTA RHEI besteht zudem die Möglichkeit, die eigentlich exogenen Weltmarktvariablen dadurch zu endogenisieren, dass das Modell in einen internationalen Verbund integriert wird.

Produktion

Im PANTA RHEI werden die Input-Mengen und die Preise simultan und interdependent bestimmt. Die Inputkoeffizienten sind, sofern sich signifikante empirische Zusammenhänge ergeben, vom Trend und dem jeweiligen Relativpreis abhängig. Die Modellierung der Inputkoeffizienten basiert auf der Hypothese limitationaler Produktionsfunktionen. Die Preisabhängigkeit der Inputkoeffizienten wird als Auswirkung des Kostendruck-induzierten technischen Fortschritts interpretiert. Mögliche Faktorsubstitution wird nicht explizit berücksichtigt.

Im RWI-Modell ist die Produktionstechnologie durch den bestehenden Kapitalstock derart determiniert, dass in einem Sektor kurzfristig fixe Inputkoeffizienten für die variablen Faktoreinsatzmengen gelten. Durch Investition ändert sich jedoch die Zusammensetzung des Kapitalstocks und damit die zur Verfügung stehende Technologie, was wiederum bei wichtigen Inputkoeffizienten zu Änderungen führt. Die Zusammensetzung des Kapitalstocks determiniert also die Produktionstechnologie.

Beschäftigung

Hinsichtlich der Beschäftigungsmenge finden sich in den beiden Modellen partiell unterschiedliche Ansätze: Während im PANTA-RHEI-Modell die Arbeitsnachfrage loglinear vom Bruttoinlandsprodukt, dem realen Lohnsatz und einer Zeitkomponente zur Erfassung des technischen Fortschritts abhängig ist und alle Parameter dieser Gleichung geschätzt werden, wird im RWI-Modell der so genannte Beschäftigungsquotient (Arbeit durch Produktion) linear auf den Reallohn und einen Auslastungskoeffizienten zurückgeführt, wobei dieser lineare Ansatz mit einem über den gesamten Beobachtungszeitraum gemittelten Wachstumsfaktor multipliziert wird. Hinzu kommt, dass auf Grund der dynamischen Spezifikation im RWI-Modell die über bestimmte Maßnahmen angestoßenen Veränderungen im Kapitalstock relativ langsam erfolgen, was wegen begrenzter Substitutionsmöglichkeit zwischen den Produktionsfaktoren entsprechende Auswirkungen auf die Beschäftigung hat.

Im Vergleich der Simulationsergebnisse zeigt sich, dass das PANTA-RHEI-Modell bezüglich der Beschäftigungswirkungen im Allgemeinen optimistischer ist als das RWI-Modell. Dies ist z.T. auf die geschätzten Beschäftigungsgleichungen (s.o.) zurückzuführen. Es sei aber an dieser Stelle noch einmal darauf hingewiesen, dass sich Veränderungen endogener Variablen (hier also der Beschäftigung) aufgrund von Veränderungen bei erklärenden Variablen (hier z.B. Reallohn oder Produktion) in einem simultanen Modell im Allgemeinen nicht über eine Partialbetrachtung einzelner Gleichungen „erklären" lassen, sondern eine Gesamtbetrachtung des Modells erforderlich ist.

Konsum

Da die private Konsumnachfrage die größte Komponente der gesamten Endnachfrage ist, kommt ihrer Modellierung eine große Bedeutung zu. Im RWI-Modell wird die Nachfrage nach dem Output der 60 Sektoren durch Unterstellung eines dreistufigen Entscheidungsprozesses modelliert. Auf der ersten Stufe findet eine Entscheidung über Konsum und Sparen statt. Der Konsum teilt sich daraufhin auf neun Ausgabearten auf. Schließlich wird eine Zuordnung zum Output der 60 Sektoren vorgenommen. Eine ähnliche mehrstufige Modellierung findet im PANTA RHEI statt. Dort werden allerdings 26 Konsumverwendungszwecke berücksichtigt.

Umweltteile

Vor dem Start dieses Projekts enthielten beide Modelle bereits Modellteile für die Erfassung von Luftschadstoffemissionen. Diese wurden in der zweiten Projektphase weiterentwickelt. Den unterschiedlichen Modellphilosophien entsprechend sind die Emissionen beim PANTA RHEI voll in das Modell integriert, wohingegen beim RWI die Emissionen in einem eigenen Modul abgebildet sind.

Im Rahmen dieses Projekts wurden das PANTA RHEI und das RWI-Modell um eine ausführliche Modellkomponente zur Flächennutzung ergänzt. Darüber hinaus ist bei PANTA RHEI für den Umweltbereich „Fließgewässer" bereits eine Modellierung der Stickstoff- und AOX-Emissionen vorgenommen worden.

Modellierung des Flächenverbrauchs durch Wohnungsbau

Die Wirkungskette im RWI-Modell kann zusammengefasst werden als: Zuwachs an Wohnungen → Zuwachs an Wohnfläche → Zuwachs an Grundstücksfläche.

Dabei wird nach den Wohnarten Einfamilien-, Zweifamilien-, und Mehrfamilienhaus unterschieden. Bei der Modellierung des Einflusses des Wohnflächenzuwachses auf den Grundstücksflächenzuwachs wird der Suburbanisierungsgrad (der Anteil an Wohnungszugängen auf dem Land an allen Wohnungszugängen) als erklärende Variable verwendet. Auf diese Weise wird das Phänomen der Zersiedelung ins Modell integriert.

Beim PANTA RHEI ist der Zusammenhang von der Art: Bauinvestitionen des Wirtschaftsbereich Wohnungsvermietung → Baufertigstellungen der Haushalte → Zuwachs an Gebäudefläche der Haushalte.

Dabei wird die Abhängigkeit des Flächenzuwachses von den Baufertigstellungen durch das Verhältnis des Kaufwertes für baureifes Land und des Preisindex im Bauhauptgewerbe bestimmt. Dieser Relativpreis beeinflusst also die Entscheidung, „ob eher in die Höhe oder in die Breite gebaut wird".

Flächen für gewerbliche Bauten

Beim RWI-Modell hängt der Zuwachs an Nutzfläche in der Gliederung der Baustatistik von den Bauinvestitionen der Sektoren ab. In die Modellierung geht außerdem wieder die Kennzahl für den Suburbanisierungsgrad ein. Die Wirkungskette im PANTA RHEI ist im Prinzip ähnlich: Bauinvestitionen → Baufertigstellungen → Veränderung der Gebäudefläche

Ähnlich wie bei der Modellierung des Flächenverbrauchs der Privaten beeinflusst auch hier wieder das Verhältnis „Kaufwert für Bauland zu Preisindex Bauhauptgewerbe" die Art des Einflusses der Baufertigstellungen auf die Veränderung der Gebäudefläche.

Angebotselemente bei der Modellierung des Flächenverbrauchs

Im RWI-Modell findet eine explizite Modellierung des Angebots an Siedlungsfläche statt. Dessen Berücksichtigung ist wichtig, um Planungsentscheidungen der Kommunen abbilden zu können. Die Variable „von den Kommunen geplante Bereitstellung von Baugrundstücken" geht zusammen mit dem Flächenbedarf an Wohnungen und dem Flächenbedarf für gewerblichen Bau in die Bestimmungsgleichung des Baulandpreises ein.

Wie bei der Simulation in Abschnitt 4.1.2.3 deutlich wird, ist auch im Modell PANTA RHEI eine Abbildung von Angebotsrestriktionen bei der Fläche möglich. Anders als beim RWI-Modell treten aber in den Modellgleichungen keine Variablen auf, die explizit dem Angebot bzw. der geplanten Bereitstellung von Flächen entspricht. Stattdessen wird zur Abbildung von Angebotsrestriktionen die Wirkung von bestimmten Preisen in der Modellspezifikation geändert.

Verkehrsfläche

Die Modellphilosophien seien am Beispiel des Straßenverkehrs verdeutlicht:

Der Zuwachs an Verkehrsfläche wird beim RWI-Modell durch zwei Quellen induziert. Zum einen wird durch den Zuwachs an Wohnfläche zusätzliche Verkehrsinfrastruktur benötigt, was eine Ausweitung der Verkehrsfläche nach sich zieht. Dabei wird für jeden Wohntyp (Einfamilienhaus, Zweifamilienhaus, Mehrfamilienhaus) ein spezifischer Verkehrsflächenzuwachs unterstellt. Die Stärke des Einflusses des Wohnflächenzuwachses auf den Verkehrsflächenzuwachs hängt wiederum vom Suburbanisierungsgrad ab. Zum anderen wird ein Zuwachs an Verkehrsfläche durch das Verkehrsaufkommen im Güter- und Personenverkehr induziert.

Der Wirkungsmechanismus im PANTA RHEI ist ähnlich: Es wird zwischen überörtlichen und innerörtlichen Straßen unterschieden. Außerorts gilt folgender stilisierter Zusammenhang: Gefahrene Fahrzeugkilometer →

Verkehrsdichte der Straße → Änderung der Netzlänge der Straßen in späteren Perioden → Änderung der Verkehrsfläche.

Innerorts ist die Ausweitung der Siedlungsfläche die erklärende Variable für die Ausweitung des Straßennetzes. In beiden Modellen haben Änderungen des Baulandpreises keinen direkten Einfluss auf den Verkehrsflächenzuwachs.

Die Ausweitung der Verkehrsfläche induziert natürlich entsprechende Bauinvestitionen. Diese Tatsache wird in den Modellen nicht gesondert berücksichtigt, solche Investitionen sind also Teil der Gesamtinvestitionen des Sektors 56 (Gebietskörperschaften). Das impliziert, dass bei gegebenem Investitionsvolumen eine Ausweitung von Investitionen für Straßenbau automatisch mit einer Verdrängung von Investitionen für andere Zwecke einhergeht.

Modellierung von Luftschadstoffemissionen

In beiden Modellen werden die Emissionen von Luft- und Klimaschadstoffen abgebildet. Folgende Stoffe werden von beiden Modellen erfasst: Kohlendioxid, Schwefeldioxid, Stickoxide, Methan, Kohlenmonoxid.

Beim RWI-Modell werden in einem eigenen Modul („Energiemodell") Energieverbräuche und -umwandlungsprozesse detailliert abgebildet. Um das Volumen des Schadstoffes eines bestimmten Typs zu ermitteln, werden die Verbrauchs- bzw. Umwandlungsvolumina mit schadstoffspezifischen Koeffizienten multipliziert. Generell hängen diese Koeffizienten von der Zusammensetzung des aktuellen Kapitalstocks ab. Sie können als gewichtetes Mittel derjenigen Emissionskoeffizienten interpretiert werden, die zu den jeweiligen Investitionsjahrgängen gehören, die den Kapitalstock konstituieren.

Das PANTA-RHEI-Modell identifiziert fünf Produktionsbereiche der Input-Output-Systematik als Energielieferanten. Deren Lieferungen werden nach 29 Energieträgern unterschieden. Zur Emission eines bestimmten Schadstoffs in einem bestimmten Sektor, ausgelöst durch Nutzung eines bestimmten Energieträgers, kommt man wie folgt: Der Energieeinsatz ergibt sich als Produkt von Bruttoproduktionswert und spezifischem Faktor. Daraus wird durch Multiplikation mit einem weiteren Faktor der sogenannte emissionsrelevante Energieverbrauch ermittelt. Aus diesem wird mittels eines Emissionsfaktors das Emissionsvolumen berechnet. Die einzelnen Faktoren sind entweder konstant oder werden modellendogen bestimmt.

Umweltmedium Wasser

Mit keinem der Modelle konnten bis jetzt echte Politiksimulationen für den Bereich Fließgewässer durchgeführt werden. Die dünne Datenlage ließ es lediglich zu, die AOX-Emissionen mittels fester Koeffizienten an die Produktion anzuhängen.

Beim PANTA RHEI ist allerdings bereits ein detaillierter Modellteil vorhanden, der AOX- und Stickstoffemissionen abbilden kann, wenn die entsprechenden Daten vorliegen.

5.2 Vergleich der Simulationsergebnisse

5.2.1 Basissimulationen

Vergleich 1: Historische Basissimulation (Abschnitte 4.1.2.1 und 4.2.2.1)

Die historische Basissimulation dient dazu, modellgenerierte Variablenverläufe mit bereits vorliegenden Daten für die tatsächlichen Verläufe zu vergleichen und so die Anpassungsqualität der Modelle zu bewerten. Dies geschieht sowohl durch den optischen Vergleich der Variablenverläufe als auch durch die Ermittlung einer Reihe von Anpassungskennzahlen. Für beide Modelle liegen der mittlere Fehler (MEAN), der mittlere absolute prozentuale Fehler (MAPE) und die Wurzel aus dem mittleren quadratischen Fehler (RMSE) vor.[43]

Die Treffgenauigkeit des PANTA-RHEI-Modells ist sehr gut. Allerdings zeigt sich bei den Erwerbstätigen eine Tendenz zur Überschätzung. Beim RWI-Modell findet sich eine ähnliche Anpassungsqualität nur für die Daten der alten Bundesländer bis 1994. Für die gesamtdeutschen Daten (ab 1995) sind bei entscheidenden makroökonomischen Variablen merkliche Abweichungen festzustellen. Das BIP wird über den Gesamtzeitraum überschätzt, die Erwerbstätigen und die CO_2-Emissionen (bis auf das letzte Jahr) unterschätzt. Dennoch erscheint die Anpassungsqualität des Modells insgesamt als ausreichend, um die hier dokumentierten Simulationen durchzuführen.

[43] Bei allen Simulationen wurden die Inflationsraten des RWI-Modells nachträglich aus prognostizierten Preisindexwerten des RWI ermittelt. Daher fehlt bei den historischen Basissimulationen der Anfangswert, was wiederum dazu Anlass gab, für die Inflationsrate keine Anpassungskennzahlen zu ermitteln. Stattdessen werden in Tabelle 13 die Anpassungskennzahlen für den Konsumentenpreisindex angegeben.

Beim Modellvergleich „Variable für Variable" ist zu beachten, dass in beiden Modellen zu folgenden Bereichen unterschiedliche Festlegungen getroffen worden sind:

- BIP: unterschiedliche Basisjahre für die Preisbereinigung,
- Erwerbstätige: gleiches Messkonzept, aber zahlenmäßige Abweichung aufgrund unterschiedlicher Datenrevisionsschritte in der amtlichen Statistik,
- Zunahme der Siedlungs- und Verkehrsfläche: erhobene Daten nur für 1989, 1993 und 1997, für die übrigen Jahre unterschiedliche modellspezifische Interpolationswerte für den „tatsächlichen" Verlauf,
- Bestand der versiegelten Fläche: unterschiedliche Annahmen für die Ermittlung aus den Daten für Siedlungs- und Verkehrsfläche,
- CO_2-Emissionen: Daten beim RWI-Modellverbund den Veröffentlichungen des Umweltbundesamtes, beim PANTA-RHEI-Modell denen des Statistischen Bundesamtes entnommen.

Es sei noch einmal darauf hingewiesen, dass alle Werte für die Jahre 2000 bis 2002 bereits Prognosewerte sind und deshalb für beide Modelle unterschiedlich sein können.

Vergleich 2: Ex-ante-Basissimulation für die bestehende Gesetzeslage (Abschnitte 4.1.2.2 und 4.2.2.2)

Die Ex-ante-Basissimulation erfüllt zwei Funktionen: Zum einen bietet sie eine Basis für die Einschätzung der generellen Plausibilität der von den Modellen erzeugten längerfristigen Prognosen, zum anderen liefert sie einen Vergleichsmaßstab für die Wirksamkeit der später zu simulierenden Politikszenarien. Daher wird sie auch in allen folgenden Prognosegraphiken als durchgezogene Linie mit abgebildet. Die *Abweichungen* zwischen Basis- und Politiksimulation lassen sich also immer modellübergreifend vergleichen, auch wenn die Verläufe der einzelnen *Niveaus* unterschiedlich prognostiziert werden. Zur erstgenannten Funktion ist festzustellen, dass beide Modelle für den Zeitraum bis 2020 grundsätzlich plausible Werte für alle dargestellten Variablen prognostizieren.

Beim PANTA-RHEI-Modell wächst das Bruttoinlandsprodukt (BIP) über die zwanzig Jahre des Prognosezeitraums mit einer durchschnittlichen jährlichen Wachstumsrate von ca. 1,9 %, beim RWI-Modell mit einer geringeren Rate. Dennoch steigt beim RWI-Modell die Beschäftigung stärker an als beim PANTA-RHEI-Modell. Im Hinblick auf das BIP ist also das PANTA-RHEI-Modell optimistischer, im Hinblick auf die Beschäftigungsentwicklung hingegen das RWI-Modell. Letzteres ist möglicherweise auf die in Abschnitt 5.1 skizzierten Unterschiede bei der Modellierung der Arbeitsnachfrage zurückzuführen.

Die Inflationsrate bewegt sich in beiden Modellen langfristig auf den Bereich zwischen 1,7 % und 1,9 % zu, weist aber beim RWI-Modell eine ausgeprägtere Dynamik bis hin zum Jahr 2010 auf.

Die Entwicklung des umweltmaßnahmenspezifischen Steueraufkommens, das hier nur die bereits beschlossenen Stufen der Ökosteuer (1999 bis 2003) umfasst, wird in beiden Modellen annähernd gleich vorausgesagt, allerdings wird beim RWI-Modell durch einen etwas steileren Anstieg nach 2003 ein leicht höherer Endwert im Jahr 2020 erreicht.

Für die Entwicklung der täglichen Zunahme der Siedlungs- und Verkehrsfläche zeigt sich bei beiden Modellen ein im Sinne des Umweltbarometers wünschenswertes Ergebnis, nämlich eine Verringerung im Lauf des Prognosezeitraums. Die prozentuale Verringerung über den Gesamtzeitraum beträgt ca. 15 % für das RWI-Modell und ca. 18 % für das PANTA-RHEI-Modell. Vor allem fällt aber auf, dass der geringere Endwert des PANTA-RHEI-Modells bereits 2010 annähernd erreicht wird, während sich die Verringerung der Siedlungs- und Verkehrsflächenzunahme beim RWI-Modell über den gesamten Prognosezeitraum erstreckt.

Bei den CO_2-Emissionen weisen beide Prognosen einen sehr ähnlichen Verlauf auf – eine weitgehende Stagnation bis 2006, dann einen deutlichen Anstieg bis 2020 (eine Folge des in die Modellierung einbezogenen geplanten Atomenergieausstiegs). Der Anstieg über den Gesamtzeitraum beträgt ca. 18 % beim PANTA-RHEI-Modell und ist beim RWI-Modell etwas geringer.

Die Basisverläufe für weitere Variablen werden erst bei bestimmten Politiksimulationen für beide Modelle ausgewiesen. Sie werden im Folgenden jeweils vor demjenigen Simulationsszenario verglichen, wo sie zum ersten Mal für beide dokumentiert sind. Für die Simulationen zum Umweltbereich Boden sind es die täglichen Zunahmen von drei Größen, nämlich der Siedlungsfläche der Unternehmen, der Siedlungsfläche der Haushalte und der Verkehrsfläche. Außerdem wird bei diesen Simulationen der Bestand der versiegelten Fläche dargestellt. Für die Simulationen zu den Umweltbereichen Luft und Klima sind es die NO_x- und die SO_2-Emissionen.

5.2.2 Simulationen zum Umweltbereich Boden

An dieser Stelle seien zunächst einige Anmerkungen zu denjenigen Variablenverläufen der *Ex-ante-Basissimulation* gemacht, die bei den Simulationen zum Umweltbereich Boden erstmals für beide Modelle abgebildet werden.[44]

Lediglich für die Zunahme der Siedlungsfläche der Haushalte prognostizieren beide Modelle in der Ex-ante-Basissimulation einen annähernd gleichen Verlauf, wobei das PANTA-RHEI-Modell im Hinblick auf die Erreichung des Umweltziels geringfügig optimistischer ist. Bei der Zunahme der Siedlungsfläche der Unternehmen sagt das RWI-Modell eine ökologische Verschlechterung im Prognosezeitraum voraus, ist allerdings bezüglich der Zunahme der Verkehrsfläche optimistischer als das PANTA-RHEI-Modell. Der Bestand der versiegelten Fläche weist in beiden Modellen einen ähnlichen prozentualen Anstieg über den Gesamtzeitraum auf.

Vergleich 3: Vorgabe des Zuwachses an Flächenangebot (Abschnitte 4.1.2.3 und 4.2.2.6)

Für die Simulation „Vorgabe des Zuwachses an Flächenangebot" ist beim PANTA-RHEI-Modell eine Modellmodifikation notwendig, die auch zu einer modifizierten Basisprognose führt (vgl. Abschn. 4.1.2.3). Dies wird sichtbar durch leicht veränderte Basislinien für BIP, Beschäftigung und Inflation. Auch nach dieser Modifikation kann im PANTA-RHEI-Modell die Vorgabe des Flächenzuwachses nicht direkt modelliert werden. Die angestrebte Mengenreduzierung wird indirekt durch eine passende exogene Preiserhöhung umgesetzt (vgl. Abschn. 4.1.2.3). Im RWI-Modell kann hingegen die „Vorgabe des Zuwachses an Flächenangebot" direkt modelliert werden, und zwar im Rahmen der Flächenplanung der Kommunen.

Weiterhin unterscheiden sich die Simulationen der beiden Modelle in ihrer Dimensionierung. Beim PANTA-RHEI-Modell erfolgt die (indirekte) Verringerung des Flächenangebots so, dass im Jahr 2020 eine Zunahme des Angebots an Siedlungs- und Verkehrsfläche von nur noch 30 ha/Tag erreicht wird. Beim RWI-Modell wird das kommunale Flächenangebot so festgelegt, dass es im Jahr 2020 20 % unter dem Wert der Basissimulation liegt, was eine weitaus schwächere Ausgestaltung als beim PANTA-RHEI-Modell bedeutet.

Daher erscheint es wenig sinnvoll, die Prognoseergebnisse dieser beiden Simulationen zu vergleichen. Sie werden stattdessen für jedes Modell einzeln überblicksweise dargestellt.

Die im PANTA-RHEI-Modell simulierte Politikmaßnahme wirkt leicht dämpfend auf die Entwicklung des BIP. Auch die Beschäftigung wird zu-

[44] Für das PANTA-RHEI-Modell liegt zwar in Vergleich 3 eine modifizierte Basisprognose zugrunde, die Modifikation wirkt aber auf die Verläufe dieser Variablen nur so geringfügig, dass die Beschreibung für die folgenden Vergleiche 4, 5, 6 und 11 gültig bleibt.

nächst leicht negativ beeinflusst, dann ergeben sich jedoch in den letzten Jahren des Prognosezeitraums höhere Beschäftigungswerte als in der (modifizierten) Basisprognose. In den Erläuterungen wird diese Entwicklung am Ende des Prognosezeitraums mit der relativen Verbilligung von Arbeit aufgrund der zu erwartenden moderaten Lohnentwicklung erklärt.

Die Inflationsentwicklung erhält durch die Maßnahme bis 2010 eine gravierend verstärkte Dynamik und pendelt sich dann einen halben Prozentpunkt über der Basislinie ein. Dies wird durch eine Wirkungskette von den gestiegenen Baulandpreisen über steigende Wohnungsmieten zur Erhöhung des Konsumentenpreisindex erklärt.

Das Steueraufkommen bleibt unverändert. Bei der Zunahme der Siedlungs- und Verkehrsfläche prognostiziert das PANTA-RHEI-Modell eine erfolgreiche Verminderung auf 30 ha/Tag. Beide Punkte sind keine Simulationsergebnisse im engeren Sinne, sondern resultieren direkt aus der Ausgestaltung der Maßnahme.

Bei den CO_2-Emissionen sagt das Modell einen stärkeren Anstieg als in der Basissimulation voraus. Dies wird durch die relative Verbilligung von Energieträgern aufgrund des höheren Inlandspreisniveaus erklärt (vgl. Abschn. 4.1.2.3).

Die im Jahr 2020 erreichte Reduktion der Zunahme der Siedlungs- und Verkehrsfläche gegenüber der Basislinie verteilt sich zu annähernd gleichen Teilen auf die drei aufgeführten Komponenten. Die Bestandsentwicklung der versiegelten Fläche wird gegenüber der Basislinie deutlich gedämpft.

Die im RWI-Modell simulierte Politikmaßnahme bewirkt nur eine minimale Verringerung des BIP gegenüber der Basissimulation. Die Beschäftigung wird leicht negativ beeinflusst. Der auch hier in den Erläuterungen angesprochene Effekt einer Arbeitsverbilligung durch moderate Lohnerhöhungen wirkt sich nicht so positiv aus, dass er wie im PANTA-RHEI-Modell eine Trendwende zum Ende des Prognosezeitraums ermöglicht. Bei der Inflation zeigen sich nur in den ersten Jahren Abweichungen von der Basislinie, dann folgt die Entwicklung dieser wieder mit einer minimalen Verschiebung nach unten.

Das Steueraufkommen bleibt der Ausgestaltung der Maßnahme entsprechend unverändert. Die Zunahme der Siedlungs- und Verkehrsfläche vermindert sich bis zum Ende des Prognosezeitraums um etwas weniger als 20 %. Als Ursache dafür, dass sich die als Politikmaßnahme vorgegebene Verminderung des Flächenangebots nicht voll niederschlägt, wird genannt, dass nicht sofort die gesamte angebotene Fläche genutzt wird (vgl. Abschn. 4.2.2.6).

Die Entwicklung der CO_2-Emissionen wird gegenüber der Basissimulation leicht gedämpft. Die Reduzierung der Zunahme der Siedlungs- und

Verkehrsfläche verteilt sich auch hier zu annähernd gleichen Teilen auf die drei ausgewiesenen Komponenten. Der Bestand der versiegelten Fläche nimmt geringfügig langsamer zu als in der Basissimulation.

Vergleich 4: Flächenerwerbsteuer (Abschnitte 4.1.2.4 und 4.2.2.4)

Die zentralen Makrovariablen BIP, Beschäftigung und Inflation werden in beiden Modellen kaum durch die Auferlegung der Flächenerwerbsteuer beeinflusst. Lediglich beim PANTA-RHEI-Modell ergibt sich eine punktuelle Erhöhung der Inflation im Einführungsjahr der Steuer, und beide Modelle prognostizieren einen leicht positiven Beschäftigungseffekt. Es fällt auf, dass sich beim RWI-Modell das Steueraufkommen zu Beginn des Prognosezeitraums langsam von der Basislinie entfernt, während es beim PANTA-RHEI-Modell parallel nach oben verschoben wird. Auch bei der Zunahme der Siedlungs- und Verkehrsfläche zeigt sich ein ähnlicher Unterschied zwischen den Modellen. Diese Unterschiede sind auf die spezielle Ausgestaltung dieser Maßnahme im RWI-Modell (schrittweise, nicht sofortige Einführung der Flächenerwerbsteuer) zurückzuführen. Doch auch nach dem Erreichen der vollen Besteuerung fällt im RWI-Modell die Reduzierung des Flächenverbrauchs gegenüber der Basissimulation geringer aus als im PANTA-RHEI-Modell.

Der geringfügige Anstieg der CO_2-Emissionen im PANTA-RHEI-Modell kann wieder durch die relative Verbilligung von Energieträgern aufgrund des höheren Inlandspreisniveaus erklärt werden. Die deutliche Erhöhung dieser Emissionen gegenüber der Basislinie im RWI-Modell wird anders erläutert (Abschn. 4.2.2.4): Es wird ein Ausweichen auf ländliche Gebiete (Suburbanisierung) und ein daraus resultierender Anstieg des Verkehrs mit entsprechendem Schadstoffausstoß unterstellt.

Bei den drei Komponenten der Flächenzunahme im unteren Bildteil stimmen die Prognosen der Modelle in der Hinsicht überein, dass die Flächenerwerbsteuer stärker auf die Siedlungsflächenzunahme der Haushalte als auf die der Unternehmen wirkt und dass die Verkehrsflächenzunahme nur minimal beeinflusst wird. Die Entwicklung des Bestandes an versiegelter Fläche wird beim PANTA-RHEI-Modell stärker verändert, was mit der sofortigen und langfristig stärkeren Reaktion der Flächenverbrauchs-Zuwachsraten korrespondiert.

Vergleich 5: Flächenversiegelungssteuer (Abschnitte 4.1.2.5 und 4.2.2.5)

Diese Maßnahme wird in beiden Modellen als nutzungsspezifische Fächenerwerbsteuer ausgestaltet (vgl. Abschn. 4.1.2.5 und 4.2.2.5) und kann daher auch mit den Simulationen aus Vergleich 4 verglichen werden. Allerdings sind die Steuersätze so gewählt, dass sich in beiden Modellen das zusätzliche Steueraufkommen deutlich erhöht, im PANTA-RHEI-Modell gegenüber dem Vergleich 4 sogar verdoppelt. In den Erläuterungen zu beiden Modellen wird darauf hingewiesen, dass aufgrund fehlender Daten die zu erwartende Preisabhängigkeit der Versiegelungsfaktoren nicht modelliert werden kann. Stattdessen werden konstante Versiegelungsfaktoren unterstellt, was vermutlich zu einer generellen Überschätzung der ökologischen und ökonomischen Effekte der Maßnahme führt.

BIP, Beschäftigung und Inflation bleiben trotz des erhöhten Steueraufkommens im RWI-Modell nahezu unbeeinflusst. Beim PANTA-RHEI-Modell gilt dies nur für das BIP. Die Inflation steigt dort durch die Maßnahme im Jahr 2000 über die Basislinie und folgt dieser dann wieder. Für die Beschäftigung prognostiziert das PANTA-RHEI-Modell einen positiven Effekt, der fast von Beginn der Maßnahme an in voller Höhe eintritt. Als Ursache für diesen größeren Optimismus hinsichtlich der prognostizierten Beschäftigungsentwicklung ist u.a. sicherlich die abweichende Modellierung der Arbeitsnachfrage (vgl. Abschn. 5.1) anzusehen. Diese Überlegung gilt auch für die folgenden Vergleiche, bei denen die Prognose des Beschäftigungseffekts der simulierten Maßnahme im PANTA-RHEI-Modell häufig optimistischer ausfällt als die im RWI-Modell.

Im RWI-Modell entfernt sich das Steueraufkommen wie in Vergleich 4 langsam von der Basislinie. Entsprechend entwickelt sich auch die Zunahme der Siedlungs- und Verkehrsfläche in diesem Modell allmählich von der Basislinie weg, aber wesentlich deutlicher als in Vergleich 4, und erreicht zum Ende des Prognosezeitraums 80 ha/Tag. Im PANTA-RHEI-Modell hingegen fällt sie sofort am Beginn des Prognosezeitraums knapp unter 70 ha/Tag, sinkt dann tendenziell bis 2010 auf etwa 65 ha/Tag, um anschließend wieder bis ca. 70 ha/Tag anzusteigen. Die sofortige Reduktion ist auf die spezielle Modellierung im PANTA-RHEI-Modell zurückzuführen. Mit einiger Wahrscheinlichkeit überzeichnet sie die zu erwartende tatsächliche Entwicklung (vgl. Abschn. 4.1.2.5).

Bei den Komponenten der Flächenzunahme verringert sich in beiden Modellen die Siedlungsfläche der Unternehmen gegenüber Vergleich 4 stärker als die der Haushalte, beim PANTA-RHEI-Modell fällt sie sogar gleich zu Anfang sprunghaft auf ihren Endwert. Im RWI-Modell hingegen bleiben beide Effekte sehr begrenzt, so dass der Hauptanteil der Verminderung der Flächenzunahme dort von der Verkehrsfläche getragen wird, die fast bis auf null absinkt. Dies spiegelt die spezifische Modellierung im RWI-Modell wider, in dem die Versiegelungssteuer Verkehrsflächen sehr stark belastet. Im Gegensatz dazu fällt die Verminderung der Verkehrsflächenzunahme im PANTA-RHEI-Modell gegenüber Vergleich 4 nur moderat aus und geht zum Ende des Prognosezeitraums sogar fast auf das dortige Niveau zurück. Analog zur stärkeren Verminderung der Flächenzunahme wird im PANTA-RHEI-Modell auch die Bestandsentwicklung der versiegelten Fläche durch die Maßnahme stärker gedämpft, und zwar um ca. 4 % gegenüber der Basislinie im Jahr 2020. Beim RWI-Modell beträgt die Verminderung immerhin noch ca. 3 %.

Die CO_2-Emissionen steigen im PANTA-RHEI-Modell noch etwas deutlicher als in Vergleich 4, im RWI-Modell steigen sie in gleicher Höhe wie dort. Die jeweiligen Argumente zur Begründung dieser Verschiebungen bleiben gültig.

Vergleich 6: Zielvariablensimulation zum Flächenverbrauch (Abschnitte 4.1.2.6 und 4.2.2.7)

Hier handelt es sich um zwei Beispiele für eine Zielvariablensimulation (vgl. Abschn. 3.1). Dabei wird nicht zu einer vorgegebenen Maßnahme der resultierende Verlauf von ökonomischen und ökologischen Indikatorvariablen bestimmt (simuliert), sondern es wird zu einem vorgegebenen Verlauf einer oder mehrerer Zielvariablen die zeitliche Ausgestaltung einer geeigneten Maßnahme bzw. eines Maßnahmenbündels ermittelt. Gleichzeitig ergeben sich natürlich auch bei einer Zielvariablensimulation Verläufe für diejenigen Variablen, die nicht als Zielvariablen vorgegeben wurden.

Das Flächenziel des Umweltbarometers (Reduzierung der täglichen Zunahme der Siedlungs- und Verkehrsfläche auf 30 ha/Tag) wurde im RWI-Modell mittels einer Veränderung des kommunalen Baulandangebots angestrebt.[45] Im PANTA-RHEI-Modell wurde die Variable „tägliche Zunahme der Siedlungs- und Verkehrsfläche“ des Umweltbarometers nicht direkt als Zielgröße gewählt, sondern es wurde eine Entwicklung der Baulandpreise ermittelt, die das Ziel erreicht, die Zunahme der *Siedlungsfläche* bis 2020 deutlich unter 30 ha/Tag zu drücken (vgl. Abschn. 4.1.2.6). Die dort untersuchte Maßnahme zur Erreichung einer solchen Preisentwicklung ist eine Flächenerwerbsteuer. Beim Vergleich der Ergebnisse beider Modelle zur jeweiligen Zielvariablensimulation ist zunächst auf den grundlegenden Unterschied hinzuweisen, dass aufgrund der Ausgestaltung der Maßnahme beim PANTA-RHEI-Modell ein zusätzliches Steueraufkommen entsteht, beim RWI-Modell hingegen nicht.

Die Maßnahme lässt in der PANTA-RHEI-Prognose das BIP nahezu unbeeinflusst, während es beim RWI-Modell deutlich schwächer ansteigt als in der Basisprognose. In den Erläuterungen zum RWI-Modell wird in diesem Zusammenhang die gravierende Verminderung der Bauinvestitionen angeführt, beim PANTA-RHEI-Modell wird hingegen ausdrücklich

45 Aus diesem Grund ist es naheliegend, die hier betrachtete Simulation des RWI-Modells auch mit der Simulation „Vorgabe des Zuwachses an Flächenangebot“ des PANTA-RHEI-Modells zu vergleichen (s. u.).

darauf hingewiesen, dass dort die Höhe der Bauinvestitionen von der Maßnahme unbeeinflusst bleibt.

Die Inflation liegt beim PANTA-RHEI-Modell nur in den ersten drei Jahren über der Basislinie und folgt ihr dann wieder. Beim RWI-Modell bleibt sie zunächst unverändert und liegt später leicht unter der Basislinie.

Die Beschäftigung steigt in der PANTA-RHEI-Prognose deutlich an, was mit den arbeitsintensiveren Bauweisen begründet wird, die die Maßnahme verursacht. Eine wichtige Rolle spielt dabei sicherlich auch die in den Erläuterungen nicht angesprochene erhebliche Senkung der Sozialbeiträge durch das sehr hohe Steueraufkommen. Die negative Reaktion der Beschäftigung im RWI-Modell korrespondiert mit der gedämpften BIP-Entwicklung. Der Beschäftigungseffekt von Lohnnebenkostensenkungen entfällt, weil kein zusätzliches Steueraufkommen zur Verfügung steht.

Die CO_2-Emissionen weisen beim PANTA-RHEI-Modell wieder einen gegenüber der Basislinie stärkeren Anstieg auf, der mit dem gleichen Energiepreisargument begründet wird wie in der Simulation „Vorgabe des Zuwachses an Flächenangebot". Das RWI-Modell prognostiziert einen anderen Verlauf – zunächst parallel oberhalb, später unterhalb der Basislinie.

Die Zunahme der Siedlungs- und Verkehrsfläche erreicht in beiden Modellen nicht die ursprüngliche Zielvorgabe des Umweltbarometers, sondern stagniert zum Ende des Prognosezeitraums in der Größenordnung von 50 ha/Tag, die sie allerdings beim PANTA-RHEI-Modell bereits 2010 erreicht. Dabei sinkt dort die Zunahme der Siedlungsfläche der Unternehmen auf ca. 15 ha/Tag und die der Haushalte auf 10 ha/Tag im Jahr 2020. Lediglich die Zunahme der Verkehrsfläche folgt, wenn auch mit leicht abgesenktem Niveau, weiterhin dem Verlauf der Basislinie. Beim RWI-Modell verteilt sich die Reduzierung der gesamten Flächenverbrauchszunahme zu annähernd gleichen Teilen auf ihre drei Komponenten. Wie in Abschnitt 4.2.2.7 erwähnt, ist dabei das Absinken der Verkehrsflächenzunahme auf null ein Indiz dafür, dass das Modell bei dieser Dimensionierung der Maßnahme die Grenzen seiner Simulationsfähigkeit erreicht. Die Dämpfung der Bestandsentwicklung der versiegelten Fläche liegt bei beiden Modellen in der gleichen Größenordnung.

Aufgrund ihrer sehr ähnlichen Ausgestaltung sollen nun noch die Zielvariablensimulation des RWI-Modells und die Simulation „Vorgabe des Zuwachses an Flächenangebot" des PANTA-RHEI-Modells aus Vergleich 3 kurz verglichen werden.

Die jeweilige Politikmaßnahme dämpft in beiden Modellen die BIP- und die Beschäftigungsentwicklung. Bei beiden Modellen wird auf den in Vergleich 3 genannten Abeitsverbilligungseffekt hingewiesen, er fällt aber offensichtlich beim RWI-Modell zu schwach aus, um wie im PANTA-

RHEI-Modell eine Trendwende zu einem positiven Beschäftigungseffekt in den letzten Jahren des Prognosezeitraums zu ermöglichen.

Die Inflationswirkungen der simulierten Maßnahmen sehen für beide Modelle sehr unterschiedlich aus. Beim RWI-Modell folgt die Inflation bis 2010 der Basislinie und liegt dann sogar leicht darunter. Beim PANTA-RHEI-Modell hingegen liegt sie nach einer verstärkten anfänglichen Dynamik einen halben Prozentpunkt über der Basislinie.

Das Steueraufkommen bleibt in beiden Modellen nahezu unverändert, was sich aus der Ausgestaltung der Maßnahme ergibt. Beim RWI-Modell liegt es allerdings bis 2015 minimal über der Basislinie und danach leicht darunter. Bei der Zunahme der Siedlungs- und Verkehrsfläche prognostiziert das PANTA-RHEI-Modell eine erfolgreiche Verminderung auf 30 ha/Tag, während beim RWI-Modell in Verbindung mit dem oben angesprochenen Problem, dass die Grenze der Simulationsfähigkeit erreicht wird, nur 50 ha/Tag erreicht werden.

Bei den CO_2-Emissionen prognostiziert das PANTA-RHEI-Modell aufgrund des in Vergleich 3 genannten Energiepreisarguments einen stärkeren Anstieg als in der Basissimulation. Beim RWI-Modell hingegen entfernen die CO_2-Emissionen sich sofort sprunghaft nach oben von der Basislinie, der Abstand wächst dann noch leicht an, verringert sich aber bis 2016 wieder auf null, und die Entwicklung verläuft dann sogar leicht unterhalb der Basislinie.

In beiden Modellen verteilt sich die im Jahr 2020 erreichte Reduktion der Zunahme der Siedlungs- und Verkehrsfläche gegenüber der Basislinie zu annähernd gleichen Teilen auf die drei aufgeführten Komponenten. Im PANTA-RHEI-Modell hat die Zunahme der Siedlungsfläche der Haushalte einen etwas geringeren Anteil, im RWI-Modell die Zunahme der Verkehrsfläche. Obwohl die angestrebte Reduktion der Flächenverbrauchszunahme im RWI-Modell nicht erreicht wird, wird in beiden Modellen die Bestandsentwicklung der versiegelten Fläche gegenüber der Basislinie in etwa gleichem Maße gedämpft.

5.2.3 Simulationen zu den Umweltbereichen Luft und Klima

Bei den Vergleichen 7 bis 11 ist zu beachten, dass der Prognosezeitraum sich nur bis 2010 erstreckt.

Auch bei den Simulationen zu den Umweltbereichen Luft und Klima sollen die erstmals für beide Modelle ausgewiesenen Verläufe der *Ex-ante-Basissimulation*, nämlich die der NO_x- und SO_2-Emissionen, kurz verglichen werden. Bei den Stickoxiden (NO_x) ist das RWI-Modell ökologisch weniger optimistisch, denn nach einem leichten Anstieg im Jahr 2001 prognostiziert es einen ähnlich starken jährlichen Rückgang über vier Jahre und dann einen stabilen Verlauf leicht unterhalb des Startwerts. Das PANTA-RHEI-Modell prognostiziert für 2001 eine gravierende Absenkung, dann verringert sich das Niveau bis 2007 sehr langsam weiter, und es folgt ein leichter Anstieg bis 2010. Insgesamt sinken nach diesem Modell die NO_x-Emissionen über den (zehnjährigen) Prognosezeitraum um ca. 15 %. Der Unterschied bei der prognostizierten Entwicklung der NO_X-Emissionen ist im Wesentlichen auf die unterschiedliche Modellierung des Verkehrsbereichs in den beiden Modellen zurückzuführen.

Für die Schwefeldioxid-Emissionen (SO_2) stimmen beide Modelle darin überein, dass sie bis 2008 einen von Jahr zu Jahr fallenden oder stagnierenden Verlauf prognostizieren. Zum Ende des Prognosezeitraums liefert das PANTA-RHEI-Modell allerdings wieder einen leichten Anstieg, während das RWI-Modell eine Fortsetzung des Abwärtstrends voraussagt. Auch im Hinblick auf die Verringerung über den Gesamtzeitraum ist das RWI-Modell deutlich optimistischer.

Vergleich 7: Ökosteuer mit Wegfall der Ausnahmen ab 2004 (Abschnitte 4.1.2.7 und 4.2.2.9)

Die hier untersuchte Maßnahme lässt die Inflations- und die BIP-Entwicklung in beiden Modellen nahezu unbeeinflusst, wobei es im RWI-Modell zu einer minimalen Dämpfung der BIP-Entwicklung kommt. Für die Beschäftigung wird nur beim PANTA-RHEI-Modell ein positiver Effekt der Maßnahme prognostiziert. Dieser korrespondiert mit dem Anstieg des Steueraufkommens, das ja zur Senkung der Lohnnebenkosten verwendet und in diesem Szenario von den energieintensiven Branchen aufgebracht wird (vgl. Abschn. 4.1.2.7). Beim RWI-Modell bleibt allerdings ein ebenfalls deutlicher, wenn auch etwas geringerer Anstieg des Steueraufkommens ohne sichtbare Auswirkung auf die Beschäftigung.

Die Zunahme der Siedlungs- und Verkehrsfläche bleibt bei beiden Modellen von der Maßnahme unbeeinflusst, und beide Prognosen für die CO_2-Emissionen liegen von Beginn der Maßnahme an minimal unter der Basislinie. Das gilt auch für die Verläufe der beiden zusätzlich aufgeführten Schadstoffemissionen NO_x und SO_2, wobei der SO_2-Rückgang gegenüber der Basislinie beim PANTA-RHEI-Modell etwas deutlicher ausfällt als beim RWI-Modell. Insgesamt kennzeichnen aber die Ergebnisse beider Modelle diese Maßnahme als ökologisch unbedeutend.

Vergleich 8: Ökosteuer mit fortgesetztem Anstieg der Steuersätze (Abschnitte 4.1.2.8 und 4.2.2.10)

Diese Maßnahme verursacht nach Prognose beider Modelle eine minimale Verringerung der BIP-Entwicklung. Der Beschäftigungseffekt bleibt beim

PANTA-RHEI-Modell in der gleichen Größenordnung positiv wie bei der „Ökosteuer mit Wegfall der Ausnahmen ab 2004“ (Vergleich 7), beim RWI-Modell ist er bei dieser Maßnahme sogar geringfügig negativ. Das Steueraufkommen, das bei beiden Modellen deutlich höher ausfällt als im Vergleich 7 verursacht also keine Verstärkung bzw. Initiierung eines positiven Beschäftigungseffekts. Im Kommentar zum PANTA-RHEI-Modell in Abschnitt 4.1.2.8 wird dies darauf zurückgeführt, dass die Sektoren, die am ehesten neue Arbeitsplätze schaffen könnten, auch am stärksten von der Maßnahme belastet werden.

Die Inflation verschiebt sich ab 2004 in beiden Modellen nach oben. Das umweltmaßnahmenspezifische Steueraufkommen steigt in beiden Modellen stark an und liegt 2010 beim PANTA-RHEI-Modell 100 %, beim RWI-Modell sogar ca. 110 % über der Basislinie.

Die Zunahme der Siedlungs- und Verkehrsfläche bleibt in beiden Modellen nahezu unbeeinflusst. Die CO_2- und NO_x-Emissionen verringern sich in beiden Modellen, auch gegenüber der „Ökosteuer mit Wegfall der Ausnahmen ab 2004“ (Vergleich 7). Dabei sind die Effekte beim PANTA-RHEI-Modell noch ausgeprägter. Bei den SO_2-Emissionen prognostiziert nur das PANTA-RHEI-Modell eine ökologische Verbesserung gegenüber Vergleich 7, das RWI-Modell liefert die gleiche minimale Reduzierung wie dort.

Insgesamt ist die hier betrachtete Maßnahme ökologisch wirksamer als die aus Vergleich 7, allerdings wird diese größere Wirksamkeit mit minimalen BIP-Einbußen, nach der Prognose des RWI-Modells außerdem mit einem Verlust an Arbeitsplätzen erkauft.

Vergleich 9: Ökosteuer mit Wegfall der Ausnahmen ab 2004 und fortgesetztem Anstieg der Steuersätze (Abschnitte 4.1.2.9 und 4.2.2.11)

Auch hier weist die BIP-Entwicklung für beide Modelle eine minimale Absenkung gegenüber der Basissimulation auf, die in beiden Fällen etwas ausgeprägter ist als bei der „Ökosteuer mit fortgesetztem Anstieg der Steuersätze“ (Vergleich 8). Die Beschäftigung steigt im PANTA-RHEI-Modell stark an. Als Erklärung dafür ergibt sich aus den Erläuterungen die „Umverteilung“ von Kosten von den arbeitsintensiven zu den energieintensiven Sektoren, und zwar in Verbindung mit der Tatsache, dass auch letztere jetzt von Jahr zu Jahr stärker belastet werden (vgl. Abschn. 4.1.2.7 und 4.1.2.9). Das RWI-Modell prognostiziert einen negativen Beschäftigungseffekt in der gleichen Größenordnung wie bei Vergleich 8.

Die Inflation wird in beiden Prognosen in gleicher Höhe nach oben verschoben wie in Vergleich 8. Der Endwert des Steueraufkommens liegt für beide Modelle deutlich über dem in Vergleich 8, und zwar für jedes ca. 150 % über dem der Basissimulation. Wie in Vergleich 8 bleibt die Zunahme der Siedlungs- und Verkehrsfläche bei beiden Modellen unbeeinflusst.

Die CO_2-Emissionen sinken für beide Modelle stärker als bei der „Ökosteuer mit fortgesetztem Anstieg der Steuersätze“ (Vergleich 8). Dies ergibt sich im PANTA-RHEI-Modell auch für die NO_x- und die SO_2-Emissionen, während im RWI-Modell die NO_x-Verminderung gegenüber Vergleich 8 gleich bleibt und nur die SO_2-Verminderung minimal höher ausfällt. Bei allen drei Schadstoffen sind die Verminderungen durch die hier betrachtete Maßnahme im PANTA-RHEI-Modell ausgeprägter als im RWI-Modell.

Damit ist diese Maßnahme ökologisch noch wirksamer als die „Ökosteuer mit fortgesetztem Anstieg der Steuersätze“ (Vergleich 8), ohne dass gemäß der RWI-Prognose ein höherer „Preis“ in Gestalt von zusätzlichen Arbeitsplatzverlusten zu zahlen wäre. Allerdings ist sie mit geringfügig höheren Einbußen beim BIP behaftet als die Maßnahme aus Vergleich 8.

Vergleich 10: CO_2-Steuer (Abschnitte 4.1.2.10 und 4.2.2.12)

Bei dieser Maßnahme werden alle Energieträger nach ihrem Kohlenstoffgehalt besteuert. Damit wird anders als bei der Ökosteuer eine direkte Beziehung zwischen Steuerlast und Klimawirkung erzielt, die für alle Energieträger gleich ist. Diese Maßnahme ist insofern mit den Simulationen zur „Ökosteuer mit Wegfall der Ausnahmen ab 2004 und fortgesetztem Anstieg der Steuersätze“ (Vergleich 9) vergleichbar, als sie für das Steueraufkommen in beiden Modellen jeweils einen Endwert in der gleichen Größenordnung liefert wie diese Ökosteuer-Variante.

Es fällt auf, dass in beiden Modellen die BIP-Entwicklung etwas stärker gedämpft wird als in Vergleich 9. Außerdem fällt beim PANTA-RHEI-Modell der positive Beschäftigungseffekt geringer aus und beim RWI-Modell der negative Beschäftigungseffekt stärker. Die Verschiebung des Inflationsverlaufs nach oben ist für beide Modelle größer als in Vergleich 9.

Das Steueraufkommen steigt von Beginn der Maßnahme an in jedem der Modelle schneller als vor 2004 und erreicht, wie bereits erwähnt, im PANTA-RHEI-Modell den annähernd gleichen Endwert für 2010 wie bei den Simulationen aus Vergleich 9, im RWI-Modell sogar einen etwas höheren. Die Zunahme der Siedlungs- und Verkehrsfläche wird wie bei den Ökosteuer-Szenarien in beiden Modellen überhaupt nicht beeinflusst.

Die CO_2-Emissionen werden nach den Prognosen beider Modelle gravierender gesenkt als durch die „Ökosteuer mit Wegfall der Ausnahmen ab 2004 und fortgesetztem Anstieg der Steuersätze“ (Vergleich 9). Beim PANTA-RHEI-Modell gilt das auch für die SO_2-Emissionen, beim RWI-Modell sinken diese zumindest etwas stärker ab als in Vergleich 9. Die

NO_x-Emissionen schließlich verringern sich in beiden Modellen etwas deutlicher als in Vergleich 9. Wiederum sind die Effekte der Maßnahme auf die drei Schadstoffe im PANTA-RHEI-Modell ausgeprägter als im RWI-Modell.

Zusammenfassend ist diese Maßnahme im Hinblick auf die Schadstoffemissionen als die ökologisch wirksamste von allen untersuchten zu kennzeichnen. In den Erläuterungen des PANTA-RHEI-Modells in Abschnitt 4.1.2.10 wird auf die Annäherung an nationale und europäische Verminderungsziele hingewiesen. Sie verursacht aber auch die ausgeprägtesten, wenn auch immer noch geringfügigen BIP-Einbußen. Diese sind im PANTA-RHEI-Modell mit einem positiven, im RWI-Modell mit einem negativen Beschäftigungseffekt verbunden.

5.2.4 Kombination von Maßnahmen zu Luft, Klima und Flächenverbrauch

Vergleich 11: Flächenerwerbsteuer und Ökosteuer mit Wegfall der Ausnahmen ab 2004 (Abschnitte 4.1.2.11 und 4.2.2.13)

Bei diesen Simulationen geht es um die Darstellung einer Maßnahmenkombination. Die Maßnahmen „Flächenerwerbsteuer" und „Ökosteuer mit Wegfall der Ausnahmen ab 2004" (s. Vergleiche 4 und 7) werden zusammen in die Modelle eingestellt.

Die kombinierte Maßnahme lässt im PANTA-RHEI-Modell die BIP-Entwicklung völlig unverändert, im RWI-Modell wird sie leicht negativ beeinflusst. Die Entwicklung der Erwerbstätigenzahl liegt im PANTA-RHEI-Modell deutlich über der Basislinie, im RWI-Modell geringfügig darunter. Bei der Inflationsrate zeigt sich im PANTA-RHEI-Modell eine weitgehend unbeeinflusste Entwicklung, im RWI-Modell wird sie von Beginn der Maßnahme an nach oben verschoben.

Das umweltmaßnahmenspezifische Steueraufkommen bewegt sich im PANTA-RHEI-Modell nach einer zunächst minimalen Parallelverschiebung nach oben im Jahr 2004 von der Basislinie weg und folgt dieser dann wieder parallel, was einer Addition der Steuereffekte der beiden Einzelmaßnahmen entspricht. Beim RWI-Modell zeigt sich erst zu Beginn der Ökosteuer-bezogenen Maßnahmenkomponente im Jahr 2004 ein Anstieg über den Verlauf der Basislinie hinaus, der nicht in eine Parallelbewegung übergeht, sondern in eine fortgesetzte Entwicklung weg von der Basislinie.

Bei der täglichen Zunahme der Siedlungs- und Verkehrsfläche entsprechen die Entwicklungen für beide Modelle der Einzelmaßnahme „Flächenerwerbsteuer" (Vergleich 4), d.h. beim PANTA-RHEI-Modell fällt die

Verringerung etwas deutlicher aus. Bei den CO_2-Emissionen entspricht die Prognose des PANTA-RHEI-Modells der der Einzelmaßnahme „Ökosteuer mit Wegfall der Ausnahmen ab 2004“ (Vergleich 7), im RWI-Modell hingegen fällt ihre vorausgesagte Entwicklung anders aus als in Vergleich 7. Wie in Vergleich 4 beschrieben, erhöhte die einzeln implementierte Flächenerwerbsteuer den CO_2-Ausstoß, während er beim alleinigen Wegfall der Ausnahmen der Ökosteuer (Vergleich 7) vermindert wurde. Die Kombination der Maßnahmen führt beim RWI-Modell nun zu einer CO_2-Verringerung, die sogar noch stärker ausfällt als bei dem bloßen Wegfall der Ausnahmen der Ökosteuer.

Bei den ausgewiesenen Komponenten der Flächenzunahme weichen die Prognosen beider Modelle kaum von der Einzelmaßnahme in Vergleich 4 ab, lediglich beim RWI-Modell sind die Effekte minimal geringer ausgeprägt als dort. Die Effekte auf die ausgewiesenen Schadstoffemissionen von NO_x und SO_2 sind annähernd wie in der Einzelmaßnahme in Vergleich 7. Die Verringerungen sind allerdings beim PANTA-RHEI-Modell geringfügig schwächer und beim RWI-Modell geringfügig stärker ausgeprägt als dort.

6 Zusammenfassung und Ausblick

Im Rahmen des hier dokumentierten Projekts sind zwei unterschiedliche disaggregierte makroökonometrische Modelle, das PANTA-RHEI-Modell und das RWI-Modell, um die Umweltbereiche Flächennutzung, Wasser, Luft und Klima erweitert worden. Mit diesen Modellen sind Simulationsexperimente zur Abschätzung der Wirkungen unterschiedlicher umweltpolitischer Maßnahmen durchgeführt worden.

Die wichtigsten Ergebnisse des Projekts seien hier noch einmal zusammengefasst. Vorweg drei generelle Feststellungen:

Die eingeschlagene Vorgehensweise (Einbeziehung von zwei Modellen, regelmäßige Arbeitsgruppensitzungen mit ausführlichen Diskussionen der Anforderungen, Modell-Anpassungen und Simulationsfestlegungen unter Beteiligung aller an den Modellen arbeitenden Wissenschaftler, der Mitarbeiter am moderierenden Institut und von Vertretern des Auftraggebers Umweltbundesamt) hat sich als außerordentlich zielführend erwiesen: Über die gemeinsame Arbeit ist es zu deutlich erkennbaren Synergie-Effekten bei erforderlichen Neu-Modellierungen, zu einem tieferen Verständnis der den Modellen zu Grunde liegenden Annahmen und einer verlässlicheren Einschätzung des Leistungsumfangs der Modelle gekommen.

Als unverzichtbar haben sich die Gespräche mit Experten aus dem Umweltbundesamt, dem Umweltministerium, dem Statistischen Bundesamt und Forschungsinstituten erwiesen, die entscheidend zu einer realitätsnäheren Modellierung der neu einzustellenden Umweltmodellteile und zur Formulierung geeigneter Simulations-Szenarien beigetragen haben.

Grundsätzlich ist festzuhalten, dass es gelungen ist, in beide Modelle die in Frage stehenden Umweltmodellbereiche einzustellen, mit dem ökonomischen Teilsystem zu verbinden und beide Modelle erfolgreich zu ganz unterschiedlichen Simulationsexperimenten heranzuziehen.

Die Ergebnisse der in diesem Buch dokumentierten Simulationsexperimente lassen sich wie folgt zusammenfassen:

1. Beide Modelle zeichnen sich durch eine für die durchgeführten Simulationen hinreichend gute Anpassungsfähigkeit aus. Die als Referenz für die Politik-Simulationen erstellten Ex-ante-Basissimulationen führen zu Prognosen der wichtigsten ma-

kroökonomischen und ökologischen Größen, die in der Tendenz für beide Modelle ähnlich sind.

2. Bei den auf den Umweltbereich Boden bezogenen Simulationen (Auferlegung einer Flächenerwerbsteuer, einer Flächenversiegelungssteuer, Reduktion beim Flächenangebot) ergeben sich bei beiden Modellen für fast alle ökologischen Variablen gleichgerichtete Veränderungen: Es kommt zu einer spürbaren Reduktion des Flächenverbrauchs, die allerdings häufig mit einem geringfügigen Anstieg der CO_2-Emissionen verbunden ist.

   Diese Übereinstimmung der Simulationsergebnisse für beide Modelle gilt auch weitgehend für die ökonomischen Variablen, allerdings mit einer wichtigen Ausnahme: Hier – wie auch in den Simulationen zur ökologischen Steuerreform und bei Auferlegung einer CO_2-Steuer – zeigt sich, dass das PANTA RHEI-Modell bzgl. der Beschäftigungsentwicklung grundsätzlich optimistischer ist als das RWI-Modell. Dies ist auf die unterschiedliche Modellierung beim PANTA-RHEI- und RWI-Modell sowie auf die größere Verzögerung, mit der ein positiver Beschäftigungsimpuls im RWI-Modell wirksam wird, zurückzuführen.

3. Bei den die Umweltbereiche Luft und Klima betreffenden Simulationen (Varianten der ökologischen Steuerreform, Auferlegung einer CO_2-Steuer) stimmen die Modellergebnisse für die ökologischen Variablen wieder grundsätzlich überein: Alle Maßnahmen in Richtung auf eine „Verschärfung" der ökologischen Steuerreform bewirken in beiden Modellen eine Abnahme der Emissionen von CO_2, NO_x und SO_2; die Siedlungs- und Verkehrsfläche bleibt von den Maßnahmen praktisch unberührt.

   Bei den ökonomischen Variablen ist beim PANTA-RHEI-Modell wiederum die oben bereits erwähnte deutlich positivere Wirkung auf die Beschäftigung festzustellen.

4. Die beispielhaft für eine Verbindung von Maßnahmen in den Umweltbereichen Boden, Klima und Luft durchgeführte Simulation mit einer Flächenerwerbsteuer und einer speziellen Variante der ökologischen Steuerreform (Wegfall der Ausnahmen ab 2004) zeigt im Wesentlichen eine Addition der Ergebnisse aus den Einzelsimulationen.

Es sei an dieser Stelle noch einmal betont, dass in diese Dokumentation aus Gründen der Übersichtlichkeit nur Simulationsergebnisse für Makro-Variablen aufgenommen worden sind. Auf den disaggregierten Ebenen, insbesondere bei den einzelnen Wirtschaftssektoren, ergeben sich bei den

Simulationsexperimenten weitere aufschlussreiche Resultate, auf die hier aber nicht eingegangen werden kann.

Insgesamt ist die Arbeit im Projekt sehr erfolgreich gewesen. Dennoch darf nicht übersehen werden, dass in beiden Modellen noch Ergänzungen vorzunehmen sind, die bisher vornehmlich aus Datengründen nicht realisiert werden konnten. Dies gilt u.a. für die folgenden Punkte:

- Umweltbereich Boden: Detailspezifikation der Vorhaltung von Siedlungs- und Verkehrsfläche in Abhängigkeit von der Bevölkerungsentwicklung; Einbeziehung detaillierter exogener Information über die Flächenplanung der Kommunen; Endogenisierung der Versiegelungsfaktoren;
- Umweltbereich Wasser: Behebung der Datenprobleme (u.a. bei der Zuordnung von Schadstoffen zu den Sektoren der Input-Output-Tabelle als Zeitreihen-Information); Modellierung der Beziehung zwischen AOX-Ausstoß, Abwasser-Aufkommen und Produktion bzw. Verbrauch; angemessene Modellierung der Wechselwirkungen mit den Bereichen Luft und Klima;
- Umweltbereiche Luft und Klima: Erfassung der Langfrist-Wirkungen von Schadstoff-Ausstoß auf das Klima und Rückwirkungen auf andere Systemteile (bei längerfristigen Prognosen);
- Einbeziehung des Bereichs Rohstoff-Entnahme;
- Einbeziehung weiterer möglicher umweltpolitischer Maßnahmen (z.B. Zertifikatlösungen, Förderung von Umweltschutzinvestitionen).

Um die Modelle auch mit größerer Berechtigung für langfristige Analysen heranziehen zu können, erscheinen ergänzende Spezifikationen sowohl im Hinblick auf die demographische Entwicklung (zur Erfassung der Auswirkungen erwarteter Veränderungen in der demographischen Struktur der Bundesrepublik Deutschland auf Wohnsituation, Verkehr, Erwerbsquoten, Einkommen, etc.) als auch zur Berücksichtigung potentieller neuer Technologien und Konsum-Alternativen erforderlich. Außerdem sollte der Versuch einer Regionalisierung der Analyse unternommen werden. Im Hinblick auf die Einschätzung der Zuverlässigkeit der ermittelten Simulationsergebnisse sollten schließlich auch stochastische Simulationen durchgeführt werden.

Insgesamt legen die Ergebnisse dieses Projekts die intensive Nutzung disaggregierter makroökonometrischer Modelle in der Planung und Wirkungsanalyse alternativer umweltpolitischer Maßnahmen nahe. Ohne ein empirisch orientiertes Modell, das die Komplexität des gesamtgesellschaftlichen Systems angemessen wiedergibt, ist eine Abschätzung zu erwartender Wirkungen umweltpolitischer Maßnahmen nicht zu leisten. Auf Grund der in diesem Projekt erzielten Resultate bietet sich für eine solche Analyse der Einsatz der beiden hier berücksichtigten Modelle an, und zwar nebeneinander und in der in diesem Projekt praktizierten Vorgehensweise.

Literatur

Literatur zum Gesamtprojekt

Fair, R. C. (1984) Specification, Estimation, and Analysis of Macroeconometric Models. Cambridge.

Frohn, J., Leuchtmann, U. und Kräussl, R. (1998) Fünf makroökonometrische Modelle zur Erfassung der Wirkungen umweltpolitischer Maßnahmen – eine vergleichende Betrachtung. Band 7 der Schriftenreihe „Beiträge zu den umweltökonomischen Gesamtrechnungen“, Statistisches Bundesamt, Wiesbaden.

Frohn, J., Friedmann, R. und Laker, M. (1988) Ein disaggregiertes ökonometrisches Modell für die Bundesrepublik Deutschland zur Erfassung ökonomischer Wirkungen umweltpolitischer Maßnahmen. Texte des Umweltbundesamtes, Berlin.

Intriligator, M. D., Bodkin, R. G. und Hsiao, C. (1996) Econometric Models, Techniques, and Applications. 2. Auflage, London.

Pindyck, R. S. und Rubinfeld, D. L. (1998) Econometric Models and Economic Forecasts. 4. Auflage, Boston.

Literatur zum Modell PANTA RHEI

Eine ausführliche Beschreibung der Modellversion PANTA RHEI III, die mit der hier eingesetzten Version IV, vom Stützzeitraum abgesehen, weitestgehend identisch ist, steht in:

Meyer, B., Bockermann, A., Ewerhart, G., und Lutz, C. (1999) Marktkonforme Umweltpolitik. Wirkungen auf Luftschadstoffemissionen, Wachstum und Struktur der Wirtschaft. Heidelberg.

Weitere Modellanwendungen und allgemeine Modellgrundlagen finden sich in:

Almon, C. (1991) The INFORUM Approach to Interindustry Modeling. Economic Systems Research 3, S. 1–7.

Bach, S., Bork, C., Ehrenheim, V., Kohlhaas, M., Lutz, C., Meyer, B., Praetorius, B., Schumacher, K. und Welsch, H. (2001) Die gesamtwirtschaftlichen Auswirkungen der ökologischen Steuerreform. Heidelberg.

Lutz, C. (1998) Umweltpolitik und die Emissionen von Luftschadstoffen. Eine empirische Analyse für Westdeutschland. Berlin.

Lutz, C. (2000) NO_x Emissions and the Use of Advanced Pollution Abatement Techniques in West Germany. Economic Systems Research 12, S. 305–318.

Lutz, C. und Meyer, B. (2001) Wirkungen der ökologischen Steuerreform auf Wirtschaft und Umwelt in Deutschland – Ergebnisse von Simulationsrechnungen mit dem umweltökonomischen Modell PANTA RHEI. GWS Discussion Paper 1/2001, Osnabrück.

Meyer, B., Bockermann, A., Ewerhart, G. und Lutz, C. (1998) Modellierung der Nachhaltigkeitslücke. Eine umweltökonometrische Analyse. Heidelberg.

Meyer, B. und Ewerhart, G. (1997) Lohnsatz, Produktivität und Beschäftigung. Ergebnisse einer Simulationsstudie mit dem disaggregierten ökonometrischen Modell INFORGE. In: Schnabl, H. (Hrsg.) Innovation und Arbeit: Fakten – Analysen – Perspektiven, S. 253–267, Tübingen.

Meyer, B. und Ewerhart, G. (1998) Multisectoral Policy Modelling for Environmental Analysis. In: Uno, K. und Bartelmus, P. (Hrsg.) Environmental Accounting in Theory and Practice, S. 395–406, Amsterdam.

Meyer, B. und Ewerhart, G. (2001) INFORGE. Ein disaggregiertes Simulations- und Prognosemodell für Deutschland. In: Lorenz, H.-W. und Meyer, B. (Hrsg.) Studien zur Evolutorischen Ökonomik IV, S. 45–65, Berlin.

Meyer, B. (2000) Zur Abschätzung der Wirkungen umweltpolitischer Maßnahmen auf Umwelt und Wirtschaft durch den Einsatz makroökonomischer Modelle. Allgemeines Statistisches Archiv 84.

Meyer, B. (2002) Die Prognose der CO_2-Emissionen in Deutschland bis zum Jahr 2010. Wirtschaft und Statistik 11/2002, S. 1011–1016.

Nyhus, D. (1991) The INFORUM International System. Economic Systems Research 3, S. 55–64.

Die Modelldatenbasis stützt sich vor allem auf:

Behrendt, H. et al. (1999) Nährstoffbilanzierung der Flussgebiete Deutschlands. UBA-Texte 75/99, Berlin.

Bundesministerium für Verkehr, Bau- und Wohnungswesen (Hrsg.) (1999) Verkehr in Zahlen 1999. Hamburg.

Krack-Roberg, E. und Schäfer, D. (1999) Bodennutzung nach Wirtschaftsbereichen – Konzeptionelle Überlegungen und erste Testrechnung. Abschlußbericht. Band 8 der Schriftenreihe Beiträge zu den Umweltökonomischen Gesamtrechnungen, Wiesbaden.

Schäfer, D., Krack-Roberg, E., Hoffmann-Kroll, R. Bodennutzung durch wirtschaftliche Aktivitäten. Ein Beitrag zur Ökoeffizienzdiskussion. Band 11 der Schriftenreihe Beiträge zu den Umweltökonomischen Gesamtrechnungen, Wiesbaden.

Statistisches Bundesamt (Hrsg.) (1996) Aufkommen und Verwendung von Energie 1978 bis 1993. Ergebnisse der Input-Output-Rechnung 1978 bis 1993. Arbeitsunterlage III C 2, Wiesbaden.

Statistisches Bundesamt (Hrsg.) (1997a) Fachserie 18 (Volkswirtschaftliche Gesamtrechnungen). Reihe 1.3 (Konten und Standardtabellen), Hauptbericht 1996, Wiesbaden.

Statistisches Bundesamt (Hrsg.) (1997b) Fachserie 18 (Volkswirtschaftliche Gesamtrechnungen). Reihe 2 (Input-Output-Tabellen) 1993, Wiesbaden.

Statistisches Bundesamt (1998) Fachserie 19 (Umweltökonomische Gesamtrechnungen). Reihe 4 (Basisdaten und ausgewählte Ergebnisse), Wiesbaden.

Statistisches Bundesamt (Hrsg.) (1999a) Umweltökonomische Gesamtrechnungen 1999. Auf der Pressekonferenz am 29. September 1999 in Frankfurt am Main vorgestellte Ergebnisse des Statistischen Bundesamtes. Wiesbaden.

Statistisches Bundesamt (Hrsg.) (1999b) Statistisches Jahrbuch 1999 für die Bundesrepublik Deutschland. Wiesbaden.

Umweltbundesamt (1997) Daten zur Umwelt. Der Zustand der Umwelt in Deutschland. Ausgabe 1997, Berlin.

Umweltbundesamt (2000) Ammoniakemissionen der Tierhaltung in Deutschland von 1987 bis 1996. Persönliche Mitteilung.

Literatur zum Modellsystem des RWI

Birkhofer, A. und Thomas, W. (1990) Schadstoffemissionen aus Kernkraftwerken im Normalbetrieb und unfallbedingte Freisetzungen. Atomwirtschaft 21, S. 44ff.

Blackorby, C. und Schworm, W. (1988) The Existence of Input and Output Aggregates in Aggregate Production Functions. Econometrica 56, S. 613–643.

Bundesminister für Verkehr (Hrsg.) (verschiedene Jahrgänge) Verkehr in Zahlen. Bonn.

Dosch, R. (1996) Ausmaß der Bodenversiegelung und Potentiale zur Entsiegelung. Arbeitspapiere der Bundesforschungsanstalt für Landeskunde und Raumordnung 1/1996, Bonn.

Haynes, S.E. und Stone, J.A. (1983) Secular and Cyclical Responses of U.S. Trade to Income: An Evaluation of Traditional Models. The Review of Economics and Statistics 65, S. 87–95.

Hillebrand, B., Kiy M. und Neuhaus, R. (1989) Das RWI-Strukturmodell – Konzeption, Hypothesen und Wirkungsanalysen. RWI-Papiere 19, Essen.

Hillebrand, B. (1991) Ein Kraftwerksmodell für die Bundesrepublik Deutschland. RWI-Mitteilungen 42, S. 57ff.

Houthakker, H.S. und Magee, S.P. (1969) Income and Price Elasticities in World Trade. The Review of Economics and Statistics 51, S. 111–125.

Hudson, E.A. und Jorgensen, D.W. (1975) U.S. Energy Policy and Economic Growth, 1975–2000. Bell Journal of Economics 7, S. 461ff.

Johansen, L. (1972) Production Functions. An Integration of Micro, Short Run and Long Run Aspects. Amsterdam.

Johansen, L. (1959) Substitution versus Fixed Coefficients in Theory of Economic Growth: A Synthesis. Econometrica 27, S. 157–176.

Kloas, J. und Kuhfeld, H. (1994) Entwicklung des Personenverkehrs in Deutschland bis zum Jahr 2010. DIW-Wochenbericht 61, S. 365ff.

Krack-Roberg, E. und Schäfer, D. (1999) Bodennutzung nach Wirtschaftsbereichen – Konzeptionelle Überlegungen und erste Testrechnung. Abschlußbericht. Band 8 der Schriftenreihe Beiträge zu den Umweltökonomischen Gesamtrechnungen, Wiesbaden.

Petrauschke, B. und Pesch, K.-H. (1998) Nutzung der Bodenfläche in der Bundesrepublik Deutschland – Ergebnisse der Flächenerhebung 1997 nach Art der tatsächlichen Nutzung. Wirtschaft und Statistik, S. 574ff.

RWI (Hrsg.) (1988) Ein Energiemodell für die Bundesrepublik Deutschland – Gutachten im Auftrag des BMWi (Bearbeiter: Döhrn, R., Hillebrand, B., Kiy, M., Knieper, O., Neuhaus R., und Schmidt, H.W.). Essen.

Salter, W.E.G. (1966) Productivity and Technical Change. 2. Auflage, Cambridge.

Scheiper, U (1984) Die sektoralen Importe und Exporte der Bundesrepublik Deutschland. Eine ökonometrische Analyse unter Berücksichtigung flexibler Funktionsformen. In: Schriften zur angewandten Ökonometrie 13, S. 97ff.

Statistisches Bundesamt (Hrsg.) (1998) Bodenfläche nach Art der tatsächlichen Nutzung 1997. Fachserie 3, Reihe 5.1, Wiesbaden.

GPSR Compliance

The European Union's (EU) General Product Safety Regulation (GPSR) is a set of rules that requires consumer products to be safe and our obligations to ensure this.

If you have any concerns about our products, you can contact us on ProductSafety@springernature.com

In case Publisher is established outside the EU, the EU authorized representative is:

Springer Nature Customer Service Center GmbH
Europaplatz 3
69115 Heidelberg, Germany

Batch number: 10815974

Printed by Printforce, the Netherlands